中國學術思想 研究輯刊

十三編

林慶彰 主編

第 5 冊

崇祖敬天思想理論與實踐

王祥齡 著

花木蘭文化出版社

國家圖書館出版品預行編目資料

崇祖敬天思想理論與實踐／王祥齡 著 — 初版 — 新北市：花
木蘭文化出版社，2012〔民 101〕
序 8+ 目 2+168 面；19×26 公分
（中國學術思想研究輯刊 十三編：第 5 冊）
ISBN：978-986-254-789-2（精裝）
1. 祖先崇拜　2. 民間信仰　3. 中國
030.8　　　　　　　　　　　　　　　　　　101002153

ISBN-978-986-254-789-2

9 789862 547892

中國學術思想研究輯刊
十三編　第 五 冊　　　　　　　　ISBN：978-986-254-789-2

崇祖敬天思想理論與實踐

作　　者　王祥齡
主　　編　林慶彰
總 編 輯　杜潔祥
出　　版　花木蘭文化出版社
發 行 所　花木蘭文化出版社
發 行 人　高小娟
聯絡地址　新北市永和區中正路五九五號七樓
　　　　　電話：02-2923-1455／傳真：02-2923-1452
網　　址　http://www.huamulan.tw 信箱 sut81518@gmail.com
印　　刷　普羅文化出版廣告事業
封面設計　劉開工作室
初　　版　2012 年 3 月
定　　價　十三編 26 冊（精裝）新台幣 42,000 元

崇祖敬天思想理論與實踐

王祥齡　著

作者簡介

王祥齡，文化大學哲學研究所博士，逢甲大學中國文學系專任副教授。

提　　要

　　本書是以哲學理論建構儒家祭祀禮儀理論的第一本專著。以自然宗教為基本架構，但比自然宗教更進一步地建立在中國哲學信仰上，從人性本質認識的發生及思惟方式的轉化過程，到自覺主體理解的反映形式上，建構了儒家祭祀禮儀哲學宗教學與美學的文化理論。

目次

高　序

王　序

自　序

第一章　導　論 …………………………………………… 1

　　第一節　研究中國古代崇祖敬天思想的動機和目
　　　　　　的 ……………………………………………… 1

　　第二節　研究中國古代崇祖敬天思想的依據和史
　　　　　　料 ……………………………………………… 6

　　第三節　關於研究中國古代崇祖敬天思想的方法
　　　　　　論問題 ………………………………………… 11

第二章　中國古代祖先崇拜的起源與進展——
　　　　從原始到人文的樞紐 ………………………… 15

　　第一節　自然崇拜 …………………………………… 20

　　第二節　圖騰崇拜 …………………………………… 33

　　第三節　祖先崇拜 …………………………………… 45

第三章　崇祖敬天思想的興革與發展 ……………… 61

　　第一節　人文宗教的躍動與勃興 ………………… 63

　　　　一、從認知上論卜辭「上帝」之概念 ……… 65

　　　　二、從存有上論卜辭「上帝」之概念 ……… 69

三、從道德的觀念論「帝」與「上帝」之概念
　　　　………………………………………72

　第二節　周之「上帝」、「天帝」與「天」………78

　一、崇祖敬天思想的萌芽………………………80

　二、崇「德」報功與崇「利」報功的思想分殊
　　　　………………………………………83

　三、周人敬天思想的雙重性……………………86

第四章　崇祖敬天祭祀禮儀的理論………………93

　第一節　儒、墨天道思想與鬼神信仰…………95

　一、儒家天道思想與鬼神信仰…………………96

　　（一）孔子的天道觀……………………97

　　（二）孔子的鬼神觀……………………100

　二、墨家的天道思想與鬼神信仰………………103

　　（一）墨子的天道觀……………………105

　　（二）墨子的鬼神觀……………………109

　第二節　儒家與墨家的孝道觀…………………113

　一、墨家的孝道觀………………………………113

　二、儒家的孝道觀………………………………115

　　（一）孝的本源…………………………116

　　（二）孝的本質…………………………120

　　（三）孝的目的…………………………122

　第三節　儒家的祭祀禮儀理論…………………126

　一、祭祀心理──祭如在………………………127

　二、祭祀的本質…………………………………134

　三、祭祀的目的…………………………………139

　四、祭祀的功能──成主儀典實況與分析……141

　　（一）釋名以彰義………………………143

　　（二）成主的意義………………………144

　　（三）鮑朝櫪先生成主大典儀式………145

　　（四）成主儀式功能分析………………147

第五章　結　論…………………………………159

參考書目…………………………………………163

高　序

　　近世以來，學者撰寫研究我國古代文化中「天」「帝」「祖」等名稱含義的文章很多，專論祭禮儀節的文字也不少，但多是站在文字學、史學、社會學的立場作考究說明，而站在哲學立場，揭發其思想要義，並論述其影響中國文化精神，作通貫性學術研究的著述則不多見。王生祥齡博士此書，正是以哲學爲立場，將上述侷限於名義的研究，進而納入哲學領域，作哲思考察的一本著作。是以姑不論此書內容如何，即此一用心，此一作法，已打開了一條開創性的學術研究的路。中國文化具有悠久的歷史，歷代以來朝野所傳承沿習的許多文化遺軌，實際上都可以置於哲思的大熔爐內作考量，如是則將發現許許多多不同的個別性的文化表現，都是在一致的大的中華文化精神的導引下所產生，這是屬於「商量古學以開發新知」的研究途徑，在學術研究上是可稱道的。祥齡此書，爲其博士論文，撰寫期間，極盡心力，就其思想的大方向而言，乃以代表中國文化主要精神之一的孝道爲研究對象，題目雖然是「崇祖敬天」，而事實上在中國古人心目中，所謂「崇祖」也就是「敬天」，近而言爲「祖」，遠而言爲「天」，遠近有別而精神如一。是以本書前半起於對「崇祖」與「敬天」的討論，後半歸於對「孝道」的闡述，這是很自然的思想程序，也由此可見本書的妥當安排。尤其是在書的後面，置入「成主儀典」一部份，表明在理論之後，繼之以實例分析說明，正是中國文化不空談理論的落實表現。本書的出版，對心於國學研究的人，當有相當的助益與啓發。祥齡博士年事尚輕而向學求眞之心旺盛，哲思如泉，始湧於前，必澎湃於後，來日之成就，不占可知耶！

辛未秋月　高懷民　於台北

王　序

　　本書是博士論文，當然是專家精心之作；作者鑽研的是哲學的理念思路，所以本書是一部哲學的專精作品。

　　哲學義理思考的是民族文化的大傳統，敬天祭祖顯發的是民間信仰的小傳統，本書把小傳統放到大傳統來省思，給出源頭的方向，與活水的動力。這樣的話，民間信仰與民族文化同步合流才不會迷失了方向，或乾枯了動力。

　　惟本書有哲學專家深刻玄遠的優點，卻沒有哲學專著空疏迂闊的缺點。因為，哲學思考是從思想史的發生歷程，來印証解說的，且建構撐開的理論體系，都可以回到家居日常的生活經驗，做一還原的闡釋。

　　由於作者對民族文化懷抱有根深的使命感，且對民間信仰充滿了廣大的同情，二者的通貫就在敬天崇祖的幾千年老觀念上。作者曾三度深入大陸內地，走訪尋根，讓本書的論點，不僅是經典史料的釐清，且是文化現象的實地考察。這一分虔誠認真，讓內涵豐富了許多。

　　中國人最重孝道，孔子說：「慎終追遠，民德歸厚矣！」民間信仰擔負有教化的功能。而祖宗牌位都安立在每一人家的大廳正堂，所以，報本反始的敬天情懷，就在慎終追遠的祭祖中體現了出來。

　　今天，「家」的觀念沒了，「鄉土」的情思也薄了，人生浮浪在街頭商場，無根無土，什麼都是過眼雲煙，「家」不再是最後的據點，「鄉土」也不再是可以歸隱生息的桃花源，人間就此流為短暫，而失落了長久！

　　今天，人心壞掉了，根土動搖了，大家困惑的問到底出了什麼問題，大家又惶恐的在找尋解決之道何在？或許，本書的出版問世，會給當代人一點靈光洞見的解答。

　　社會的不安定感，來自家族親情的淡薄與家庭功能的解體，而大家族的

解紐散落，卻與祭祖掃墓、慎終追遠的民間信仰，正逐步的隨著都會社區的生活型式而快速消逝，有直接的相干。

　　由崇祖而敬天，源遠而流長，從民族文化的大傳統去開發源頭活水，民間信仰的小傳統才有方向動力，而民間信仰的化民成俗，才可以讓散開的現代人，又凝聚起來，回到「家」的親情，回到「鄉土」的根源，或許，可以為此迷失狂亂的現代社會給出一幅對整下藥的良方吧！

王邦雄　序於中央大學哲研所

自　序

　　探討中國文化不能不重視宗教問題，宗教本身是一種文化現象，並對其他現象有著深刻而廣泛的影響，中國古代宗教具有複雜性與兼容性，並與政治、倫理密切結合，形成一體化的格局，這一特點皆與源遠流長的崇祖敬天的傳統信仰有關，因此，考察中國古代宗教與哲學思想的淵源，不深入探討這一傳統信仰，即缺乏了歷史的根源與理論的依據。

　　近世以來，國人在探討傳統中國文化時，往往輕宗教而重哲學，殊不知中國古代哲學思想，即從崇祖敬天之宗教信仰衍生而來。由於知識分子視祖先崇拜、祭天掃墓於民俗宗教的小傳統，缺乏高度的哲理反思，故而有意無意地將其摒斥於有高度創造性反省自覺的大傳統之中，尤其是在哲學領域中更是避而不談，以致喪失了整合傳統文化的契機，使得哲學在現實的環境中顯得孤高而旨遠，總令人遙不可及而又缺乏同情的瞭解。然而，究其原因，就是在對崇祖敬天信仰缺之理論性的研究，本著之作即在建構此一信仰之理論根據。

　　大凡一個理論的建構，總帶有高度的概括性，因為，理論是生活的解說，生活是理論的實踐，理論性越強，其解說力相對的也越具有普遍性，因為一個理論的建立是以普遍性為其基礎，換言之，理論的建構是以日常生活中的經驗為依歸，也就是說，呈現在日常生活中的各種文化現象，正是理論得以成立的依據。這就是說，理論的建構不是先驗的活動，人類的全部文化不是先驗的構造，而是隨歷史生活的演進產生的。由是而言，從生活經驗的累積所提煉出來的智慧，自然具有高度的概括性，並且能深刻而又動人地描繪一個民族文化生活的普遍性，且為這一民族的每一成員所分享所認同。

　　本著是以自然宗教為基本架構，但比自然宗教又更進一步地建立在中國

哲學的價值體系上。因此，在寫作上，第一章導論是敘述研究動機、範圍、材料及方法論等基本問題。

第二章祖先崇拜的起源與進展。此章從原始宗教的自然崇拜、圖騰崇拜、祖先崇拜談起，著重在原始人類認識發生的過程，即從人的思維方式－感性思維到抽象思維的轉化過程和對自我主體理解的反映形式。

第三章崇祖敬天思想的興革與發展。此章旨在說明古代人文宗教的興起與周人如何巧妙地將殷人對上帝（宗祖神）的宗教信仰轉變成哲學信仰－敬天。並且點出大、小傳統形成的歷史淵源與文化心理。

第四章崇祖敬天祭祀禮儀的理論。此章為全文重點所在，旨在說明本文所建構的一種新文化理論－哲學宗教學之理論架構。哲學宗教學之名是幾經構思之後對傳統儒家宗教性與哲學性之最妥切的學名。最早提出哲學宗教學之名的是西方哲學家雅斯培，他認為哲學本身就是一種信仰，這點與傳統儒家學說是互相吻合的，但儒家學說的哲學信仰，「仁」、「義」普遍內在於人心之內，並講求以「禮」、「樂」的外化形式展現「仁」、「義」之信念，更能表現出哲學宗教學的精采。因而，在此引用「哲學宗教學」的學名，來說明傳統儒家精神文化的面貌。

禮、樂在傳統儒家訓教青年六種技能科目之中，列為六藝之首，且自古以來，「禮」、「樂」並稱，顯而易見的便是原始宗教的分化發展。「禮」古字的原義就是指宗教的祭祀，這種祭祀可以溯源自原始巫術。在巫術中非常忌諱把儀式弄亂，認為任何步驟一亂，就不吉利，就要產生災難。即使在現代民間祭祀亦然，甚而在現代各種重要慶典中，若將儀式攪亂也是犯大忌，為什麼從原始巫術以至現代的慶典儀式要求那麼嚴格呢？因為只有這樣才能產生教化作用，鍛鍊人們保持一定的秩序，使社會群體的生活趨向和諧與穩定。另一方面，從人的心理層面來說，人在成長過程中由質到文，常常非常狂熱與激動，因此需要對感情與情緒的東西加以社會化的理性的節制。我們常講禮節，禮要有節制，就是用禮的儀式性規範來管束人們的行為，避免情緒的泛濫。「樂」更是使感性的東西與理性的東西融合在一起，以完成對感情的塑造。《禮記‧樂記》云：「夫樂，樂也」，同時又說，「樂以節樂也」，即一方面滿足人的情慾快樂，另一方面又節制、控制和組織它。這種最早的陶冶性情，建構人性的方法，便是通過禮、樂活動塑造人性，改變氣質。因此，在儒家來說，禮、樂的教化就是針對人性中「仁」與「義」的培養。

　　《禮記·祭統》云：「凡治人之道，莫急於禮，禮有五經，莫重於祭」，祭禮即吉禮，爲五經之首，吉禮能成爲五經之首，主要在吉禮事邦國之鬼神祇，帶有崇德報功、報本反始的教化功能。且在祭祀中，人們把歡樂與日常生活經驗組織的很好，有高低起伏，有張有弛，在生理上藉著儀式、音樂的律動，觸動人們的物理感官，使之愉悅和諧；在心理上，則藉由儀式的規範、音樂的合奏來加強人際關係的溝通與全體秩序的和諧、調理人們的感知、情感、理解、想像等各種心理功能，使人的心意感到愉悅。所以一個成功的祭典就是能將參與者與觀賞者同時帶入這種祭典的狂歡，並給參與者和觀賞者帶來情緒的滿足，從而使兩者得到情感上的淨化與昇華。《禮記·雜記》中孔子問子貢觀祭，樂否？子貢未知其樂，孔子解釋云：「張而不弛，文武弗能也；弛而不張，文武弗爲也；一張一弛，文武之道也。」因此，在祭典儀式中，這種情感上的淨化與昇華，實則是對人的意志、毅力、志氣的陶冶與培育，也就是對某種合目的性的道德理念的追求和滿足，所以《禮記·郊特牲》所云：「郊之祭也，大報本反始也。」則是人投向本體存在的某種融合，是超道德而與天地合一的原始和諧的崇高精神感受。

　　筆者在撰寫論文期間，曾三次赴大陸實地考察搜集資料，第二次民國七十八年「六、四」之後的「百日祭」（九月十二日）清晨赴北京天壇，獨自佇立在圓丘中心的圓石上，感受那傳說中歷代皇帝站在這圓石上祭天能得天回應的心靈感悟。當日雖無那種神秘的宗教體驗，但站在壇上一望無際，又見一片蔚藍的天空，那種澄明朗朗、海闊天空的感覺，很自然地使人由心底產生崇高敬天而又與天交往的空間氣氛。

　　所以古人所云「郊之祭也，大報本反始也」，在於人面對廣闊無垠的崇高對象時，那種感情的本身就是崇高，這種崇高是因爲心靈這時被激動起來，拋開生理官能上的功利性的感覺，而與天的「無聲無臭」、「昊天罔極」產生「同構」的契合，使人體會了「天人合一」的境界。故云：「治人之道……重於祭」，就在激起人對某種合目的性的道德理念的追求與滿足，使人性中不易彰顯的崇高情操得到陶冶與培養。《中庸》裡孔子曾說：「郊社之禮，所以事上帝也；宗廟之禮，所以祀乎其先也；明乎郊社之禮，禘嘗之義治國其如示諸掌乎！」〈論語八佾〉也有一章與此同義。爲什麼明白了祭義，就能治理天下？原因就在透過祭祀中禮樂的規範與諧調，來加強人際關係的溝通與彼此的默契，以培養健全的人格。一國之人，人格均都健全，彼此舉止如儀，和

詣有序，國家那有治理不好的。

所以儒家強調祭祀、重視禮、樂教化，有其哲學信仰的內化形式－仁、義爲依歸；更有展現仁、義信念的外化形式－禮、樂爲其成就性情之教的方法論。

故本章分三個部份：首論儒、墨兩家大、小傳統對天道思想與鬼神信仰的差異，指出儒、墨二家價值體系的根源及宗教心理；次論儒、墨二家之孝道觀，及對此價值體系實踐的方法與步驟；最後提出儒家祭祀禮儀理論，並以實際參與的「成主儀典」來檢証中國文化不空談理論的務實表現。

第五章結論，本章試論從文化心理與文化歷史觀點，論述崇祖敬天思想的文化精神本質。旨在提出人在宗教中所崇拜對象之本質，實則爲人精神本質客觀化之於對象者。並且人類精神本質的形式，皆受當時人所崇拜之對象的本質所規定，而人類道德的形式，則皆以其所崇拜之對象的本質爲依歸。因此在祭祀中對天地自然和諧的心領神會，正反映了人生命本質的存在形式，帶有自我觀照的性質。此觀照性質與宇宙自然的和諧產生同構的契合，即形成「天人合一」、「吾心即宇宙，宇宙即吾心」－人可與宇宙自然合而爲一的哲學信仰，而此哲學信仰就是延續與創造中國文化於不墜之智慧，並且爲中華民族所有成員所分享。

對本著的出版我想由衷的感謝過去曾經教過我的老師，尤其是在文化大學哲學研究所、博士班諸位師長，特別是我博士論文的指導教授　高師懷民，文化大學教授　程師兆熊，中央大學教授　王師邦雄、袁師保新、陳家駒先生以及輔仁大學教授（前國立歷史博物館館長）　王師宇清先生對我多年的提攜與愛護，並且特別安排我參與中興紡織公司創建人，故董事長鮑朝橒先生「成主儀典」的全部過程，使我眞正體悟到祭祀的意義。最後對於本著的緣起與完成，我想最要感謝的還是我的雙親及內子劉梅琴女士。因爲，我從小就在「愼終追遠」的環境中長大成人。若不是倆位老人家經年累月的教誨與內子多年的襄助，方使我得以順利完成此書。最後，并以感恩之心呈獻給所有愛護我的人。

民國八十年十二月王祥齡於外雙溪

第一章　導　論

第一節　研究中國古代崇祖敬天思想的動機和目的

　　民國七十五年冬天，筆者在政大創辦「中西文化比較研習會」，特邀中央研究院民族所　李院士亦園，講授「中西人與超自然力的觀念比較」時，曾說了一段話：「西方人跟神之間有一定的契約來限定行為，違反了十誡就失掉人的意義，因為人有原罪，永遠不能成為最完滿的階段，所以必須要用外力來約束。但是東方人不一樣，中國人是原善的社會，認為人是可以完美的，這點從人跟神的關係上來看更清楚，東方社會沒有一個神不是人變的。在中國神殿裡面，天不是神，天實際上是無形的存在，除了天之外，沒有一個神不是人變的。」當時給予筆者很大的啟發，由是引發筆者研究中國古代崇祖敬天思想的動機。

　　中國人的宗教觀念，不但在於敬天，也在親人，甚而將家庭的客廳，古代的明堂上立一「天地君親師」神位，形成一套中華民族幾千年來，從帝王一直推演到社會基層大眾的祭祀系統，然後經由這個祭祀系統「報本還始」，重回原始的和諧，並且成為上至天子下至庶人道德實踐和政治法則、根據、目的和標準。

　　根據人類歷史文化的發展來看，人類不分種族，不分時代，不分階層，都在造神與乞神。人們總要使自己歸屬於一種崇拜物，彷彿歸屬的越徹底，心理才越踏實。此乃人類為尋求其存在的基源與撫平其不安和焦慮，而祈求一超越的存在，使其臻至和諧與均衡。由於人性的需要，於是人類創造了宗教。

　　宗教是人生的基礎，道德的基礎和政治的基礎，一切文化均泛植於宗教之上。研究一個民族的文化，若從該民族所信仰的宗教著手，當可宏觀該民族文化之氣象，瞭解該民族之精神價值和終極理想。因為一個民族文化能夠持存，在世界歷史上迸發璀燦的光輝，必然有一種延續其於不變的智慧，為這民族所有成員所分享。

　　中國古代文化思想的特色，即思想的宗教化，政治的宗教化。凡國家的官職中，負責祭天事神的宗教性職官皆列於上位，其次政務官和事務官。〔註1〕尤其天的思想在古代和政治是不能分離的，所取的路徑和政治上的路線一致。因此本論文研究古代崇祖敬天思想，實則剖析了中國古代如何從原始宗教領域，邁向形而上的哲學領域，進而以此做為文化思想的發展與日常生活的最高指導原則。

　　祖先崇拜與祭祀天地山川原屬中國古代原始宗教，經長時期的歷史演化與人文的需要，到了周人提出「天命靡常」而須「敬德」方保天命於不墜，才有敬天思想的出現。爾後更以天眷有德之人及有德者必配天，甚至相信有德的人死後會昇天；此與殷人相信祖先死後昇天「賓於帝」的觀念相互吻合，而又兼具文化思想史上發展的一致性。

　　從有關哲學人類學、民族學、社會學和歷史資料來看，中國古代社會亦如其它世界各民族一樣，也曾經歷過自然崇拜、圖騰崇拜和祖先崇拜三個互相關連，又各具特徵的重大崇拜階段。本論文首先通過這三個階段的分別闡述與分析，試圖找到這些極為古老的信仰與崇拜的存在條件，彼此的內在聯繫，以及演進的依據和情況，並探索祖先崇拜過渡到敬天哲學思想之發展和演變的關聯性。我們知道，中國古代是由氏族發展到部落，再從部落發展到部族，最後從部族發展到國家與民族。古人的造神過程亦如氏族發展到國家、民族一樣，從氏族的宗祖神轉變為部落的宗祖神，再從部落的宗祖神轉變為部族的宗祖神，最後國家統一再轉變為一神教的單一的全能神，此神即為相對應於人間社會一統天下的人王。

　　殷商時代，敬神、造神和乞神活動進入一個新的階段；《禮記》〈表記〉

〔註1〕《禮記》〈曲禮〉下云：天子建天官，先六大：曰大宰、大宗、大史、大祝、大士、大卜，典司六典。天子之五官：曰司徒、司馬、司空、司士、司寇，典司五眾。其中大宗、大祝、大卜都是宗教性質的官職，原先都是很顯要的，但到了春秋時代，這些官職漸至式微，而是五官（政務官的事務官）的職位上升。

云：「殷人尊神，率民以事神，先鬼而後禮。」在此期間完成了中國歷史上泛神論邁向一神論的過渡，創造出「上帝」這個最高神祇，並且視上帝為自己的祖先。上帝觀念的出現，意味著國家統一以後，地上人間社會帝王的君權反映在天上的上帝，許多神的全部自然屬性和社會屬性，都轉移到一個萬能的神身上。在卜辭中，我們看到上帝的權力非常大，管自然界，管人間社會。但中國古代創造的「上帝」，與西方耶教創造的「上帝」並不相同；西方上帝被創造出來之後，統攬一切權力，中國古代的上帝形同人間帝王「大權獨攬，小權分散」，因此，眾神還能在上帝的支配下存在，並發揮作用。

周人繼承殷人的上帝崇拜觀念，並繼續向前推進了一步，形成了有系統的天命觀。周人稱上帝為天帝、皇天、上帝、昊天上帝等，自稱是天帝的兒子——「天子」，代表天帝行使人間的權力。故而，周人亦如殷人一般，視天帝為自己有德的祖先昇於天者。但值得注意的是，周人從殷滅亡的教訓中，產生了「天不可信」、「天命靡常」的觀念，一面懷疑天，一面又倣效著殷人極端地尊崇天，進而提出了「敬德保民」的思想。周人不像殷人「恪謹天命」，而認為「天命不徹，我不敢效我友身逸」、「皇天無親，唯德是輔」，提出了「天視自我民視，天聽自我民聽」、「民之所欲，天必從之」等觀念。並且認為一切的庶民都是天所生的，「天」是萬事萬物理序的根據，蓋人守常務正和所追求的價值，都以「天」的美善為終極思想。故云：「天生烝民，有物有則，民之秉彝，好是懿德。」至此，崇祖敬天思想便從原始宗教的信仰，轉化成形而上的道德哲學思想。將「天」所原具的人格性，**轉變成萬理之存有性基源**——「實體」。

至於祖先崇拜方面，在長期的演化過程中，帝王、公、侯、伯、子、男的血統觀念得到深化，加上帝王分封諸侯，由上至下繼承了周代宗族分支統治的體系，在人們的觀念中，將血統的繁衍與繼承，以及宗族的維繫，視為實踐家族倫理——「孝道」的首要任務——「不孝有三，無後為大。」《孟子·離婁》然而祖先崇拜是鬼神崇拜的必然產物，而且具有更深刻的宗教意義，崇拜的對象雖然也是鬼魂，但他必須是與自己有血緣關係的鬼魂。故有：「非其鬼而祭之，諂也。」《論語·為政第二十四》據董同龢《上古音韻表稿》：「鬼：上古微部見母 k；骨：上古微部見母 k；塊由：上古微部溪母 k´。」鬼骨同音同義，所謂的「鬼」就是親人的「骨」，這在清明上墳掃墓，如果撿骨之後，或墓被遷移、被毀，就不再祭拜沒有親人骨骸的墳，或別人家族的墳了。

這至少在孔子時代「非其鬼而祭之，諂也」，可以得到證明。且在崇拜者看來，這種鬼魂總是護佑著牠的後人，因此表現格外的虔誠。有關祖先崇拜的記載，歸納起來說，其中心思想是「神不歆非類，民不祀非族」、《左傳・僖公十年》「鬼神非其族類，不歆其祀」，《左傳・僖公三十一年》但後來儒家將其理論化強調人倫以孝為第一，以孝為道德實踐的起點，不信鬼神而重祭祀，以祭祀展現行為規範的「禮」，作為教化人民的慎終追遠，民德歸厚思想基礎。以致後來喪葬祭祀即成為儒者的專業，也是上自帝王下至平民實踐敬天崇祖孝道的具體表現。致於鬼神信仰則成為與儒家同時期，主張節葬的墨家所承襲，並以此與儒家對峙而成為流行於民間小傳統的信仰。

由於中國文化的特色是以家族倫理為中心，並以「孝」為中心思想，因此，在儒家大力推行「孝」道之下，視對父母之敬愛即是孝道之情感，而此亦即仁之源頭。故云：「孝弟也者，其為仁之本與！」並且認為人類一切德性都由孝道所從出，孝道則為其它一切德性的動力。《孝經》上說：「夫孝，德之本也，教之所由生也。」孝道既是中國道德之泉源，亦為中國整體道德之常軌。蓋將「孝」作為精神統治的縱斷面，將「德」作為橫斷面，追求「德孝」雙全，「有馮有翼，有孝有德，以引以翼，豈弟君子四方為則。」（《詩經》〈大雅・卷阿〉）因而講求「正德、利用、厚生」的政治理想，做為對天地之大德──「生生」孝道的具體表現。《禮記》〈祭義〉：「曾子曰：樹木以時伐焉，禽獸以時殺焉；夫子曰：『斷一樹，殺一獸，不以其時非孝也。』」實則視天地自然如同父母祖先一般，又如「身體髮膚，受之父母，不敢毀傷」，亦在說明我們身體從父母而來，父母的身體乃從天而來，損傷我們的身體，就如同損傷了「天」的美善，也就是對「天」不孝。因此，崇祖就是敬天，敬天也就是崇祖，兩者是二而一的關係。

蓋從倫理的功能，社會的功能，政治的功能以及文化整合的功能來看，古代崇祖敬天思想及其所發展出慎終追遠的祭祀禮儀，不但給予人存在的基源，撫平了個人的焦慮與不安，且讓個人的生命，有其歷史的安頓，有其文化的安頓，從而與歷史文化的生命，打成一片，合而為一，並且擴大了人的意義與尊嚴。同時運用「孝」與「德」的觀念，所展現「生事之以禮，死祀之以禮」的行為「潛移默化」使「民德歸厚矣」，並且運用「孝」的觀念互相影響而維繫了上層社會──「大傳統」與一般大眾社會──「小傳統」的凝

聚不散，使整個社會表現出「超穩定結構」。〔註2〕

　　崇祖敬天思想是中國古代哲人智慧的結晶，中國古人對精神財富必須長期培養——「潛移默化」的道理有很深刻的體認，故而將「天地君親師」神位置於堂屋之中軸線上，以爲家庭之精神中心。程師兆熊云：

> 堂之可貴處，則猶在其於溫暖中加入神明，因之，那一方面爲人生安息之所，而另一方面又爲神明鑒察之處。〔註3〕

於此，唐君毅先生對此有如下的名言：

> 吾人曾謂天地君親師之神位中，天地爲自然上帝，君代表政治，親爲父母祖宗，代表社會生命之延續，而師則代表教育與學術文化。夫婦交拜而行婚禮於其前，則夫婦之道，通於天地之道、政治社會教育文化之道。其意味可勝於只在代表上帝之牧師之前宣誓矣。〔註4〕

從當今社會學家所謂價值的「內化」來說，長期的潛移默化或價值內化會造成一種道德或倫理的規範。如果這種規範大致合乎人性和人情，則可大有助於維持社會的穩定與和諧。

〔註2〕最早提出「超穩定結構」觀念者，是金觀濤、劉青峰，乃對中國歷史的一套新的宏觀解釋。他們講中國歷史，超出了共產主義經濟決定論的窠臼；他們認爲中國封建社會的結構和長期延續的原因是：從結構上來說，中國封建社會是宗法——體化結構，它具有發達的地主經濟，大一統的官僚政治，意識型態結構是儒家正統説。從行爲方式上來說，第一，中國封建社會的宗法——體化結構及其維繫的內部子系統，在兩千餘年中保持了巨大的穩定性；第二，這種結構的巨大穩定性直接和周期性改朝換代的振盪機制相關。中國封建社會第一重調節機制在王朝穩定時期起作用，它主要是宗法——體化結構運用國家機器強控制，使三個子系統之間的關係盡可能保持適應態，同時這種強控制也抑制著可能引起結構變異的新因素萌芽的成長。當第一重調節機制被其自身異化的無組織力量腐蝕而喪失功能時，第二重調節功能就發揮了作用了，全國性農民大起義掃蕩了政治、經濟結構中的無組織力量，摧垮無法維持下去的舊王朝，在這一時期，整個社會發生劇烈振盪，那些尚未成熟的新因素也受到了殺傷，社會進步所必須的積累過程也中斷了。宗法——體化結構在此基礎上完成新王朝的修復和重建。兩重調節機制交替發揮作用，保持社會結構的基本形態的穩定。顯然，中國封建社會的結構是一個相當典型的超穩定系統。《興盛與危機——論中國封建社會的超穩定結構》，台北谷風出版社，民國七十七年八月台五版，頁228～230。

〔註3〕程兆熊：《中國庭園建築》，台南德華出版社，民國六十六年十二月初版，頁20。

〔註4〕唐君毅：《中國文化之精神價值》，台北正中書局，民國六十六年十一月台11版，頁224。

綜觀古代中國，男女因相師而莊嚴，愛欲因尊親而神聖，柔情能因天地而久長，實即上帝之道貫於其間，倫常之道貫於其間，聖賢之道貫於其間。由此而讓夫婦之道，成為天長地久之道，成為尊尊親親之道，成為向上向善之道。〔註5〕如果中國真有什麼「超穩定系統」，使中華民族至今仍舊延續不墜的哲學智慧，崇祖敬天思想當是這股文化的超越力量。無論我們對崇祖敬天思想贊同與否，這種仍舊存續在當今兩岸中國人生活中的歷史文化事實是不容懷疑的。

然而，根據人類學家調查研究指出，在現代化的過程中，不僅家庭型式趨於現代化，崇祖敬天儀式也必然趨於勢微。〔註6〕為此，我們該蘊育出什麼樣的文化哲學，作為維繫社會穩定、和諧、有禮有情的最高指導原則，實乃今日當代中國學術思想界重要的課題。

至於本論文所謂「古代」，當指先秦以前，基於論文題旨和篇幅的關係，本論文是根據思想內容做為分段的標準，理由是：一，先秦以前中國本土所產生的思想學說，沒有外來思想影響；二，崇祖敬天思想的祭祀禮儀是由先秦儒家完成其理論；三，中國上層社會的大傳統思想，和民間社會小傳統思想的形成，也是定型於先秦。關於我國古代原始宗教的探討，只能依據殷商以後的文字記載，研究的重點也只能放在殷商以後。對殷商以前的情況，則依據近年來大陸考古的新發現，及筆者實地考察所得，進行一些推論。

故本論文僅僅是以思想內容為主，研究古人崇祖敬天的真正精神。對於研究所涉及的相關書籍及人物皆不做傳記、考據、訓詁等方面的闡述。但與思想內容有關，則不在此限。

第二節　研究中國古代崇祖敬天思想的依據和史料

由於我國疆域廣大，是一個多民族的國家，現在尚有五十多個少數民族，古代的原始民族更多。況且各個民族的社會發展程度不一致，因此要以時間來統一區分我國古代宗教的原始宗教時期和人文宗教時期，是不科學的。西

〔註5〕程兆熊：前引書，頁20～21。

〔註6〕李亦園：〈祖先牌位的深層意義〉，中國時報，民國七十八年十一月二十六日。李院士亦園在研究主持的「現代家變系列」中曾指出：竹北鄉下有100%家庭拜祖先，到了中型城市如新竹，其比數已減少至75%，照此類推，也許到最現代的台北市崇拜祖宗的家庭恐怕要少於50%了。

方學者 Arthum F. Wright 在《Studies in Chinese Thought》中提出要研究中國過去與現在的精神產物的一切交互關係，以瞭解中國思考之特性，有兩個相輔相成的途徑：其一是對思想史或思想的發生加以研究；其二是對中國思想之全部或部分內容加以分析。有鑒於此，也就是根據人類思想觀念形成的內在邏輯關係，做爲分段的依據，如此才符合思想史的研究。有關我國古代原始宗教的資料或遺物，在現階段的考古資料中，實在太少。除了崇拜鬼魂以外，涉及到的範圍包括自然崇拜、圖騰崇拜、祖先崇拜等，範圍非常廣泛。由於缺乏遠古時代的實物資料，關於我國古代宗教的研究，只能依靠目前出土的考古資料及殷商以後的文字記載。至於其以前的情況，只能依據現今人類學、民族學對原始民族的研究，及考古學、心理學研究的成果，進行一些推論。而考古資料、文字學、文化人類學及心理學的發達，使我們從事哲學思想研究的視野更爲廣闊，更爲精確，並且對古籍上許多湮滅的問題，也有更多的解決機會。以下扼要說明各學科對本論文能夠提供那些具體而有價值的素材：

（一）考古學

考古學主要供人類的文化，特別是物質文化發展方面的具體資料。因而，考古學的資料主要是非文字的，即是依據實物史料來研究人類歷史文化發展的科學。這種實物史料，主要指過去人類使用過的生活器物，以及原始人類所建造處所、洞穴及埋葬死者的墓穴等。〔註 7〕《左傳・成公二年》云：「器以藏禮。」《莊子・知北遊》亦云：「道在瓦甓。」從古代的物資文化中，可以理解其所蘊含的正是古人認識成果的物化反映，亦可探究古人對客觀規律的認識與把握；同樣的，居住的洞穴、處所，埋葬死者的墓穴、方位、方法和陪葬品，呈現的正是古人對鬼魂思想及空間觀念的具體資料。人類文化的起源與發展是依據人類的認識能力，倘若沒有先期的鬼神觀念，亦不會發展成後來的祖先崇拜，更不會形成道德形上天——敬天的思想。考古資料是早期人類社會生活所遺留下來極寶貴的一部無字地書。從這些出土的無字地書，讓我們探知指導人類社會生活實踐的最高哲學思想，即我們所說的文化哲學——指導一切生活的設計與實踐的最高原則。

〔註 7〕 李景源：《史前認識研究》：「考古學是依據實物的史料來研究人類歷史文化發展的科學。這種實事的史料，主要是指過去人類所使用過的勞動工具、武器、生活器具，以及原始時代人類所建造的處所、作坊、居住過的洞穴、埋葬死者的墓地等等。」湖南教育出版社，西元 1989 年三月初版，頁 11。

（二）文化人類學

在探討人類認識的起源和早期發展，首先遇到的問題，就是認識主體的起源與形成問題，尤其是對原始宗教的研究，可以從文化人類學的研究考證中獲得最基本的資料。由於文化人類學研究人類的文化——過去的文化、現在的文化、你的文化、我的文化、他人的文化跟我們自己的文化，所有的文化都包括在人類學研究範圍之內。因此人類學裡有許複雜的小分枝；有一些人研究過去的文化，就叫考古學；有一些人研究古代人的身體跟現代人的身體，叫體質人類學；有一些人研究現代人——研究他人跟我們自己的文化，這叫文化人類學。所以人類學 不只興趣於古代，研究古代的目的，卻是在瞭解現代。因此，人類學的重要目標是研究現代，〔註8〕則我們可以依據人類學家對現代的研究成果去推論過去。

由於文化人類學要探索人類文化的共通法則，所以對世界各民族的文化差異有極高的研究興趣，於是而有所謂的民族學。民族學是將民族作為整體研究的學科，其基本預設是建立在各民族雖不同屬，但都是屬於同一「類」——人類，因此其生物基礎是完全相同的，而文化人類學就是基於這一概念，對各民族的社會生活，如經濟結構、政治制度、家庭婚姻、風俗習慣、道德規範、宗教信仰、文學藝術、思想觀念等，進行綜合的研究和探討。民族學可以從各方面展現原始民族的風貌。民族學的研究方法是進行實地考察，主要是到比較落後的原始民族去觀察探討，提供這些民族實際生活的材料。由於作為考察對象的各原始民族，處在不同的社會發展階段，人們稱之為活的社會發展史。與此相對應，各個不同原始民族的社會發展階段，在其認識自身與外在環境的發展上，也表現出階段性的差異，因而它們又是一部活的人類認識史。參考這部活的人類認識史，無疑的具有重大的理論價值。〔註9〕

另外在收集整理的神話、史詩、傳說、民風習俗等資料中，蘊含著原始思維及人類認識起點的大量素材，有待從事哲學思想研究的人去整理分析，祈使對知識的起源做更深入而精確的理解。再者，在民族學史上，專門研究

〔註8〕 李亦園先生說：「人類學是研究人本身服他所創造的文化。……研究他人跟我們自己的文化，這樣叫做文化人類學（cultural anthropology）……因此，我們重要目標是要研究現化。」《信仰與文化》，台北巨流圖書公司，民國七十四年十二月一版四印，頁312。

〔註9〕 李景源：前引書，頁 13～14。

原始民族的精神文化和思想觀念的學者，爲我們提供了較集中而有系統的資料。尤其本論文第二章探討中國古代原始宗教的三個發展階段，無疑對從事哲學思想研究的人，提供了中國古代文化的起源與哲學思想的發生之最有力的證據，使我們的視野更爲廣闊而無所窒礙，不囿於學術的門戶之見。〔註10〕

（三）語言學

語言屬於社會現象，它與社會生活息息相關。各民族的生活方式、婚姻制度、風俗習慣和宗教信仰等，在該民族所使用的語言上，都會有不同程度的反映。〔註11〕語言不僅是人與人之間的溝通工具，也是一個民族文化高質化的具體表現，更是我們探索研究古代人類心靈深處不可或缺的鑰匙。這是因爲從人類語言運作的現象與成就，可以直指人類心靈事物與心靈世界的發生和結構。換言之，當人們運用語言發展自己的思維，記錄並闡述自己的思想概念時，同時也就在語言中留下了思維發生、發展的歷史痕跡。這就是說，語言是一種概念的表現，透過語言人們更能準確傳達心中的概念和思想。例如，早骨文是殷商記錄問卜事項的文字，此項記錄是以古人的思想範疇，以文字將概念組合成一個完整的意思，概念的形成，眾所周知，必有一對應的事物，而此事物當是各種事物的具相，具相透過人的思維，抽離出其足以代表眾類事物的共相，然後以文字符號（圖像）代表之。古人在以圖像符號表現具體事物的過程，實則歷經了感覺作用到感性作用，然後到知性的理解。依此反推而上，古人爲一問卜事實做一明確的記錄，問卜必有一問者與被祈問者，（當然這中間也有第三者委託向問者「巫」的；爲明確的說明，將第三者與問者「巫」合而爲一），問者爲主體，被問者爲客體；主體與客體的出現，代表了古人除主體之外，已能感知客體的存在事實，對客體存在的認知，是古人空間範疇的擴張，也是對超自然力存在的具體表現。而問卜（卜筮）的流程、動作，亦正是對時間範疇的記錄，在時間與空間的範疇裡，古代中國人展現了前所未有的豐富內涵。這些豐富的內涵和文字語言的成熟大

〔註10〕A. R. Radcliffe-Brown 著．楊希枚譯：《道在陰陽》，譯者識──「著者在本文除詳細舉例闡釋澳洲當地的半部族組織，並以中國古代陰陽哲理對此種組織之起源提出啓發性的理論解釋之外，更就人類學的研究方法、目的，以及民族學與社會學旨趣的異同加以明確的說明。這在人類學方法論與中國文化思想的研究上，是值得參考的一篇論文。」《大陸雜誌》第十卷第六期，民國四十四年三月：頁12。

〔註11〕李景源：前引書，頁14。

有關係。

　　人類進化是知識和經驗的累積，依賴生存本能所累積的經驗是有限的，那樣不能形成高質化及整體性的文化。文化——或歷史的開端，社會團體必須具有傳達表意的清晰的語言。在蛋殼陶時代或彩陶時代，中國人就具有豐富的語言能力，具有明晰的語言能力，才能累積知識或經驗，一旦等到文字完備了，自然蘊育出高質化且代表整體文化的哲學思想。〔註12〕語言與文字的發展記錄了人類思維的歷史，人們的認識通過語言的結構固定下來，每一種語言符號都是某一種概念系統的具體表現，並且具有一定的發展模式，及表現該民族文化整體面相的特質。因此，通過語言文字去探索古代文化思想演進的歷程，也就有案可查了。

（四）心理學

　　哲學基本上乃是一種反省的工作。人透過反省對自我有更深刻的認識，由對自我認識的日益深刻，轉向對外界的認識。但認識的起源，亦即認識系統的發生，必仰賴與人類早期認識有關的學科——心理學，爲我們提供更確鑿的研究成果與理論基礎。黑格爾的《精神現象學》實際上就是從普遍心靈發展而爲自我意識，繼而揚棄自我意識與普遍意識統一而成爲理性，理性再進一步就是精神，「精神哲學中的『精神』，則是『理念』經由自我外化而揚棄爲高度內在性的自覺存在」。〔註13〕再者，皮亞傑所創造的發生認識論，就是從個體發生角度來探討認識系統的發生問題；他發現，科學史上（數學和物理學）某些概念的形成和發展，與兒童智力的發生和發展常常是相互對應的。數學的起源是能夠在原始社會中，在兒童身上以及數學家們的工作中進行研究的。John Hoospers 知識論中所謂的「Truth as corre spondence」那和一一對應關係——「對應說」，〔註14〕既可以在原始社會的物物交換中，也可以

〔註12〕袁德星：《東西方藝術欣賞》上冊，台北國立空中大學，民國七十八年六月版，頁 184。

〔註13〕傅偉勳：《西洋哲學史》，台北三民書局，民國六十四年九月四版，頁 476。

〔註14〕John Hospers 《AN INTRODUCTION TO PHILOSOPHICAL ANALYSIS》: Truth as correspondence. But let us consider some traditional accounts of "the nature of truth." The most popular of these consists in saying that the truth is correspondence." A proposition is true if it corresponds with a fact"; for instance, if it is a fact that you have a pet leopard, and if you say that you a pet leopard, your statement is true because it corresponds with fact. Truth is correspondence with fact. 台北馬陵出版社，民國六十六年七月二版，頁 115。

在兒童身上被發現到。這些事例說明思維範疇的基本結構及其發展規律的普遍性。〔註15〕

　　哲學心理學視人為自然的客體；當然，人是客體，但又比客體更進一步，是個主體：自我、純我。這就是人類典型的特徵，然而這種特徵卻完全為傳統方法所忽視。

　　心理學主要目的在探討人之所以為人的原因，但有什麼方法比研究自己更接近或更深入這個問題！所以心理學家主張由自己本身研究自己。〔註16〕同樣的，在哲學領域與宗教領域裡，亦是以人為主導，蓋言：「夫民，神之主也。」《左傳·桓公六年》、「祭祀，以為人也。民，神之主也。」《左傳·僖公十九年》，哲學的不同是由於人的不同；宗教所信仰之神的不同，乃由於人的不同創造出不同的神，〔註17〕且也反應了人對自我的認知。因此，對人的思想研究實則是對文化總體的研究。

　　當然，研究中國古代崇祖敬天思想所授用的資料，遠不止上述幾個領域，諸如歷史學的古史記載，宗教學以及文學藝術等學科，都將從不同領域與層面對我們有所幫助。

第三節　關於研究中國古代崇祖敬天思想的方法論問題

　　崇祖敬天是古代的哲學思想，幾千年來深植於每一個中國人的心靈深處延續至今。哲學基本上是一種反省工作，透過反省後產生自覺，進而給予合乎理性的詮釋，建立一套有系統的哲學思想。然而哲學工作絕非一了百了之事，反省必繼而再反省，再反省的結果又必須做更深刻的反省，如此方可能自覺而有所謂的智慧。反省的方向每每因哲學家置身的文化環境而展現不同面相。由於只有人才能蘊發智慧，創造文化，故而人不可能生活在虛幻之中，落實哲學智慧則不能脫離自己民族文化的傳承。因此之故，哲學探索終不能不是一種文化哲學的探索。然而人們大都不自覺到自己文化的基設，誤以客

〔註15〕李景源：前引書，頁16～17。
〔註16〕J. F. Donceel, S.J 著·劉貴傑譯：《哲學人類學》，台北巨流圖書公司，民國七十八年三月初版，頁11。
〔註17〕費爾巴哈著·林伊文譯：《宗教本質演講錄》，台北商務印書館，民國五十八年十月台二版，頁19。

觀存在的實有，爲其全民族之文化精神所在。〔註18〕崇祖敬天思想實則古代中國文化的基源，研究古代崇祖敬天思想，其實也就是一種文化哲學的探討。

文化是由若干相互關係，相互作用的要素所組成的，它包括了精神企圖、社會組織及器物三個層面。文化哲學的研究方法，就是從文化的觀點出發，從文化與要素之間，要素與要素之間，以及文化與自然生態環境之間的相互聯繫，相互作用中，精確地考察文化的特質所在，以達到最佳處理問題的科學方法。文化哲學的方法，具有它自己的一般方法論原則；其一是整體性；二是高質性；三是模式化。

文化的整體性是由文化的結構，即文化內部要素相互聯繫、相互作用的方式形成的。英國哲學家羅素曾說：「自古以來，人類曾面臨了三種敵人：一是自然；一是他人；另一爲自己。」羅素的這番話引申地說：自古以來，人類爲克服所面臨的三種敵人，因而創造了文化，爲了克服自然，人類創造了物質文化；爲了克服他人，人類創造了社群文化；爲了克服自己，人類創造了精神文化，所以文化就這一層意義而言，實乃是一套適應生活的方式，一套解決問題、適應環境的共同生活模式。不同的環境因而蘊育出不同面相的適應方式（文化）。換言之，人類爲了適應不同的環境，於是設計了不同的生活方式。〔註19〕因而將文化定義爲「生活的設計」，不但展現了文化的創造性

〔註18〕劉述先：《方東美先生的文化哲學》：哲學的基本乃是一種反省的工作，而反省可以普及於任何題材。很明顯的，哲學不即是科學，但哲學卻可以針對科學的基設加以反省而成立所謂科學的哲學。而且哲學的工作絕非一了百了之事，反省必繼之以再反省，再反省的結果又必須加以更深刻刻的反省，如此不斷追索，永無窮盡終止之日。反省的方向則每每爲孕育哲學家的文化環境所影響而表現出不同的特色。人不可能生活在真空之中，落實則不能脫離自己民族文化的傳承。故所以歸根究柢來說，哲學的探索不能不是一種文化哲學的探索。習焉而不察，人們大多不自覺到自己文化的基設，而誤之以客觀存在的實有。只有通過一種比較的觀點才能夠把這樣的情況顯發出來。國際方東美哲學研討會，民國七十六年八月，頁3。

〔註19〕李亦園：〈人類學家與他的博物館〉。英國哲學家羅素（B. Russell）曾說：「自古以來，人類曾面臨了三種敵人，一是自然，一是他人，另一爲自己」。羅素的這句話，在意義上，恰正與以上的三種文化分類遙遙相映。因此，我們不妨可以引申地說：「自古以來，人類爲了克服所面臨的三種敵人，因而創造了文化。爲了克服自然這個敵人，人類創造了物質文化。爲了克服他人這種敵人，人類因而創造了社群文化；而爲了克服第三種敵人：自己，人類乃創造了精神的文化。」所以文化，就這一層的意義而言，實乃是一套適應的方式，一套解決問題、適應環境的共同生活模式。環境有不同的種類，因而衍生出的適應方式（文化）乃有了不同的面相。聯合報，民國

與積極性，更使文化像有機體一般充滿了活力。這和生物進化基因有些類似，生物進化是爲了適應自然生態環境，文化整體性的形成與發展，也是爲了適應人文環境而設計的。是以，文化的要素與要素之間，自然形成有機聯繫的系統；所謂系統，即按照某種關係結合起來達到一種目的。

高質化是文化哲學方法論的第二個基本原則；所謂去蕪存菁就是高質化的原則，高質化是文化發展的一種趨勢。如上所言，以生物進化爲例，在長期的生物進化過程中，各種生物都形成了最好適應周圍環境、精巧完善的功能。同樣的，文化系統的發展，也正足以說明高質化是文化發展的一種必然趨勢。文化哲學方法論的高質化原則，實則上就是文化系統的高質化，在人類思想中的反映。例如，文字是表達思想概念的符號，透過文字符號的傳遞，人們精確地理解到過去、現在，以及未來的思想概念；而最能表現文化高質化的，就是運用文字符號所展現的精神企圖——哲學思想。

哲學思想是自然知識與社會知識的概括和總結，更是日常生活經驗的詮釋者，每一個時代的自然科學和文學藝術莫不受哲學思想的影響。宗教和哲學更有密切的聯繫，宗教之中必須包含哲學觀點；有的哲學表現爲宗教的附庸，有的表現爲宗教的批判。哲學可以說是文化總體的指導思想，也可以說是文化發展的思想基礎。〔註20〕易言之，將文化定義爲生活的設計，那麼哲學就是文化的詮釋者，文化便爲哲學的實踐者。中國古代文化就以中國古代哲學爲其思想基礎。就中國古代文化本身來看，其各方面可以說展現了哲學的主導作用。在中國哲學中佔主導地位的思想，在文化發展上也起統率的作用。中國古代文化中儒家哲學佔統率地位，於是儒家思想的長處和短處、優點和缺點，也導致了中國文化的長處和短處、優點和缺點。換言之，一種哲學智慧固然有它的根源與應用，同時也就表現出它的限制和缺點。

當然，這裡也存在著文化整體性與高質化的交互作用以及聯繫關係。因爲，這裡所說的文化高質化，就是指文化整體功能的高質化。而文化整體功能是由文化結構決定的，文化結構的形成取決於指導文化總體的哲學思想。

文化哲學的第三個基本原則是模式化，所謂模式化原則，就是指運用文化哲學的角度研究問題時，由於文化所涉及的範圍是整體，比較廣，比較複雜，很難直接針對文化範疇內的各項事物進行分析和驗證，因而首先都要設

七十五年七月三十日。

〔註20〕張岱年：《文化與哲學》，北京教育科學出版社，一九八八年七月一版，頁3。

計出文化模式。

　　這套文化模式的設計，是基於人作為認識世界的主體，人不僅具有獲得和儲存外界事物的能力，且由於具有抽象綜合的能力，而能理解事物的本質和規律性。這樣，人在長期改造外在世界的過程中，逐漸選擇性地蘊育出一套最有效的思考模式，以解釋生活中的各項事物。這套思考模式一旦建立之後，往往就深植在該民族文化之中，世代相襲。這也就是社會科學家們所謂的民族性，然在人文學者的領域裡，則稱之為思考模式或思維方法。

　　當思考模式化之後，該民族文化的動向與演進，即以此作為日常生活的最高指導原則。崇祖敬天思想自古以來，中國人相襲於宗廟之上與鄉閭之間，更為儒家哲學最高的指導思想與道德實踐的起點。故而，透過文化哲學的研究目的與方法，就在恰如其分地去認識、去分析、去反省、去批判古代崇祖敬天思想對整個中華民族歷史文化的影響，使之得到恰如其實的尊敬。

第二章　中國古代祖先崇拜的起源
　　　　與進展──從原始到人文的樞紐

　　根據文字記載，我國古代宗教祭祀活動在人們的日常生活中，佔著相當重要的地位，《左傳》成公十三年云：

> 國之大事，在祀與戎。

就是對祭祀文化的重要性所作的記載。且在《禮記》〈祭統〉裡更將　祭祀視爲禮之經，並尊祭禮爲五經之首，故云：

> 凡治人之道，莫急於禮，禮有五經，莫重於祭。

鄭康成注云：

> 禮有五經，謂吉禮、凶禮、賓禮、軍禮、嘉禮也。莫重於祭，謂以
> 吉禮爲首也。大宗伯職曰：「以吉禮事邦國之鬼神祇。」

由知，吉禮乃對創國立業之鬼神祇的祭祀。換言之，也就是對立國之先人──祖先之鬼神祇的祭祀。在論及祭祀時，必涉及到宗教活動中的「信仰」與「崇拜」兩個既有聯繫又有區別的概念，具體運用這兩個概念時，理應先將這兩個概念釐清。信仰是一種思想的信念；〔註1〕必然涉及到人的意識活動，透過人的意識活動所展現於外的崇拜，都是這些信念的表現形式，並且圍繞這些信念而旋轉；因此，各種崇拜皆是以一定的信仰爲其前提條件。信仰和

〔註1〕 蔡家麒：〈關於原始宗教的研究〉，《思想戰線》四六期，1982年，頁78；費
　　　 爾巴哈著‧林伊文譯：《宗教本質演講錄》：「信仰是自由的，不受限制的；信
　　　 仰相信一切都是可能的。」台灣商務印書館民國58年二版，頁167～222。

崇拜共同構成了宗教意識的活動。正確地使用這兩個概念，不僅能對原始宗教信仰的內容和崇拜的對象及方式闡述得更加明瞭，而且能將各種信仰和崇拜之間的內在聯繫及其相互對應的關係作一清楚的界定，進而呈現出原始宗教演變的階段性。〔註2〕

然對祖先亡靈——鬼神祇的祭祀亦必包括著信仰和崇拜的兩面，也就是說它亦屬於一種宗教的型態。因此，祖先崇拜既然屬於一種宗教，它的信仰與崇拜，即隸屬於歷史的範疇，都有其發生和適應人文環境的演進過程。

本章把祖先崇拜，作為中國古代原始宗教邁向人文宗教之歷史演進過程的樞紐，是基於以下的認知（哲學基礎）。

中國古代先民們透過宗教祭祀活動，認識世界，認識人自身以及人與自然的關係，反應出古人對自然世界——存在總體的關懷，並且意識到人對自然總體的把握，必須先通過對人的把握來實現。人作為自由主體，作為超越於各種存在物的特殊存在，必與其他存在物有著本質的區別。人的特殊存在方式不僅改變了人自身，而且使存在總體發生了空前而深刻的變化，換言之，人的存在構成了對存在總體的參與。也正是人的這種積極參與，總體存在才獲得它原來沒有的文化意義，因為祇有人才能蘊發智慧，創造文化。《尚書》〈泰誓〉上云：「惟天地萬物父母，惟人萬物之靈。」《孝經》亦云：「天地之性，人為貴。」古人的宗教祭祀活動就在於從人的這種深刻而廣闊的總體存在背景中，去把握主體存在的自身超越與回歸，以揭示人與存在總體的豐富內涵。〔註3〕

〔註2〕蔡家麒：前引文，頁78。

〔註3〕反省心理學所研究的對象是「研究以人為主體的科學」，在其領域，主體是具有目標和價值，並能肯定意願的存有。人是唯一的物質存有，是個主體。故其著重點是人之所以為人的原因。哲學心理學視人為自然的客體。當然，人是客體，但又比客體更進一步，是個主體：自我、純我。這就是人類典型的特徵，然而這種特徵卻完全為傳統方法所忽視。筆者在此所謂的「主體」，是融合反省心理學和哲學心理學所建構的主體概念：就自然世界而言，人為自然的客體，但卻比所有對應於自然世界（總體存在）的事物（客體）更進一步，是個主體，其理由是人具有目標和價值，並能肯定意願的存有。也就是文中所云：「祇有人才能蘊發智慧，創造文化，『並改造世界』。」就人的創造性而言，人是自然世界的主體，且是自由主體，因為在創造的領域中，人是以主觀自由的形式展現人的自我、純我，且不受制於自然世界。反省心理學和哲學心理學參閱 J. F. Donceel, S. J.著・劉貴傑譯：《哲學人類學》，巨流圖書公司，民國78年3月初版，頁11。

中國古代神話，重黎二神將神界與人界一分爲二「絕天地通」的故事，〔註
4〕將人與自然世界區分開來，頗符合人類思維模式的演進過程，從物我不分跨
進到人把自己與自然世界區別之後，重新肯定人與自然存在總體的統一。「原始
的物我不分是原始的肯定，承認人與自然界的區分，是對原始思想的否定；在
承認人與自然相對區別的基礎上，重新肯定人與自然的統一，應是否定之否
定」。〔註 5〕以禪宗三關來說，原始的物我不分是「見山是山，見水是水」；認
識了人與自然存在的差異是「見山不是山，見水不是水。」；重新肯定人與自然
存在的統一，則是悟道後的「見山又是山，見水又是水。」這種思維模式頗符
合近代西方流行的觀點，認爲原始人的思想是物我不分，人還沒有把自己與自
然界區分開來，到了文明時代，人才把自己與自然界區分開，這顯示著人的自
覺意識，帶動理性遠離了感性直觀邁向文明社會。〔註 6〕中國古代所欲求與自

〔註 4〕《山海經》〈大荒西經〉：大荒之中有山名曰日月山，天樞也，吳姬天門，日
　　　　月所入。有神人面無臂，兩足反屬於頭。山名曰噓。顓頊生老童，老童生重
　　　　及黎。帝令重獻上天，令黎卬下地，下地是生噎，處於西極，以行日月星辰
　　　　之行次。
　　　　《尚書》〈呂刑〉：苗民弗用靈，制以刑，惟作五虐之刑曰法，殺戮無辜……皇
　　　　帝哀矜庶戮之不辜，報虐以威，遏絕苗民，無世在下，乃命重黎，絕天地通。
　　　　《國語》〈楚語〉：昭王問於觀射父曰：「周書所謂重黎實使天地不通者何也？
　　　　若無然，民將能登天乎？」對曰：「非此之謂也。古者民神不離，民之精不攜
　　　　貳者，而又能齊肅衷正，其智能上下比義，其聖能光遠宣朗，其明能光照之，
　　　　其聰能聽徹之：如是，則明神降之，在男曰覡，在女曰巫。是使制神之處位次
　　　　主，而爲之牲器時服，而後使先聖之後之有光烈，而能知山川之號，高祖之
　　　　主，宗廟之事，昭穆之世，齊敬之勤，禮節之宜，威儀之則，容貌之崇，忠
　　　　信之質，絜之服，而敬恭明神者，以爲之祝，使名姓之後能知四時之生，犧
　　　　牲之物玉帛之類，采服之儀，彝器之量，次主之度，屏攝之位，壇場之所，
　　　　上下之神，氏姓之出，而心率舊典者，爲之宗。於是乎，有天地神民類物之
　　　　官，是謂五官，各司其序，不相亂也。民是以能有忠信，神是以能有明德，
　　　　民神異業，敬而不瀆，故神降之嘉生，民以物享，禍災不至，求用不匱。及
　　　　少之衰也，九黎亂德，民神雜揉，不可方物，夫人作享，家爲巫史，無有要
　　　　質，民匱于祀，而不知其福，丞享無度，民神同位，民瀆齊盟，無有嚴威，
　　　　神狎民則，不蠲其爲，嘉生不降，無物以享，禍災薦臻，莫盡其氣。顓頊受
　　　　之，乃命南正重司天以屬神，命火正黎司地以屬民，使復舊常，無相侵瀆，
　　　　是謂絕天地通。
〔註 5〕張岱年：《文化與哲學》，北京教育科學出版社，1988 年 7 月一版，頁 4～5。
〔註 6〕劉述先在〈蛇年震盪，餘波未了〉一文云：「蘇聯近數十年來一直沒有什麼變
　　　　化，爲什麼戈巴契夫一上台就發生急劇的變化呢？由此可見決定變化的不是
　　　　外在客觀的物質條件，而是戈巴契夫的思想先改變了，這才會去推動改
　　　　革。……在人的意識內部發生轉變之後，才能夠引致更根本的變化。」載於

然世界合而為一的思想，實則是人對祖先〔註7〕——自身生命起源的回歸與認同來把握的。這種「報本反始」，〔註8〕重回原始和諧的精神企圖，展現了古人認識能力的巨大飛躍，亦即主體自由破除了原始迷信而產生的禁忌，使古人從原始的心靈——感性直觀〔註9〕解放出來。

為此，中國古代先民特別重視宗教祭祀活動，其目的就是將主體生命與存在總體合而為一，以期與自然建立一種水乳交融、休戚與共的關係。在這種背景中，古人的祭祀活動是依存特定時間、空間——神聖的時間、空間的交織下，展現生命的永恆與存在的真實意義。

古人意識到生命的永恆與存在的真實意義，並非一蹴可躋，而是有其歷史演進的過程，從物我不分——自然崇拜階段到人與自然世界分離——圖騰崇拜；再演進到人與自然世界的統一「天人合一」——祖先崇拜——「報本反始」的階段。

為清楚揭示祖先崇拜的起源，故必先根源性地探討原始宗教，從自然崇拜到圖騰崇拜，再到祖先崇拜之歷史發展的過程。這樣的畫分除了是歷史的

《中國時報》78年2月1日。

結構主義之父李維‧史特勞斯在解釋「原始的思維」時說：「為什麼會有幾千年的停滯期介於新石器革命和近代科學之間，如兩段樓梯間的一塊平臺似的。對於這一矛盾只有一種解答，這就是存在著兩種不同的科學思維方式，兩種方式都起作用，但當然不是所謂人類人智發展的不同階段的作用，而是對自然進行科學探究的兩種策略平面的作用：其中一個大致對應著知覺和想像的平面，另一個則是離開知覺和想像的平面。似乎通過兩條不同的途徑，都可以得到作為一切科學的——不論是新石器時代的或近代的——對象的那些必要聯繫：這兩條途徑中的一條緊鄰著感性直觀，另一條則遠離著感性直觀。」見李維‧史特勞斯著‧李幼蒸譯《野性的思維》，聯經出版社民國78年5月初版，頁21。

〔註7〕 《爾雅》〈釋詁〉：「祖，始也。」《說文》：「始廟也。」

〔註8〕 《禮記‧郊特牲》：「郊之祭也，大報本反始也。」

〔註9〕 李維‧史特勞斯：「然而，如果那時人類以及在其以前的人類曾經受到與我們時代完全相同的那種精神的激勵，就不可能理解他們怎麼會停了下來，而且為什麼會有幾千年的停滯期介於新石器革命和近代科學之間，如兩段樓梯間的一塊平臺似的。對於這一矛盾只有一種解答，這就是存在著兩種不同的科學思維方式，兩種方式都起作用，但當然不是所謂人類心智發展的不同階段的作用，而是對自然進行科學探究的兩種策略平面的作用：其中一個大致對應著知覺和想像的平面，另一個則是離開知覺和想像的平面。似乎通過兩條不同的途徑，都可以得到作為一切科學的——不論是新石器時代的或近代的——對象的那些必要聯繫：這兩條途徑中的一條緊鄰著感性直觀，另一條則遠離著感性直觀。前引書，頁21。

分段之外，更涉及古人的認識過程，也可以說涉及了知識和文化的起源問題。從有關哲學人類學、文化人類學〔註10〕和歷史資料來看，中國古代社會亦如其他世界各民族一樣，亦曾經歷過自然崇拜、圖騰崇拜與祖先崇拜三個彼此相關，又各具特徵的重要崇拜階段。〔註11〕通過這樣三個階段的分別闡述與分析，試圖找到這些極爲古老的信仰與崇拜之存在條件、彼此的內在聯系，以及演變的依據和情況，並探索中國古代祖先崇拜與文化思想發展及其演變的關聯性。

由於我國疆域廣大，是一個多民族的國家，現在尚有五十多個少數民族，古代的原始民族更多。況且各個民族的社會發展程度不一致，因此要以時間來統一區分我國古代宗教的原始宗教時期和人文宗教時期，是不科學的。有鑒於此，本文是根據古代原始宗教各階段信仰的形成和發展進行研究，也就是根據人類思想觀念形成的內在邏輯關係做爲分段的依據，如此才符合思想史的研究。有關我國古代原始宗教的資料或遺物，在現階段的考古資料中，實在太少。除了崇拜鬼魂以外，涉及到的範圍包括自然崇拜、圖騰崇拜、祖先崇拜等，範圍非常廣泛。從發現的山頂洞人的屍體周圍撒了許多赤鐵礦的粉粒，並有裝飾品殉葬物看來，山頂洞人已有埋葬屍體的習慣。由此可以推想他們大概已認爲人死後還有靈魂存在，〔註12〕而自然崇拜的發生要比鬼魂崇拜更早，〔註13〕當時自然崇拜可能很盛行，我們卻無法知道其確實情況。

〔註10〕 在此所謂的民族學與社會人類學，乃依據——A. R. Radeliffe-Brown 教授的界定。他所謂的民族學範疇，乃指有關歷史再造的研究，亦即兩個或兩個以上的社會之類似制度或風俗信仰的存在，其中某些例證在民族學家看來，也許認爲是一些歷史聯繫的指針。因此目的所在也就是某一社會、民族或區域的歷史再造。而把對人類社會發展的可能規律之研究，他稱之爲社會人類學。參見楊希文譯：〈道在陰陽〉刊錄《大陸雜誌》第十卷第六期，1955 年。頁 12。

〔註11〕 參見郭沫若著：《青銅時代》，人民出版社，1954 年 6 月；李宗侗：《中國古代社會史》，華岡出版社，民國 66 年 9 月；張光直：《中國青銅時代》，聯經，76 年 8 月；蔡家麒：〈自然、圖騰、祖先——原始宗教初探〉，《哲學研究月刊》，1982 年第四期，頁 54；李景源：《史前認識研究》，湖南教育出版社，1989 年初版，頁 238。

〔註12〕 劉澤華編著：《中國古代史（上）》，北京人民出版社，1985 年 2 月，頁 9。

〔註13〕 蔡家麒：〈自然、圖騰、祖先——始宗教初探〉，蔡氏說：「對大自然的崇拜是人類最早的宗教意識活動，也是對自然界最初認識的反映。」《哲學研究月刊》1982 年第四期，頁 54。費爾巴哈也說：「依賴感乃是宗教的根源，這個依賴感的原始對象乃是自然界。因此，自然界是宗教的第一個對象。」前引書，

由於缺乏遠古時代的實物資料，關於我國古代宗教的研究，只能依靠目前出土的考古資料及殷商以後的文字記載，至於其以前的情況，只能依據現今文化人類學對原始民族及兒童心理學研究的成果進行一些推論。

第一節 自然崇拜

對大自然的崇拜是人類最早的宗教意識活動，也是對自然界最初認識的反映，是建立在做為人最早存在的基源，在其（人）自身以外，必須寄於另一個東西，而那個做為人的前提的東西，那個人所必須聯繫，否則人的存在和本質都不可設想的東西，即是人類早期所最早接觸到、感覺到的自然世界。〔註14〕對自然世界的崇拜，根源於矇昧時代人們狹隘而愚昧的觀念，這個觀念即史前人類對思維與存在聯繫的直觀認識。所謂直觀認識，即主體與對象的直接聯繫，客體（自然世界）有一事物，主體內部則形成該事物形象的表象。由於這種主體與客體的直接統一，原始人類不僅意識到外界有一事物存在，而且認為凡主體內部具有的表象，也必然有相應的主體外的存在。〔註15〕例如：在夢境等情況下，主體內部所出現的表象找不到有形的相應外物時，原始人類便設想有一種無形的靈魂存在。「靈魂可以和人體結合，從而形成主體與客體不分的擬人化的自然觀」。並且依照這樣的信念產生了自然崇拜；這正表示自然界本質的被神化、被人格化了。〔註16〕

自然崇拜階段，原始人類不使自身從世界，從自然界分離出來，他們祇將自己思想作自然界的一部分，所以他們沒有那有種與自然界不同並脫離了

頁28。

〔註14〕費爾巴哈說：但是那個做人底前提的東西，那個人所必須連繫，否則人底存在和本質都不可設想的東西，我的先生們，正是自然界，絕不是你們的什麼神啊！……在我的學說中那個做人的前提，為人底原因或根據的東西，那個為人底發生和存在所依靠的東西，並不是也叫做「神」（這是一個神秘的不定的多義的名稱），而是而且叫做「自然界」。（前引書，頁22～23）同樣，雖然把自然界定為人類存在底根源，定為人所依賴而不能與之分離的東西，我也不願意在神學或泛神論意義下將自然界神化了。……因為宗教的根源既然是依賴感，而這依賴感的對象又是人的生命和存在所依賴的自然界，那麼不拿一般自然界而拿本國自然界做為宗教崇拜底對象，也是完全自然的了，我的生命和本質祇是感謝本國自然界的啊！（前引書，頁41～43。

〔註15〕張尚仁：〈思維與存在的關係是總體性概念〉，《哲學研究》1982年第四期，頁17。

〔註16〕張尚仁：前引文，頁17。另參見費爾巴哈：前引書，頁23。

自然的靈魂觀念。在他們看來，自然界就是神聖而莊嚴的東西，或寧可說是他們所能想像的最高的和最美的東西。所以在原始人類看來，人是怎樣，自然界也就怎樣。費爾巴哈在論宗教的起源時指出：

> 宗教起初不外表示人覺知其與自然界或世界相聯繫共存的那種情感罷了。……這種簡單的自然的感情和情緒，就是自然宗教的主觀內容。〔註18〕

換言之在自然崇拜階段，人將自然界視為自身存在的基源，定為人所依賴──依賴是建立在撫其不安與焦慮的基礎上而不能與之分離的東西。將自然界神化是自然崇拜的特徵，因為自然界的一切，包括太陽、土地和水等，均是人依賴為生的，動植物所以繁盛的原因。所以在原始人類拿自然界當作神性來崇拜的時候，事實上已不自覺地流露出，自然界是最初的原始的非派生的一切基源。〔註19〕

原始人類既然將自然界視為自身存在的基源，並且是不能與之分離的東西，但當主體內部所出現的表象找不到有形的相應外物時，原始人類便設想有一種無形的靈魂的存在，靈魂既可以和人體結合，也可以和別的事物結合，從而形成主體與客體不分的擬人化的自然崇拜。這種試圖將主體與客體從一對一的對應當中，取得均衡的自然崇拜，正展露了原始人類對宇宙秩序所抱持的最原始的心靈──原始的統一，也就是所謂的「原始的和諧」。

這種「原始和諧」的觀念，散落在各民族神話傳說，甚至哲學思想裡。例如：中國古代神話，重黎尚未將神界與人界一分為二；雲南白族的史詩所描述的盤古開天闢地之前；耶教伊甸園中亞當、夏娃尚未吃智慧果之前；太極尚未生兩儀之前；道尚未生一，一尚未生二之前；均顯示了人對宇宙原始秩序──均衡與和諧最終極的回味與關懷。李維·史特勞斯在《野性的思維》中論及：

> 我們稱作原始的那種思維，就是以這種對於秩序的要求為基礎的，不過，這種對於秩序的要求也是一切思維活動的基礎，因為正是通過一切思維活動所共同具有的那些性質，我們才能更容易地理解那

────────────────

〔註18〕費爾巴哈：前引書，頁39。

〔註19〕費爾巴哈說：「人依賴自然界，人與自然界一起生活，人縱然站在他的最高的精神的立場上，也不應當忘記他是自然界產兒和成員，他應掌拿自然界來不斷地崇拜和尊奉，不僅當作他的存在底根據和源泉，而且當作他的精神和肉體健康底根據和源泉。」前引書，頁41、98。

類我們覺得十分奇怪的思維形式。一位土著思想家表達過這樣一種
透徹的見解：「一切神聖事物都應有其位置」（弗萊徹2，頁34）。人
們甚至可以這樣說，使得它門成為神聖的東西就是各有其位，因為
如果廢除其位，那怕只是在思想中，宇宙的整個秩序就會被摧毀。
因此神聖事物由於占據著分配給它們的位置而有助於維持宇宙的秩
序。〔註20〕

同書註裡，克里格引南非洛維杜人所說的話：

理想是返回老家，因為永遠不可能返回的唯一地方是子宮。〔註21〕
母體子宮就是原始的和諧，原始人類一旦將自身與自然界分離後，這種感覺
就像嬰兒脫離了母體子宮──「原始和諧」一樣，隨即而來的就是不安與焦
慮。為了平撫不安與焦慮，原始人就用祭祀和奉獻犧牲的儀式，達到與自然
界保持均衡、和諧的關係。當然，這種宗教性的祭祀活動，應屬自然崇拜後
期的事。〔註22〕

的確是如此的，原始人類比現代人對原始和諧的回味與關懷要深層得
多，尤其是他們運用感性直觀表現在對自然崇拜上，更不是現代人所能理解
的了。〔註23〕這也就是說原始人視自然界為他們的基源──祖先，要比現代
人對其基源──祖先所理解的更為深刻，更為直接。由於原始人類他們能將
自然界──「母體」所賦予的天性，〔註24〕保存的如此完整。因此，在他們

〔註20〕李維·史特勞斯：前引書，頁14。

〔註21〕李維·史特勞斯：前引書，頁197。

〔註22〕蔡家麒：前引文，頁56：「七十年代初，在菲律賓棉蘭老島的陡峭的原始密
林中，發現被認為是舊石器時代晚期的二十四個塔薩代人（Tasadays），他
們集體穴居在天然岩洞裡，使用石器和竹器，不狩獵，主要依賴採集植物為
生。他們在採集土中的一種可食的蕨樹根時，邊挖掘邊向蕨樹唱著感謝的歌
子；他們于願輕易砍伐住地周圍的樹木，認為砍伐會觸犯神靈，會使天氣變
壞。這種限于對集團生活特別有意義的個別具體自然物的感激、祈求、屈從
或禁忌，大約是人類最早宗教活動的表現，而表達各種意義的模擬、象徵性
的集體歌唱和舞蹈，在許多場合，很可能是最初也是最普遍的討好自然的崇
拜方式。」

〔註23〕李維·史特勞斯說：「我們稱作原始的那種思維，就是以這種對於秩序的要求
為基礎的，不過，這種對於秩序的要求也是一切思維活動的基礎，因為正是
通過一切思維活動所共同具有的那些性質，我們才能更地理解那類我們覺得
十分奇怪的思維形式（前引書，頁21）。蔡家麒：前引文，頁56。

〔註24〕大自然生物均有一種先入為主的天性，此處所講的天性當指先入為主的概
念。參見〈海龜蛋搬家記〉，《中國時報》79年2月22日，第二七版。另外阿

運用感性直觀分類事物或判斷事情的時候，並不亞於現代人的科學思維方式。李維・史特勞斯在《野性的思維》一書中說到：

> 爲什麼會有幾千年的停滯期介於新石器革命和近代科學之間，如兩段樓梯間的一塊平臺似的。對於這一矛盾只有一種解答，這就是存在著兩種不同的科學思維方式，兩種方式都起作用，但當然不是所謂人類心智發展的不同階段的作用，而是對自然進行科學探究的兩種策略平面的作用：其中一個大致對應著知覺和想像的平面，另一個別是離開知覺和想像的平面。似乎通過兩條不同的途徑，都可以得到作爲一切科學的——不論是新石器時代的或近代的——對象的那些必要聯繫：這兩條途徑中的一條緊鄰著感性直觀，另一條則遠離著感性直觀。任何一種分類都比混亂優越，甚至在感官屬性水平上的分類，也是通向理性秩序的第一步。〔註25〕

拉斯加育空河流域的鮭魚，在其死前必會游經幾千公里，到其出生地——育空河的源頭產卵之後而死。

〔註25〕李維・史特勞斯：前引書，頁21：每一文明都傾向於過高估計其思想所具有的客觀性方向，然而這一傾向總是存在的。當我們錯誤地以爲未開化人只是受機體需要或經濟需要支配時，我們則未曾想到他們也可以向我們提出同樣的指責，而且在他們看來，他們自己的求知慾似乎比我們的求知慾更爲均衡。這些夏威夷土著對他們所掌握的自然財富的利用幾乎是完善無缺的，遠比目前商業時代的資源利用要完善得多，後者毫不顧惜耗用著少數幾種在經濟財務上暫時有利可圖的東西，忽略而且往往是毀掉其餘的東西。韓迪和普奎，頁213。

以牟利爲目的的農業，當然不能與植物學家所從事的科學混爲一談。但是老一輩的夏威夷貴族忽略後者而只考慮前者，盡量利用土法耕作牟利，這就等於犯了馬林諾夫斯基那種似是而非的錯誤，馬林諾夫斯基認爲，原始人對圖勝動植物的興趣只是他們飢腸轆轆的結果。

太斯曼（頁71）在談到加蓬的芳族人時，曾注意到「他們在區分同一屬內各個種之間細微差別時，所表現出來的精確辨別力。」前面引述過的那兩位作者對於大洋洲也有類似的看法。

這裡的土著具有敏銳的官能，他們精確地注意到了陸地和海洋生物的一切物種的種屬特性，以及像風、光和天色、水波和海浪變化、水流和氣流等自然現象的最細微變異。韓迪和普奎，頁119。

菲律賓群島的哈努諾人有一種嚼檳榔的習俗，就像這樣一種簡單的習俗，竟需要具有關於四種檳榔子和八種替代物，五種醬葉和五種替代物的知識。康克林3。

哈努諾人幾乎所有日常活動都需要十分熟悉當地的植物，和掌握有關植物分類的精確知識。有一種看法認爲，那些靠自然物維生生存的集團，只利用當地植物群中很小一部分。與此相反，哈努諾人卻認爲當地土生植物品種的

這點尤其表現在原始人類對自然崇拜——祖源的認同與定位上。〔註26〕

> 然而，產生自然崇拜的條件是什麼呢？根據費爾巴哈的說法：依賴感乃是宗教的根源，這個依賴感的原始對象乃是自然界，因此，自然界是宗教的第一個對象。……所以在古人以及現今許多自然民族看來，自然界並不是什麼暗藏的神靈的象徵或工具，而就是自然界，而就是宗教崇拜的對象。〔註27〕

因此，自然崇拜起初產生的原因，不外乎人覺知與自然界或世界相繫共存的那種感情罷了。而這種覺知的能力意味了人類認識的起源。考察人類認識的起源，李景源先生的《史前認識研究》做了非常深入的分析，他說：

> 所謂認識的起源問題，從客體方面看，是探討自然物如何轉化爲認識的對象（我們這裡僅指有能力改造他時才成爲對象），從主體方面看，是探討生理機能、心理機能如何轉化爲認識機能。很顯然，主客體關係的形成根源於人類實踐活動的形成。無論怎樣低級的實踐活動，都使自然物發生某種形式變化，使自然物的內容獲得一種爲人的形式，並從而具有某種認識價值。人不僅在活動中生產出對象，對象也同樣生產主體。所以，主客體之間認識關係的建立，根源於它們之間的中介物——實踐活動的起源。〔註28〕

總數中有九三%都是有用的。康克林1，頁249。

對於動物界來說情況也相同。

哈努諾人把當地鳥類分成七十五種……他們大約能辨別十幾種蛇……六十多種魚……十多種淡水和海水甲殼動物……大約同樣數目的蜘蛛綱動物和節足動物……。哈努諾人把現有的數千種昆蟲分爲一百零八類，其中包括十三種螞蟻和白蟻……。哈努諾人認識六十多種海水軟體動物，二十五種以上的陸地和淡水中的軟體動物……他們能辨別四種不同類型的吸血水蛭……。總共記錄下四百六十一種動。同上，頁67～70。

〔註26〕李維·史特勞斯說：「一位土著思想家表達過這樣一種透徹的見解：『一切神聖事物都應有其位置』（弗萊徹2，頁34）。人們甚至可以這樣說，使得它們成爲神聖的東西就是各有其位，因爲如果廢除其位，那怕只是在思想中，宇宙的整個秩序就會被摧毀。因此神聖事物由於占據著分配給它們的位置而有助於維持宇宙的秩序。」前引書，頁14。

〔註27〕費爾巴哈：前引書，頁28、38。

〔註28〕李景源：前引書：當代著名兒童心理學家皮亞傑，以畢生的精力著重研究個體認識和思維的邏輯結構的發生問題，值得提出的是，皮亞傑完全依靠自己的研究揭示了主客體認識關係的中介性（只是後來祂才了解到馬克斯關於實踐活動的理論，並給予了高度評價。）皮亞傑把中介物（活動）的存在和發展作爲主客體關係分化的條件，從中介物的型態變化上，來考察主客體認

李先生提出認識的起源是建立在實踐活動，這是頗符合事實的；但為了使實踐成為活的思維，必須首先（在邏輯的而非歷史的意義上）使思維存在，這就是說，它的初始條件必須在心理和大腦的客觀結構的形式中被賦予，沒有這種結構就既不會有實踐也不會有思想。〔註 29〕尤其是自然崇拜作為人類邁向文明發展最早體現形式的實踐活動，它必然內在地向人們展示這樣兩種基本層次；其一是崇拜主體對自然界的界定，也就是前面所述——「人『覺知』與自然界或世界『相聯繫共存在』的那種『感情』的對象化，而對自己主體本質的存在進行界定。在這一層次的界定中，人感覺到與自然界是一體的，也就是禪宗青原維信禪師示弟子曰：

> 老僧前三十年見山是山，見水是水。〔註30〕

自然界與生命同體化的觀念，實際上是指原始人類的深層意識結構。這種深層意識結構的形成，又源自人對生命起源——「存有」的追思。由於這種深層的心理結構，規定了早期人類用跟我們相同的感官與外界接觸，但卻用相異的思維方式所形成的觀念來感知，此即前述李維·史特勞斯所謂人類存在兩種不同的科學思維方式之一——「對自然進行科學探究的兩種策略平面的作用：其中一個大致對應著知覺和想像的平面……」是以，表現於原始人類身上的特殊感知方式及其觀念的產物，不過是蘊含於意識底層的原始渾沌世界觀的反映。因而，原始人類透過感性直觀認識事物，把一個自然對象在自己身上激起的那些感覺，直接看成是對象的一些屬性，並且將自然的東西，弄成一個主觀的，亦即人的東西。費爾巴哈說：

> 人在宗教中是拿自己本質對象化出來的；自然宗教底現在已經可以證明這個斷語了。〔註31〕

識關係的發展。按照皮亞傑的理解，作為中介物的外部物質活動，在個體認知發展中起著雙重的作用，一戶面，兒童通過歸類、排列等活動，把主體各個分散、孤立的動作逐步協調起來，為以後諸階段把動作內化為邏輯數學結構打下基礎；另一方面，兒童通過使客體發生位移等活動，使客體之間的次序和位置協調起來，為後來的因果觀念和時空觀念的形成準備了條件。由此可見，皮亞傑的發生認識理論，是以活動為基礎範疇，從主體認識的結構及其建構兩方面，揭示了主客體之間相互作用的內容和實質，這實際上是把實踐決定認識的原理，推進和延伸到人的思維形成和發展的內部機制中，從而為我們從實踐角度探討認識的原始發生提供了一個很好的範例。（頁 69～70）

〔註29〕李維·史特勞斯：前引書，頁 334。
〔註30〕禪宗語錄《指月錄》。
〔註31〕費爾巴哈：前引書，頁 40。

這種把自然界現象人格化的結果，形成了「萬物有靈」的觀念，但在這一階段的人智，還未將靈與人分離，而還是處於一種渾沌不分的情況下。〔註32〕

從萬物有靈的觀念出發，原始人把人的屬性同人存在的基源——自然界的屬性密切地聯結起來，然後在人們的思想意識裡，逐漸構成了一條看不見也摸不著的聯繫，即靈的聯繫。這種最早的靈的觀念，就是宗教意識的基點，也就是導致宗教的最原始觀念。原始人也就憑藉這種靈的觀念，產生了對自然的崇拜。〔註33〕因此，我們認為，原始的靈的觀念是自然崇拜的起點，而這種起點

〔註32〕 李根蟠、盧勛合著：〈淺談原始思維若干特點〉，《哲學研究》，1984 年第 11 期，頁 43～44。

　　這種把自然物和自然現象人格化的結果，形成了「萬物有靈」的觀念。「萬物有靈」觀念是有一個演變過程的。最初它只是認為人和自然都是有意志和有生氣的一種渾沌不分的觀念。由於動物和人類最相像和最相近，所以動物首先被天真浪漫的原始人看成是和人一樣的。解放前部分黎族和彝族在其十二獸記日中，把人與獸同列，即把人列為諸獸中的一種。四川小涼山彝族則傳說人和馬、牛、羊、豬皆為兄弟。族傳說中則有一種能變為野獸逢場作戲的人——「撲食」。凡此此種種都是人獸不分的原始觀念的孑遺。不過這時候的「萬物有靈」中的「靈」，還不同於宗教信仰中的「神」，也不同於「靈魂」的觀念。後來，隨著認為人的精神可以離開肉體而獨立存在的靈魂觀念產生，各種自然物和自然力也被認為是有精靈的，這種精靈也可以脫離自然物的實體而獨立存在，具有降禍或致福于人的神秘力量。這時「萬物有靈」論才真正成為原始宗教（自然崇拜）的基礎。

　　在怒族的狩獵祭祀中，則可以看到人獸不分、獸靈與獵神不分的現象。羚牛（當地俗稱野牛）曾是怒族主要狩獵對象之一，他們每逢獵獲羚牛都要把牠的頭供起來，在牛角上掛些婦女披帶的珠飾（怒語叫「批頗」），獵人還斟酒送至獸嘴，表示讓牠喝酒，然後把酒碗端起禱念：「啊！我原來已對你說了（按：指獵前的祭儀），讓我獲得你，角不要斷，牙不要掉，要獲得大大的！我的家裡有好酒，我的老伴已準備好了。你的姑娘也被我足住，在遠處我們互相迎接，在近處我們互相握手。」

　　從以上禱告內容看，顯然是向獸靈傳達某種願望，但根據一些怒族老人說，禱辭雖是對著野獸說的，而祭祀的真正對象是獵神。怒族的獵神是司理野獸的山神。有時怒族人把獵神看作羚牛的化身（這和鄂倫春人把山神「自那查」看成是老虎的化身是一致的），有時還把獵神塑造成怒族婦女的形象。事實上怒語中的「呷叭」就是獸靈與獵神渾然不分的一種概念。從怒族獵神的這種多面看，它最初是由獸靈演變而來的，以後才逐步人形化，相當長時期內仍是半人半獸或亦人亦獸；而獵神塑造為女性，則是對婦女在狩獵經濟時代曾起過重大作用的一種歷史追憶。

　　以上事例當然都與「萬物有靈」的信仰有關，但在思維方法，上也反映了他們往往把表面相同或相似的東西，看成同一或可以互相轉化的東西。

〔註33〕 蔡家麟認為：「從原始的靈的觀念出發，把人的屬性同自然界的屬性溝通起

是建築在原始人類視自然界爲其生命之所以發生、存在的母體子宮。〔註34〕

其二是在另一種關係下，崇拜主體是通過自身的對象化，形成實現自己與類的溝通，進而自覺與不自覺地對和他相類似的自然現象進行界定。在這一階段的演變過程，顯示著人類實踐範圍的擴大，人類的認識能力也隨活動範圍的擴大而增強，相隨而來的思維方式也必然要發生變化。思維方式發生變化的最直接表示，就是原始人有了最初階段的抽象能力。凌純聲在其《松花江下游的赫哲族》一文中論及，赫哲人認爲人有三個靈魂：第一個是生命的靈魂，同人類的生命共始終，人死後就泳遠消滅。第二個是思想的靈魂，人在睡夢中，它暫時離開人體到別處去遠遊。第三個是轉生的靈魂，人死後立即離開軀體去轉世投生。〔註35〕第一個靈魂的說法，頗符合前述「還未將人與靈分離，還處於一種渾沌不分的情況」；第二思想的靈魂與第三轉生的靈魂，則表現了人類最原始的抽象能力，亦即鬼神思想的前身。

這種靈魂觀念的發生，如前所述，是由於人在夢中發現某種和他自己的、熟悉的和相近的東西，而又能暫時離開人體到別處去遠遊。因此，在後來人智發展到有能力創造文字符號時，就造了「骨」與「鬼」字，後來表示人經常感到自己身上彷彿有另外一種大大的，卻又與人形影不離的東西——「魂」。這種靈魂思想的出現，意味人們已經意識到人除了有一能見、能觸、能感的軀體之外，還有一個見不著又形影不離的身外之物。可見與不可見的分類，表現人的認識能力，與人從渾然一體的感性自然生命，邁向主客體暫時分離的最初思維型態。到了轉生的靈魂階段，靈魂已經能獨立於形體之外，這時的主客體已截然劃分爲二。但人們這時的這種劃分，並不是按照現代科學的概念和範疇來分類，而是以自身有限的感性經驗，來劃分自然界的可見部分和不可見部分。在當時的人們看來，自然界的事物都有其神秘的屬性與能力；一切事物都和有形的存在一樣，也有無形的存在，這種無形的存在，人類學家稱之爲超自然力。

來，在人們的思想意識裡漸漸造成了一條看不見摸不著的聯繫，即靈的聯繫，這是宗教意識的起點或萌芽。……我們認爲，最早的『靈』的觀念，可能是導致宗教『最原始的觀念』。」前引文，頁55。

〔註34〕這種將然界視爲其生命之所以發生——存在的母骿子宮的觀念，深深影響到後來人類對女性生殖器的崇拜，也就是祖先崇拜的早期階段。

〔註35〕凌純聲：〈松花江下的赫哲族〉，《中研院歷史語言研究所單刊》甲種之十四（西元1934年）頁102～103。

　　凌純聲先生對赫哲族人三個靈魂的研究，提供了人類早期認識過程的寶貴資料，使我們很清楚地理解到。在自然崇拜的兩種基本層次，顯現出人類的認識過程，逐步地從矇昧渾沌的情境中，演進到將靈魂能獨立於事物與自身之外。這兩種基本層次的演進過程，與我們觀察到人類幼年時期認識的過程是一致的。〔註36〕

　　由於原始的靈魂觀念是自然崇拜的起點，而這起點也是建築在原始人類視自然界爲其生命存在的母體子宮。因此，最初和人們日常生活發生最密切、影響最大的飲食之源的動植物，往往就成了人們崇拜的對象。隨生活領域的擴大，人們接觸到與吸收到的事物隨之增多與深化，逐漸將靈魂的觀念擴散，推向整個自然界，舉凡見到的一切事物，都有自己的靈，萬物有靈的觀念於是形成，而且逐漸複雜化了。〔註37〕萬物有靈觀念的形成，正表示自然界本質之被神化，被人格化了，〔註38〕這就奠定了原始宗教信仰的基礎。

　　萬物有靈的觀念形成了原始宗教信仰的基礎，在此信仰之下，相應地產生了最初崇拜自然的宗教儀式。我國古代甲骨文中還保存了不少有關自然崇拜的記載；例如「禘」祭最初爲殷人祭天及自然神、四方之祭，後來才演變成也祭先公、先王。〔註39〕另外「社」、「𥌓」、「福」等字，均指對自然神的

〔註36〕耐桑・愛沙克斯說：「兒童心智成長主要的關鍵是：（一）兒童自己初開始的行動作用爲最重要的一部分；（二）此種行動逐漸變成了内在的聚集，亦就是在内心中形成了和外界互相呼應的一種延伸的構造物。」見《皮亞傑兒童心理學淺述》，卞瑞賢譯，台北聯經出版社（73年3月）頁7～13。Jean Piaget著・吳元福譯：《皮亞傑兒童心理學》，唐山出版社，76年11月初版，頁1～21。

〔註37〕蔡家麒說：「原始的靈的觀念是自然崇拜的起點，最初發生在和人們日常生活最密切、影響最大的個別事物上，極可能是那些做爲飲食之源的動植物。隨著生活領域的擴大，人們接觸到的事物隨之增多，逐步將靈的觀念擴展，推向整個自然界，地上、水中、天上，凡見到的一切事物，都有自己的靈，『萬物有靈』的觀念形成了，而且逐漸復雜化。他們認爲，凡人具有的品格與功能，自然界都具備，人沒有但渴望有的品格與功能，自然界也都具備。原始人把自然界超人化，把自然界神秘化，這就奠定了原始宗教信仰的基礎。前引文，頁55。

〔註38〕費爾巴哈：前引書，頁23。

〔註39〕徐中舒說：「卜辭禘不從帝，象架木或束木以燔，並於其上加橫畫一或二以表示祭天。禘祭初爲殷人祭天及自然神、四方之祭，其後亦祭先公先王。禘由祭天而引伸爲天帝之帝，又引伸爲商王之號稱。」見徐氏所主編：《甲骨文》卷一，四川辭書出版社，西元1988年11月出版，頁23。

崇拜。〔註40〕再者，比較完整的文獻資料則見於《詩經》及《周禮》〈大司樂〉。
現引錄《詩經》〈周頌〉：

一、豐　年

豐年，多黍多稌，亦有高廩，萬億柔秭。爲酒爲醴，烝畀祖妣。以
洽百禮，降福孔皆。〔註41〕

二、載芟（《毛傳》：「載芟，春籍田而祈社稷也。」）

載芟載柞，其耕澤澤。千耦其耘，徂隰徂畛，侯主侯伯，
侯亞侯旅，侯彊侯以。有嗿其饁，思媚其婦。有依其士，
有略其耜。俶載南畝，播厥百穀，實函斯活。驛驛其達，
有厭其傑。厭厭其苗，綿綿其麃。載穫濟濟，有實其積，
萬億及秭。爲酒爲醴，烝畀祖妣，以洽百禮。有飶其香，
邦家之光。有椒其馨，胡考之寧。匪且有且，匪今斯今，
振古如茲。〔註42〕

三、載芟

良耜，秋報社稷也。〔註43〕

〔註40〕見前引書：
　　（1）社：「卜辭用土爲社，見卷十三土部土字解說。」「社，乃土地之神」，
　　　　同上頁26，另見1454頁。
　　（2）柴：象以木或束木架於前焚燎之以祭天神之意。頁20。
　　（3）福：古人以酒象徵生活之豐富完備，故灌酒於神，爲報神之福或來福之
　　　　祭。
〔註41〕《詩經》卷十九〈周頌〉之三〈豐年〉，頁731。語譯見郭沫若《青銅時代》
　　　　頁99：年辰好呵，小米多，大米也多。到處都有高大的倉，屯積著整千整萬
　　　　整十萬石的糧。拿來做燒酒，拿來做甜酒，奉祀先祖代代，使春夏秋冬的祭
　　　　典沒有盡頭，降下很多的福澤呵，祖先保佑。
〔註42〕《詩經》〈周頌‧載芟〉，郭沫若譯爲如下（見前引書頁101）：除草根，拔樹
　　　　根，耕地的聲音澤澤的響。有一千對人在耨草呵，耨向平地，耨上坡坎，國
　　　　王也在，公卿也在，大夫也在，強的弱的，老的少的，一切都在。
　　　　送飯的娘子眞是多呵！打扮得多漂亮呵！男子們好高興呵！犁頭是風快的
　　　　呵！今天開首耕上向陽的田，準備播種百穀，耕得眞是深而且闊呵！
　　　　啊！陸續的射出禾苗來了，先出土的衝得多麼高可！苗條眞是聰駿可愛呵，
　　　　不斷地還在往上標呵！
　　　　收穫開始了，好多的人呵，好豐盛的收成呵！屯積成整千整萬整十萬的糧。
　　　　拿來煮燒酒，拿來煮甜酒，奉祀先祖代代，使春夏秋冬的祭典沒有盡頭。飯
　　　　是那樣的香，酒是那樣的香，眞是國家的祥瑞呵，人人的壽命都要延長。不
　　　　但是現在才這樣，不但是今天才這樣，從古以來一直都是這樣呵。

四、《詩經》〈小雅‧甫田〉

倬彼甫田，歲取十千。我取其陳，食我農夫，自古有年。

今適南畝，或耘或耔，黍稷薿薿。攸介攸止，烝我髦士。

以我齊明，與我犧羊，以社以方。我田既臧，農夫之慶。

琴瑟擊鼓，以御田祖，以祈甘雨，以介我稷黍，以穀我士女。

曾孫來止，以其婦子，饁彼南畝，田畯至喜。攘其左右，嘗其旨否。

禾易長畝，終善且有。曾孫不怒，農夫克敏。

曾孫之稼，如茨如梁。曾孫之庾，如坻如京。乃求千斯倉，乃求萬斯箱。

黍稷稻梁，農夫之慶，報以介福，萬壽無疆。〔註44〕

五、《詩經》〈小雅‧大田〉

大田多稼，既種既戒，既備乃事。以我覃耜，俶載南畝：播厥百穀，既庭且碩，曾孫是若。既方既皁，既堅既好，不稂不莠，去其螟螣，及其蟊賊，無害我田稚。田祖有神，秉畀炎火。

有渰萋萋，興雨祁祁，雨我公田，遂及我私。彼有不穫穉，此有不斂穧，彼有遺秉，此有滯穗，伊寡婦之利。曾孫來止，以其婦子，饁彼南畝，田畯至喜，來方禋祀，以其騂黑，與其黍稷。以享以祀，以介景福。〔註45〕

〔註43〕 《詩經》〈頌頌〉。

〔註44〕 《詩經》〈小雅‧甫田〉。郭沫若譯爲如下：

開朗呵，好廣大的田，一年要收十千石的收成。我們只把每年的陳穀拿給農夫吃；因爲年年都是豐年啦。今天要到向陽的田地裡去，那兒有的在犁田，有的在吃草，稻子都長得很茂盛了。爲了要求神，爲了要休息，把一切壯健男子都集攏來了。把我們清潔的盛和祭羊，拿來祭社神，拿來敬四方。我們的田已經弄好了，是農人們的喜慶啦。彈起琴，鼓起瑟，還打著鼓，我們大家來敬田神呵。求雨水好，求收成好，求我們男男女女大家都有飯吃得飽。國王也親自來了，還帶著他的王妃和王子，到這向陽的田裡犒勞我們，給管田的官們送來了酒食。國王跟他的隨從，也同我們一道嚐了嚐口味。禾稻滿田都種遍了，長得眞是好，而且好到了盡頭了。國王沒有生氣，他說：農夫們眞正夠勤勉呵。國王的稻子要積得如像草房，如像車蓬。國王的穀堆要堆得像島子，像高峰。要準備一千座穀倉，要準備一萬個籮筐，好來裝這些黃米、小米、大米、高粱，這是農夫們的喜慶啦。我們報祭先祖，祈求多福多壽，沒有盡頭。前引書，頁105。

〔註45〕 郭沫若譯爲：廣大的田裡要多種稻子，已經把種子選好了，已經把傢俱也弄好了，一切都準備停當了。擔起我們鋒快的犁頭，今天開始去耕向陽的田土，

另見《詩經》〈小雅・信南山〉、〈楚茨〉、〈鼓鐘〉等均是。現再引《周禮》〈大司樂〉上載有用歌與舞並敲擊樂器來祭祀天地山川的事：

> 乃奏黃鐘，歌大呂，舞雲門，以祀天神。乃奏大蔟，歌應鐘，舞咸池，以祭地示。乃奏姑洗，歌南呂，舞大磬，以祀四望。乃奏蕤賓，歌函鐘，舞大夏，以祭山川。〔註46〕

從以上的引文中可知，殷周之際從事農耕的民族，對四季節令，甚至任何影響到一年收成的自然事物之祭祀都十分重視。這種對自然崇拜的記載，郭沫若根據卜辭斷定，殷人對日神有朝夕迎送的崇拜儀式。〔註47〕另外散見於《禮記》〈祭義〉〈祭法〉〈郊特牲〉；又如《周禮》〈大宗伯〉：「以實柴祀日月星辰」；《爾雅》〈釋天〉：「祭星曰布」等，都是對自然崇拜的記載，帶有濃厚的原始宗教信仰的成分。今人朱天順的《中國古代宗教初探》、張光直的《中國青銅時代》、陳夢家的《古文字中之商周祭祀》、胡厚宣的《殷卜辭中的上帝和天帝》，及卜工著的《磁山祭祀遺址及相關問題》文中，亦證實了磁山祭祀遺址是甲骨文所載「陷祭」活動的遺跡。陷祭與痊埋同義，《爾雅》〈釋天〉：

> 祭天曰燔柴，祭地曰痊埋。〔註48〕

所以至少在七千年前，黃河中上游地區的原始先民，其自然崇拜已發展到了

準備播種百穀。耕得要直而且寬，我們只是順從國王的命令。

稻穗颺了花，又結了子，稻子很結實而又整齊；沒有童梁，沒有秕殼。把那些吃心、吃葉、吃根、吃節的蝗蟲們都除掉吧。不要讓牠們害了我們的禾苗。田神是有靈有驗的，把牠們用火來燒掉吧。

天上陰陰地起了烏雲，密密下起雨來了，落到我們的公田，又落到我們的私田。到豐收的時候你看吧，那兒有割不完的殘稻，這兒有收不盡的割禾，那兒掉下了一把稻子，這兒掉下了一些穗子，都讓給寡婦們拾了去。

揻王親自走來，帶著他的王紀和王子，犒勞向陽的田地裡的人們，向管田的官們賞些飲食。國王是來祭四方的大神的，用黑的豬羊和黃的牛，加上黃米和高粱。求大神享受，求大神賜福無量。前引書，頁106。

〔註46〕《周禮》〈大司樂〉，頁339。

〔註47〕郭沫若說：「殷人於日之出入均有祭，殷契佚存（407片）有辭云：『丁巳卜又出日。丁巳卜又入日。』……與『出入日，歲三牛』為事正同。唯此出入日之祭同卜于一辭，彼出入日之侑同卜于一日，足見殷人于日蓋朝夕禮拜之。」《殷契粹編》，科學出版社，1965年5月新一版，頁355。

〔註48〕《禮記》〈祭義〉：「郊之祭，大報天而主日，配以月。夏后氏祭其闇，殷人祭其陽，周人祭日以朝及闇。」又：「祭日于壇，祭月于坎，以別幽明，以制上下。祭日于東，祭月于西，以別外內，以端其位。」〈祭法〉云：「王宮（日壇）祭日也。」〈郊特牲〉云：「郊之祭也，仰長日之至也，大報天而主日也。」

一定程度。以上所舉諸書有詳實的說明可參閱之，不辭。〔註49〕

綜上所述，自然界是宗教的第一對象，〔註50〕它基於的信念，始於人類視自然界為其所從出的存在基源——母體子宮。抱持著從母體子宮——原始和諧中分離的不安與焦慮，人必須撫平心中的不安與焦慮，使之重回原始的均衡與和諧。然人就其天性來說，就是某種不可規定和不可捉摸的東西，但是人又極力要求自己固定下來，要做到這一點，就只有求助其最早接觸到、感覺到的自然界，以為自己塑造出存在的依據，並使自己安定下來，成就人的本質與解決人的起源問題，於是產生了對自然崇拜的意念，以表示其心中飲水思源與感恩之情。

人對自然界的訴求，表現出人智的萌芽，也是自我意識的覺醒。但由於人主觀的認定「凡主體內部具有的表象，也必然有相應的主體外存在」——這是為求主客均衡以達到原始的統一——「和諧」，於是靈的觀念油然而生。靈的觀念之興起，是原始人把自然界擬人化的結果，代表了人從不可認識的條件下，邁入到人可經由對靈的崇拜，瞭解到人是可以認識的可能性。並根據對自我的認識，建構出一個文化的類型來描繪自我，描繪自然界。這就是費爾巴哈所說的：「人在宗教中是拿自己的本質對象化出來的」，〔註51〕而且「人在宗教裡面並不是滿足其他的本質，而是滿足自己的本質。」〔註52〕就這樣奠定了原始宗教仕仰的基礎。靈的觀念發展到後來是萬物有靈、靈魂和精靈等複雜觀念。〔註53〕從自然崇拜發展的過程可以清楚理解到人的認識過

〔註49〕　參見以下諸書：
　　　　（1）朱天順著：《中國古代宗教初探》，台北谷風，西元1986年10月，頁7～93。
　　　　（2）張光直：《中國青銅器時代》，台北聯經，76年三版，頁285～287。
　　　　（3）陳夢家：〈古文字中之商周神話〉，《燕京學報》第19期，25年6月，頁91。
　　　　（4）胡厚宣：〈殷卜辭中的上帝與王帝〉，《歷史研究》第9期，1959年，頁23。
　　　　（5）卜工：〈磁山祭祀遺址及相關問題〉，《文物》第11期，1987年，頁43。
〔註50〕　費爾巴哈：前引書，頁28。
〔註51〕　費爾巴哈：前引書，頁40。
〔註52〕　費爾巴哈：前引書，頁83。
〔註53〕　蔡家麒說：「自然是宗教的最初原始對象。直接對自然界本身的自然崇拜，是人類宗教活動最早階段上的崇拜，它基於的信念始于靈的觀念，發展到後來是萬物有靈、靈魂以及精靈的複雜觀念。前引文，頁56。

程及文化起源的脈絡。同樣的，從人的認識過程，更可以清晰分辨出自然崇拜發展過程中，信仰與崇拜存在的條件，彼此的內在聯繫，以及文化的起源和演變的依據與情況。因為「人的思維方式，反映著他與自然世界和其他人的關係」。〔註54〕

第二節　圖騰崇拜

　　承前所述，人對自然界的訴求，表現出人智的萌芽，也是人類自我意識的覺醒。靈的觀念興起則是人類把自然界擬人化的結果，代表了人從不可認識的條件下，邁入到人可經由對靈的崇拜，瞭解人是可以認識的。人類在靈的觀念產生以前，並不會因神秘感而把事物當作神靈來崇拜，但是一旦有了靈的觀念以後，人們對事物的神秘感就會產生種種靈的信仰。〔註55〕從靈的觀念發展到萬物有靈、靈魂以及精靈的複雜觀念，顯示了人對自我認識的能力增強，也就是說對靈的觀念的擴散與深化，根源於人認識能力的差異。〔註56〕換言之，人的智能已經能夠將自然界的自然屬性，轉換成人為的社會屬性，付予自然界意義與價值。人對自然界的積極參與，主要根源於人對「原始和諧」的思慕之情。朱天順在《中國古代宗教初探》中〈論中國古代星神的自然屬性與社會屬性〉一節中云：

> 關於星辰崇拜發生的根源，可以歸結為兩方面：一是把星體的自然特性對人們生活的作用，當做星辰的神性而加以崇拜；二是由人們對星體的神秘感引起幻想而產生迷信。前一種迷信是星辰自然神崇拜，後者主要是把星辰當做社會神崇拜……有些星神其支配自然力的職能，並不是原始宗教固有的東西，而是後來人們附加上去的。

〔註54〕李維‧史特勞斯：前引書，頁334。
〔註55〕李根蟠、盧勛合著：《淺談原始思維的若干特點》，《哲學研究》第11期，1984年：「萬物有靈」論中的「靈」，還不同於宗教信仰中的「神」，也不同於「靈魂」的觀念。後來，隨著認為人的精神可以離開肉體而獨立存在的觀念產生，各種自然力也被認為是有精靈的，這種精靈也可以脫離自然物的實體而獨立存在，具有降禍或致福於人的神秘力量。這時「萬物有靈」論才真正成為原始宗教（自然崇拜）的基礎。頁43。
〔註56〕費爾巴哈：前引書，頁60。惟有人的衝動、需要和能力的差異，惟有這個差異及其等級性，才決定了各種神靈和宗教之差異及其等級性。由此可見，神性的尺度和準紀以及神靈的根源，恰在人人自己身上。

例如:《書・洪範》說了「星有好風,星有好雨」……有些人就據此
而迷信星有支配下雨的神性……很顯然不是自然崇拜的產物。自然
崇拜的特點是直接崇拜自然力本身,奉雨為雨神,奉風為風神,才
是純粹自然崇拜;……自然神的社會屬性,絕大部分是屬於「人為
宗教」時期人們附加的。〔註57〕

費爾巴哈論宗教本質中,將宗教分為自然宗教與精神宗教(或人性宗教),他
所說的自然宗教中的神的物理屬性,指的就是物理事物,亦即自然界的原因。
致於精神宗教(人性宗教),實則正是人的精神本質被對象化了,因此神學在
其最後的基礎和最終的結果來說,只是人學罷了。〔註58〕郭沫若曾說:

神事乃人事之反映,於神事有徵者,於人事亦不能無徵。〔註59〕

同理,產生圖騰崇拜的條件,首先即是人類對其自身的存在有了深刻的理解,
認識能力有了顯著的進步,並且有了比較成熟的靈魂觀念。換言之,自然崇
拜階段的自然屬性,已被比較成熟的社會屬性所取代,人為意志反映在社會
屬性崇拜中的就是圖騰的觀念。圖騰觀念是原始人類為探求自身基源(始
源),而達到的第一個較有系統的觀念體系。

　　圖騰(totem)一詞,源於北美印地安人一支鄂吉布瓦人的方言,具有親屬
的含義,一般專指某一民族的標誌或圖徽。〔註60〕從其詞源的含義——「親屬」
中,可清楚發現,圖騰崇拜是自然崇拜的延續,將自然崇拜階段無法滿足人類
對其本質及起源的探索,在圖騰崇拜中得到更具體的展現。然而圖騰崇拜的原

〔註57〕 朱天川:前引書,頁28。
〔註58〕 費爾巴哈說:「我在《基督教本質》中指出,神從他的道德的或精神的屬性
　　　　來看,亦即當作道德的本質來看,不是別的,正是人底精神本質之被神化
　　　　被對象化了的。因此,神學在其最後的基礎和最終的結果說來,祇是人學
　　　　罷了。同樣,我在《宗教本質》中也指出:物理的神,或神,祇當作自然
　　　　界底原因,星、樹、石、獸、人(在也是自然的物理的東西的限度以)內
　　　　等底原因來看,不是別的,也正表示自然界本質之被神化被人格化了。前
　　　　書,頁23〜25。
〔註59〕 郭沫若:《甲骨文字研究》;《郭沫若全集》考古篇第一卷,北京科學出版社,
　　　　西元1982年9月第一版,頁41。
〔註60〕 見《大不列顛全書》中英文版,1987年新編,「圖騰崇拜(Totemism)」條:
　　　　The term totem is derived from ototeman from the language of the Algonkian tribe
　　　　of the Ojibwa (in the area of the Great Lakes in eastern North America); it
　　　　originally meant "his brother-sister kin." The grammatical root, ote, signifies a
　　　　blood relationship between brothers and sisters who have the same mother and
　　　　who may not marry each other.

始動力，是建立在人脫離了原始和諧後所產生的焦慮和不安，為了尋求一個使自己安定下來的存在基源，選擇了人們特別尊敬而又最密切、親近、重要的自然事物，將它們放在特殊位置上，採用一系列儀式對之專門崇拜，並期望藉著崇拜得到庇佑和益處。這種採具體實物作類比的聯想，又充滿神秘性的作法，反應在思想觀念中，就形成了原始宗教的第二階段——圖騰崇拜。

　　由於圖騰崇拜是原始人類為探索自身基源，所形成的第一個較有系統的觀念體系，因此，在人們進行選擇所崇拜的圖騰之前，必然邏輯的（非歷史的）建構出「類」與「屬」的概念系統，以區分氏族與氏族之間的血緣關係，避免因同圖騰相婚、相食、相殺而造成的不安與焦慮。圖騰崇拜的種種禁忌，最主要的是嚴禁同一圖騰之間的通婚，這種圖騰禁忌的背後，往往隱藏著人類心理的終極關懷，這份關懷卻由於禁忌的嚴峻，使人忽略了，甚至以禁忌取代了圖騰崇拜的全部內含。例如：同圖騰者不相婚，除遺傳的顧慮之外，當是「同族相婚，其生不蕃」，深怕失去能「生」的可能性，使之無法回到原始的和諧與均衡。人類對原始和諧與均衡的觀念，就是源自相反而相成的對立的社會關係。對立觀念是指藉對立而結合（或矛盾而統一）的思維方式，是人類普遍思維方式的一種特殊應用。例如：向上和向下、強和弱、黑和白，都是這種匹偶的對立觀念。〔註61〕因此，同族相婚（同性相斥、異性相吸）本身就違反了一個井然有序的整體——原始和諧。嬢些族兄妹相婚造成洪水泛濫的故事，實則隱寓了破壞自然秩序的後果，是人的智力永遠無法彌補的。同樣的，耶教的亞當與夏娃在未偷吃禁果之前的伊甸園，其所象徵的就是原始的和諧，當原始的和諧遭到人為的破壞後，人類就背負著祖先破壞原始和詣的原罪，延續至今。李維‧史特勞斯說：

> 圖騰制度要求在自然生物的社會，與社會群體的社會之間，有一種
> 邏輯等價關係。〔註62〕

換句話說，動物的生活圈子是以類乎人類社會的社交關係來表達的；反過來說，圖騰崇拜階段人類社會的社交關係，也是以類乎動物的生活圈子〔註63〕。Radcliffe Brown 舉了一個很有趣的故事：

〔註61〕郭沫若：《中國古代社會研究》，北京人民出版社 1977 年 12 月三版，頁 51～57。A. R. Radcliffe-Brown 著‧楊希梅譯：〈道在陰陽〉，《大陸雜誌》第十卷第六期，頁 181～183。

〔註62〕李維‧史特勞斯著‧李幼蒸譯：《野性的思維》，頁 129。

〔註63〕楊希梅譯：前引文，頁 180。

我們舉一個在澳洲與維多利亞鄰近地區搜集的袋獸（wombat）和袋鼠（kangaroo）的故事。這個地方的袋獸和袋鼠是兩種最大的肉食動物。據說從前這兩種動物是很友愛的生活在一起，有一天，袋獸（地下穴居的動物）替自己造了一座房子，袋鼠呢，在旁邊一面嘲弄他，一面打擾他。後來有一天落雨了，袋獸鑽進房子裡去躲雨，袋鼠向袋獸商議通融一個位子。但是房主說這僅夠一個人住的；這樣，兩個好朋友就始而口角，繼而動起武來了。袋鼠撿起一塊大石頭打中了袋獸的腦殼，而把它打扁。袋獸也在袋鼠的屁股根兒下插進了一隻槍矛，從這以後一直到現在，袋獸就變成了扁腦殼，袋鼠也長了一條長長尾巴。前者寄居溝穴，後者露宿原野，永遠絕交而不再是好朋友。自然，你也許認為這不過是那麼一個逗小孩兒玩的故事，如果帶著適當的戲劇化的表情來講的時候，它是可以很動聽的。不過，在我們考究了很多這一類的故事以後，我們卻發覺它們具有一個單純的題旨，那就是物類的相似與差異轉變成友誼和衝突，或團結與抗衡。換句話說，動物的生活圈子，是以類乎人類社會的社交關係來表達著的。〔註64〕

Radcliffe-Brown 所說的「物類的相似和差異轉變成友誼和衝突，或團結與抗衡。」這種相反而相成的對立觀念，暗藏了人對均衡與和諧的深切關懷，而實際也是圖騰崇拜時期，人類最基本的思維模式。然後人類運用這樣的思維模式，展開了宇宙起源的神話故事，訂立了人間秩序的法則。〔註65〕其實這

〔註64〕楊希梅譯：前引文，頁180。
〔註65〕李根蟠、盧勛合著：〈淺談原始思維的若干特點〉，《哲學研究》第11期，1984年：原始人關於宇宙起源的神話，最初是從圖騰神話中脫胎出來的。在我國許多少數民族，至今還能聽到這樣的傳說。比如雲南哈尼族就有關於牛的肢體構成天地萬物的神話：牛皮變天，牛肉變地，左眼變太陽，右眼變月亮，牛牙變星星，牛骨變石頭，牛毛變草木，牛淚成雨，牛舌為虹，牛血變江河，牛死時吼吼形成雷，喘聲成風等等。在彝族、怒族、普米族、蒙古族等都流傳類似神話。也有以人體作比附的，如雲南白族的《開天闢地》史詩中，盤古、盤生兩兄弟變成了巨人木十傳，木十傳變成了天地萬物，他的左眼變太陽，右眼變月亮，心變明星，氣變成風，肝變成湖泊，肺變成海洋。這與我國古代起源於南方苗族的盤古氏傳說一脈相通，雖與上述動物肢體構成宇宙萬物的神話形成時代和條件有所不同，但採取的手法是一致的。這表明當原始人類試圖解答周圍自然界怎樣產生的問題時，仍然是用了他們所熟悉的事物作類比。上述神話正是把宇宙想像為動物體的擴大。頁42～43。

些都是人主觀的將自己身體或圖騰表象反映在思維系統裡。以得到自然崇拜階段人主觀認定凡主體內部具有的表象，也必有相應的主體外的存在，這種主客對應的均衡與和諧感。

均衡與和諧是人類最原始的觀念，也是人類終極的關懷。要能達到這樣的狀態，唯有在相反而相成的對立中，才能達到眞正的均衡與和諧。圖騰制度嚴禁信奉同一種圖騰的氏族內部通婚，甚至認爲母親氏族的兄弟和姊妹間發生性行爲，就違反了族內禁忌，觸犯了自己崇拜的圖騰，會給族內招來禍害，因此就要受到全體族人的嚴懲。〔註66〕這種原始信仰的禁忌，其實正反映了人欲重返原始和諧的最深層心理欲求。在宇宙起源的神話中，普遍都存在一分爲二的基本模式；二所代表的往往是男、女；天、地；陰、陽，與相反而相成的對立的兩種概念。若欲重合爲一，則必須兩組相反而相成的兩個概念才能相配合而爲一，否則將互相排斥，相互排斥的結果，造成人實際生活的不安與焦慮。在後來的《易經》哲學中，可以找到這類最精闢的觀念。所謂「一陰一陽之謂道」的觀念，男女結合而爲夫婦一體，晝夜相續而爲時間一體，暑往寒來而成爲年歲一體。動屬陽而靜屬陰，兩個實體或人具有一動一靜的那種關係，也認爲是對立的一體。整個宇宙，包括人類社會在內，均視這種陰陽對立的關係爲一種「道」，〔註67〕「道」其實就是原始的和諧。

是以圖騰崇拜的信仰，不但要求在自然生物的社會與人類群體的社會之間，有一種邏輯等價關係，並要求人間社會與宇宙秩序之間，也有一種邏輯等價關係。這與中國古代哲學思想中，認定自然法則與人的法則一致，並以祖配天臻至「天人合一」的終極理想，是相互吻合的。並依照這樣的思維模式，展開人文宗教的祭祀活動與禮樂教化的政治理想。〔註68〕因此，圖騰崇

〔註66〕李霖燦：〈麼些族的洪水故事〉，《中研院民族所集刊》第三期，民國四十六年，頁41～86。

〔註67〕郭沫若：《中國古代社會研究》，頁51～57。
楊希梅譯：〈道在陰陽〉：在古代中國的陰陽哲學思想裡是可以找得到這種最精闢的觀念；那就是所謂「一陰一陽謂之道」的觀念。「道」字在這裡的最好解釋是「一個秩然有序的整體（anordered whole）」……這種相反而相成的對立觀念，在古代中國的哲學思想上出現的非常廣泛。整個宇宙，包括人類社會在內就看成了是基於這種陰陽對立的關係而成的一種「道」（order, or an ordered whole）。頁183。

〔註68〕黃文山：〈圖騰制度及其與中國哲學起源之關係（摘要）〉；《中研院民族所集刊》第九期，民國四十九年，頁67～70。

拜與中國哲學的淵源是密不可分的,並且直接影響到祖先崇拜與中國哲學的起源(這在下節中再詳細分析)。

圖騰崇拜既然直接影響了祖先崇拜,而中國哲學的起源又與祖先崇拜有密不可分的關係,因此,圖騰崇拜的基本信仰是我們必須瞭解的:

(一)信仰其所崇拜的圖騰是該氏族的祖先。人之所以要建構一套圖騰神話來訴說宇宙的起源,除了滿足人的幻想之外,最主要的理由是,人不願失去存在的依據與線索。雖然那些在現代人眼中看似荒謬與近於無知,但的確能滿足當時人們所處的時空環境和認知能力的心理需求,以撫平主體存在最深層的不安與焦慮。馬凌諾斯基說:

> 定為圖騰之物,乃關注的中心,便會產生與之相關的信仰與崇拜……
> 人在為數有限的動植物中所作的選擇性關注,以及此種關注的儀式性表現和社會性制約的方式,乃是原始生存與野蠻人對自然物和日常工作的自發態度的自然結果。從生存的觀念來說,對實際必需的動植物,絕不可以對之漠不關心,在能夠控制它們的信心下,努力工作,持久不懈,經由觀察,明瞭它們的習慣和性質。因此,圖騰制度乃宗教對原始人的一種恩惠:利用有用的環境,為生存而奮鬥。同時圖騰制度提供原始人對所依賴的動植物產生敬意,雖然為了生存不得不把它們消耗掉,但內心滿懷感激。所有這些都來自一種信仰:人與其生存所必須依靠的自然勢力,其間親若家人。〔註69〕

費爾巴哈也說:

> 當人還是確定的人時候,他的存在和本質也只依賴於確定的自然界,即本國的自然界,因此他當然有完全的權利,拿本國自然界做為他的宗教對象。……倘若人們崇拜一般的自然界是無足驚異的事,那麼他們崇拜特殊的自然界,即他們生活其內的自然界,即唯一造成他們特殊個性的自然界,亦即本國的自然界,當然也是用不著驚異、惋惜或嘲笑了。倘若為這事情責斥或嘲笑他們那就必須嘲笑或責斥一般的宗教;因為宗教的根源既然是依賴感,而這依賴感的對象,又是人的生命和存在所依賴的自然界,那麼不拿一般自然界而拿本國自然界做為宗教崇拜的對象,也是完全自然的了。我的生命和本質只是感謝本國

〔註69〕馬凌諾斯基著・朱岑樓譯:《巫術、科學與宗教》,台北協志出版社,78 年 3 月出版,頁 27。

自然界的啊！因為我自己並不是一般的人，而是這個確定的特殊的
人。譬如說，我是拿德語來說話來思想的人，而不是拿一般語言來說
話來思想的人——事實上也沒有什麼一般的語言，有的只是這個或那
個語言罷了。我的本質，我生活上的這種特殊性，本是不可與本國土
地氣候相分離，而須依賴它們的，這對古代民族來說尤其真確，所以
他們崇拜他們的山嶽、河流以及動物，乃是當然的事。同樣，古代自
然民族由於缺乏經驗和文化而拿本國當做全世界，至少當做全世界的
中心，這也是無須驚異。同樣，在古代閉關自守的民族中，甚至近代
生活於世界頻繁關係下的民族中，愛國主義總是佔據一種宗教的地
位，這也是自然不足為怪的。

（二）信仰圖騰的特質和功能；〔註70〕通過人們繁瑣的祭祀，能以靈魂
的轉移做為媒介，使對其崇拜的人，能得到自己所祈求的力量和智慧。這種
靈魂脫離形軀而能獨立存在和自由往來的觀念，是建立在人對自我本質的認
識，與人的抽象思維和綜合概括能力的進一步發展；這和自然崇拜階段人的
認識能力（智能）顯著不同。其不同點是基於成熟的靈魂觀念之圖騰信仰，
使人們的崇拜活動日益複雜。被該氏族當做圖騰來崇拜的自然對象，往往不
是該自然物類中的各別個體，而是該自然物類的全體。受到崇拜的圖騰，或
直接取其實物，或將它形象、圖紋刻繪在岩石和樹上，隱藏在秘密處所，或
豎立在氏族活動的場所，或按照圖騰形態圖樣的特徵，刺繪在人身體的有關
部位，永加崇拜。〔註71〕這種對個別對象的崇拜，代表或象徵著該物類全體
的崇拜，顯示當時人們抽象思維和綜合概括的能力，已經能夠將心中的觀念
轉換成思想概念，然後運用具體的實物或符號概括該物類。

符號圖像的出現，代表了文字符號的萌芽，更意味我國古代歷史文化的
形成和文明時代的肇始緊密相關。〔註72〕因此，從每一氏族所崇拜的圖騰，
即可知曉該氏族抽象概括的能力，及其精神企圖與文化發展的成熟與否。因
為，每一氏族所崇拜的圖騰只是該氏族的一種對象，因而也只是該氏族的精
神和本質的特殊表現罷了。費爾巴哈說：

〔註70〕費爾巴哈：前引書，頁42。
〔註71〕《大不列顛全書》「圖騰崇拜」條。
〔註72〕孫守道・郭大順：〈論遼河流域的原始文明與龍的起源〉：「龍是中華民族發祥
　　　　和文化肇端的象徵。龍的起源同我們民族歷史文化的形成和文明時代的肇始
　　　　緊密相關。」《文物》，西元1984年第六期，頁11～17。

> 神學就是人學，換一句話說宗教的對象，即我們用希臘文稱之爲
> Theos，用德文稱之爲 Gott 的東西，所表現的不是別的，正是人的
> 本質，或者說，人的神不是別的，正是人的本質經過神化者。因之
> 宗教史或神史不是別的，也正是人的歷史，因爲宗教不同，神就不
> 同，而宗教不同就由於人的不同。〔註73〕

這裡費氏所謂的人的不同，是指人的認識能力與思維方式的差異，決定了所
崇拜的對象。因此，我們得到的結論是，文化的起源與文明的演進，取決於
人的認識能力與思維方式，當人的思維方式與認識能力沒有改變的時候，文
化與文明亦將停滯不變。

在中國南方的傜族，長期以來保留了圖騰同體化的文化遺續，該族人試
圖通過祭祀模擬圖騰物情狀和動作，吸取自己所祈求的力量和智慧，並表示
不忘其祖源。〔註74〕這和後來儒家的尸祭，與《禮記》〈祭義〉描寫祭者在祭
時的心理狀態是一致的。文化的綿延性，尤其是深植人心深處的宗教意識，
不是一個人或幾個人所能完全或永恆地改變的。況且人在宗教裡面並不是滿
足其它的本質，而是滿足自己的本質。〔註75〕（這在後面有專章討論）

（三）認爲信奉不同圖騰的氏族相婚，能產生更加繁盛有力的後代。由
此產生人們在自身繁衍的活動中，立下最早的也是最根本的習慣法則，我們
可以從中發現其道德價值和優生遺傳學意義。〔註76〕《國語》〈晉語〉曰：

> 同姓不婚，懼不殖也。

因而，爲求繁盛有力的後代，遂把孕育生命的生殖器官（最初以女性生殖器
官爲代表）視爲生命和事物繁榮的象徵而加以崇拜。〔註77〕圖騰崇拜是自然

〔註73〕費爾巴哈：前引書，頁23。

〔註74〕李根蟠、盧勛合著：前引文，頁44——「瑤族長期保留了圖騰『同體化』的
風俗。他們在節日、婚喪時膜拜圖騰，在飲食、衣著等方面也摹擬圖騰；比
如結婚時戴狗頭帽，裝狗尾巴跳舞。劉錫蕃《嶺表紀蠻》記述近代瑤族『每
值正朔，家人負狗環行爐灶三匝，然後舉家男女，向狗膜拜。是日就餐，以
扣槽蹲地而食以爲盡。』這自然是表示不忘源，更重要的是他們試圖通過
這種模倣從本民族圖騰中汲取某種神秘的力量。這些情況在原始民族中是帶
有一定普遍性的。」

〔註75〕費爾巴哈：前引書，頁83。

〔註76〕馬凌諾斯基：前引書：圖騰制度以及信仰、實務和安排的體系，乍看似乎只
是野蠻人的雜亂無章的幼稚幻想，不登大雅之堂，但細加分析以後，我們可
以從中發現其道德價值和生物學意義。頁28。

〔註77〕參見郭沫若：〈釋祖妣〉見《甲骨文研究》：知祖妣爲牡牝之初字，則祖宗崇

崇拜和祖先崇拜合在一起的一種原始宗教，在許多民族的神話故事裡，述說
著遠古洪水時代，人和動物同居繁衍後代的故事。在中國古代傳說中，《史記》
〈殷本紀〉云：

> 殷契，母曰簡狄，有娀氏之女，爲帝嚳次妃。三人行浴，玄鳥墮其
> 卵，簡狄取吞之，母孕生契。

《詩經》〈商頌・玄鳥〉亦載云：

> 天命玄鳥，降而生商。

《左傳》昭公十七年，郯子言其祖也是鳥。〔註78〕至於商族傳說中的遠古祖
先，卜辭中尊之爲高祖的王亥，其後代於卜辭裡將「亥」字旁邊加了個鳥圖
騰，今人胡厚宣對此有作一考證，確定商是以鳥爲圖騰，〔註79〕這說明和祖
先契是玄鳥所生的故事一致。另外在《史記》〈五帝本紀〉中也記載黃帝族的
圖騰是熊、羆等動物。古代圖騰崇拜與生殖崇拜觀念相結合的事例，生動地
表明了早期人類曾經以圖騰作爲自己氏族的祖先，這種信仰所表現的僅僅是
早期人類與自然的關係及報本反始的感恩之情。

> 祀及一切神道設教之古習亦可洞見其本源。蓋上古之人本知母而不知父，則
> 無論其父之父與父之父，雖有此物焉可知其爲人世之初祖者，則牝牡二器是
> 也。故也殖神之崇拜，其事幾與人類而俱來。頁36。
> 人稱育已者爲母，母字即生殖崇拜之象徵。頁41。
> 示迺牡神，亦有以牝神爲神者，其神尚在祀牡之前。頁38。
> 知帝爲蒂之初字，則帝之用爲天帝義者，亦生殖崇拜之一例也。頁50。
> 參見凌純聲：〈中國古代神主與陰陽器崇拜〉，《中研院民族所集刊》，民國48
> 年第8期，頁1～35。〈中國祖廟的起源〉，《中研院民族所集刊》，民國48年
> 第7期，頁141～174。

〔註78〕《左傳》昭公十七年云：秋，郯子來朝，公與之宴。昭子問焉曰：「少皞氏，
鳥官名，何故也？」郯子曰：「吾祖也，吾知之：昔者黃帝氏以雲紀，故爲雲
師而雲名；炎帝氏以火紀，故爲火師而火名；共工氏以水紀，故爲水師而水
名；大皞氏以龍紀，故爲龍師而龍名。我高祖少皞摯之立也，鳳鳥適至，故
紀于鳥，爲鳥師而鳥名。鳳鳥氏歷正也，玄鳥氏司分者也，伯趙氏司至者也，
青鳥氏司啓者也，丹鳥氏司閉者也，祝鳩氏司徒者也，鴡鳩氏司馬者也，鳲
鳩氏司空者也，爽鳩氏司寇者也，鶻鳩氏司事者也。

〔註79〕胡厚宣〈甲骨文所見商族鳥圖騰的新證據〉云：「而王亥是上甲的父親，除
了前引虛738卜辭稱『上甲父王亥』之外，《史記・殷本紀》說：『振卒，子
微立。』《世本》說：『核卒，子微立。』振、核即王亥。正因爲王亥是上甲
微的父親，所以卜辭又稱王亥爲高祖，高祖的意思就是遙遠的祖先，所以才
把鳥圖騰的符號，特加在王亥的亥字上邊。」《文物》西元1977年第二期，
頁84～87）

　　早期的圖騰崇拜大都以自然物做爲圖騰，但從自然物如何轉化爲人，在這兩種不同「類」的關係中，建立一種必然的邏輯聯繫，原始人類巧妙地運用了神話。神話思維是一種普遍的假設，是一種理智的「修補術」，它說明了人們可以在兩個平面之間觀察到的那種關係。〔註80〕因爲，所有生命的形式都有親「屬」關係，都與蘊育生命的場所——生殖器官有其不可分割的必然聯繫，而圖騰崇拜和生殖崇拜結合的信念，就是這種假設最典型的特徵，這也是祖先崇拜階段爲什麼用「生殖器」做爲圖騰的象徵的理由。因此，亦人亦獸（人首獸身）或亦獸亦人（獸首人身），人與自然物類生命的同體化，是圖騰崇拜後期最顯著的特質。這一特質的展現正好聯繫了原始宗教圖勝崇拜與祖先崇拜。我國古代文獻上載有亦人亦獸或亦獸亦人的圖騰神話，當以《山海經》爲主，例如〈南山經〉中有「龍身人面」，〈西山經〉中有「人面蛇身」、「蛇身人面」、「馬身人面」等。〈東山經〉中有「人身龍首」、「獸身人面」、「人身羊角」；〈中山經〉中有「人面鳥身」或其狀如「人面虎尾」、「人面獸身」、「鳥身人面」、「龍身人面」、「彘身人首」。〈大荒北經〉載有：「有犬戎國，有神，人面獸身，名曰犬戎。」

　　《山海經》的這些記載，正足以修補了中國古代從圖騰崇拜跨越到祖先岸拜之間思想史上的不足，否則人獸之間的轉化，就無法在早期人類思想觀念延續性的發展上得到合理的說明。所以在圖騰神話中，人和自然物類之間生命的轉化不會遭到任何障礙，究其因由，除了在於原始人類信仰中，各種形式的生命在本質上是同屬一類、同屬一體並且能相互感應外，再者就是符合了人類思想發展上的一個內在邏輯關係，與藏於人類深層的意識結構中，所不願放棄探索人類起源線索的最原始動機。

　　這種對生命的同體性或交感性的信仰，還展現在種種的宗教祭祀中，並且深深地影響了後來祖先崇拜的祭祀活動。我們知道，圖騰物尤其是與人生命形式類似的動物，是被該氏族視爲神聖的，它的生命必然受到該氏族人的保護。但在全族人都參加的某些儀式上（如在祈求圖騰繁殖的儀式），都可以打破這種禁忌，通過所謂「圖騰餐」儀式，以神秘的方式來祈求圖騰物的不斷增殖。這種周期性的宰殺和分食圖騰動物的儀式，一方面表明人與動物之間屬於相同血族，具有維繫和強化本族人的認同作用；另一方面，由於族人和圖騰生命的同體化，圖騰的繁殖也意味著源於圖騰的親族的繁盛。人和動

〔註80〕李維・史特勞斯：《野性的思維》，頁23。

物之間的生命的同體化觀念使早期人類確信，只要食用了動物的血和肉，就會使動物的能力轉移到人身上來。〔註81〕這種圖騰崇拜階段的信仰，深深地影響著祖先崇拜時期人們的宗教生活；《墨子》〈節葬下〉：

> 昔者越之東有輆沐之國者，其長子生則解而食之，謂之宜弟。

《後漢書》〈南蠻傳〉：

> 其西有噉人國，生首子輒解而食之，謂之宜弟。

《列子》〈湯問〉亦有同樣的記載：

> 越之東有輒末之國，其長子生則解而食，謂之宜弟。

諸葛晃注云：

> 解其長子而食之，則必使弟嗣其家，故名曰宜弟。

吃死者屍體，在現代文明社會看起來很奇特，但並不是中國特有，在南洋地區少數民族，他們迷信吃了死者的肉，就能夠得到死者鬼魂的庇佑。〔註82〕這與後來中國祭祖「吃公」，〔註83〕和從「虞祭」演變成素齋的形式，看似安頓死者靈魂，實質上倒是安慰生者，〔註84〕並藉素齋分享死者的福分，其實與圖騰崇拜同體化觀念是一致的，只是表達的形式為了適應人文環境而改變的比較文明罷了。

　　這樣，我們就可以瞭解到圖騰崇拜賴以存在的深層意識了，它就是萬物

〔註81〕　（1）以上節錄自李景源：《史前認識研究》，頁 262。

　　　　　（2）江紹源：《中國古代旅行之研究》，台灣商務印書館，頁 23。

　　　　　（3）另見《山海經》〈海內經〉中記載頗多。例如：有人曰：苗民有神焉，人首蛇身長如轅，左右有首，衣紫衣，冠旃冠名曰延維，人主得而饗食之，伯天下。

　　　　　（4）《大不列顛全書》「圖勝崇拜」條。

〔註82〕　朱天順說：「吃死者的屍體，看來很奇特，但這種葬法並不是中國特有的，在南洋群島，也有這種風俗，他們迷信吃了死者的肉就能得到死者鬼魂的庇佑。」前引書，頁 184。

〔註83〕　陳祥水：〈中國社會結構與祖先崇拜〉：「黃家十三世祖先由大陸來台，輾轉遷徙而于十五世時定居於現址。十六世祖先傳生因管理水圳發跡，置地兩百餘甲成為村中首富，傳生的第三個兒子又中了武舉人，更是有錢有勢，不可一時。傳生的七個兒子分家時留了四五甲地當做祭田，作為祭祖辦公（吃公）和修護公廳等用途。早期每年由一房負責收租，按序輪流。收租房在祭祖之日必需準備七份牲禮（每房一份）以供掃墓祭祀之用，另外還得準備在公廳的祭品，辦理酒席，請戲班來演戲。」《中華文化復興月刊》第十一卷第 6 期，民國 67 年，頁 34。

〔註84〕　周何：〈古禮今談〉，中央日報，民國 78 年 12 月 19。

皆生並能互相轉化的觀念。萬物皆生並能相互轉化的觀念，在後來中國古代祖先崇拜的思想裡，得到充分而理論性的發揮。

綜上所述，圖騰崇拜階段已經孕育了最早氏族對個別對象的崇拜，代表象徵著對該物類全體崇拜的觀念。個別與全體代表著一與多、類與屬的關係，代表著氏族的祖先觀念已趨成熟，並將自然崇拜時期物我不分與自然界渾然一體的朦朧觀念，作了一個嚴格區分。這樣嚴格的區分，就是建立在類與屬的關係上。

屬是多，類則是一，因為類是各種不同的屬之間共同一致的東西。譬如人分為好多種屬，有不同的民族，不同的部落，不同的氏族，但都屬於一個類，即人類。凡是人即不能超出人的種屬概念以上，在圖騰崇拜階段中，只承認崇拜同一圖騰的人才與自己地位平等，權利及能力相同，並且也只有信仰自己的圖騰，圖騰才會賜予你所求、所願。各個氏族有其所專屬的圖騰，氏族越多，圖騰也就越多，因此圖騰崇拜的人的思想觀念裡，拿屬的本質當做絕對本質，自然就形成了好多圖騰，這種思想觀念後來深深地影響到早期的祖先崇拜。如《左傳》僖公十年：「神不歆非類，民不祀非族。」但若人的思想觀念進步到類的概念時，一切的人都是共同一致的，人和人間、種屬、民族、氏族、部落等差異，完全消失無存，〔註85〕如此即進入到中國古代敬天的成熟思想範疇。

圖騰崇拜將人與自然界區分為二，對某一專屬對象的崇拜而欲與祖源合一是對於原始的否定，也就是所謂的「見山不是山，見水不是水」的階段，在這階段區分了人與自然界的差異，卻選擇自然界中個別的對象為其所從屬，為其祖先。

〔註85〕 費爾巴哈說：「多神教和一神教中間的差異，不過是『屬』和『類』中間的差異而已。『屬』是多，『類』則不過是一，因為『類』恰是各種不同的『屬』間共同一致的東西。譬如人分為好多種屬、民族、部落，或者你們願意稱為什麼的種種差別，但都隸屬於一個『類』，即人類。凡是人們未曾超出人底種屬概念以上，祇是承認同種屬的人才與自己地位平等，權利及能力相同，在這時候人們便是信奉多神教；『屬』底概念中本來含有『多』在內，因此人們若是拿『屬』底本質當做絕對本質，自然就有好多神了。但若是人們進到『類』底概念，在這概念中，一切的人都是共同一致的，人和人間種屬、民族、部落等差異都消失無存了，如此就進到了一神教。一神教的一個神或（這是一樣的）普遍的神和異教或多神教底多神或（這也是一樣的）特殊的民族神，這中間的差異不過是多數不同的人和大家一致的人類中間的差異罷了。」前引書，頁20。

　　人類對自己正的祖先的確認，從自然全體經個別的動植物與自然物到人，確實經歷了長久的認識過程。這個認識過程實則就是人的思想觀念，從「屬」的概念到「類」的概念的發展過程。其展現的是人的自覺意識，在自然物類中的地位逐漸增強和提高，人的智慧和力量，透過自覺意識逐步地察覺到，人對自然界的認識必須先通過對人的認識來實現，於是對自己崇拜的意識逐漸取代了對動植物和其它自然物的崇拜。許多民族民間的神話、傳說、故事，都出現過一半是動植物一半是人的怪異形象，把這類亦人亦獸或亦獸亦人的怪物，當做氏族或部落的祖先來崇拜，這是圖騰崇拜過渡到把人當作祖先來崇拜的前奏。而這些神話般的英雄祖先的怪異形象，正揭露了圖騰崇拜和祖先崇拜這兩個不同崇拜階段的聯繫。〔註86〕這一聯繫轉形的過程代表了，從自然屬性的崇拜向社會屬性的崇拜之後，躍進了以人為主的價值屬性的崇拜；換言之，「也就是從群體主體逐步向個體主體轉化，崇拜對象由外部對象向人自身內在本質回歸的過程」。〔註87〕這也就是反省心理學以人做為研究的對象，人是一個主體，主體具有目標和價值，並能肯定意願的存有，故而人逐步地向其本質推進，終必以人的價值屬性做為崇拜的對象；此即意味了祖先崇拜的來臨。至於中國古代，將亦人亦獸或亦獸亦人的怪物當做祖先來崇拜的研究，張光直《中國青銅時代》一書，及陳夢家《商代的神話與巫術》及《古文字中之商周祭祀》有非常詳實深入的探討，〔註88〕可參閱之，本論文只作思想性的探討分析，故不另贅述。

第三節　祖先崇拜

　　經歷了自然崇拜和圖騰崇拜，人對其自身的存在，始終有著脫離了原始和諧——「母體子宮」的焦慮與不安。在適應人的智能與人文環境的要求下，人的崇拜對象從社會屬性躍進到以人為主的價值屬性，〔註89〕也就是崇拜對象從群體主體轉形向個體主體，由外部對象向人自身回歸，於是祖先崇拜蘊育而生。

〔註86〕蔡家麒：前引文，頁59。
〔註87〕李景源：《史前認識研究》，頁270。
〔註88〕張光直：《中國青銅時代》，頁285。陳夢家：〈古文字中的商周祭祀〉，《燕京學報》第19期，民國二十五年六月，頁91。〈商周的神話與巫術〉，《燕京學報》第20期，民國二十五年二月，頁485。
〔註89〕所謂價值屬性就是視人為一價值的存在，而其價值是建立在寺主體生命的完成與實踐；亦即是否有「功」「德」於後人。

祖先崇拜的產生，是人為追索其祖源而展現的對生命本質與價值意識的一種外在形式。《爾雅》〈釋詁〉：「祖，始也。」《說文》亦云：「祖，始廟也。」《易經》〈小過〉：「過其祖」注云：「祖，始也。」《尚書大傳》卷二〈洛誥〉曰：

> 廟者，貌也；以其貌言之也。

《釋名》卷五〈釋宮室〉第十七云：

> 廟，貌也；先祖形貌所在也。

而所謂祖宗，《說文》云：

> 宗，尊祖貌也。

故祖先崇拜乃崇拜其生命之始，也就是「報本反始」。《禮記》〈郊特牲〉云：

> 萬物本乎天，人本乎祖，此所以配上帝也。郊之祭也，大報本反始也。

又云：

> 社所以神地之道也，地載萬物天垂象，取財於地，取法於天，是以尊天而親地也，故教民美報焉。家主中霤而國主社；示，本也。唯為社事單出里，唯為社田國人畢作，唯社上乘共粢盛，所以報本反始也。

孔穎達疏云：「社稷，至始也。」又疏云：

> 萬物至始也。正義曰：「此一經論祖配天之義，人本於祖，物本於天，以配本故也。郊之祭也，大報本反始也。此一經釋所以郊祭天之義，天為物本，祖為王本，祭天以配祖，此所以報謝其本反始者，反其初始。

是知，中國古代祖先崇拜原是以氏族領袖（酋長）、國王死後的靈魂為對象，沒有死亡的先在條件，就無法成其祖。因此，祖先崇拜所崇拜的對象是一不可見之靈魂，也就是對鬼神的信仰。

　　但我們承前所述得知，最原始的祖先崇拜，包括在圖騰崇拜之內。圖騰崇拜所展現的祖先觀念，是屬於一種對自然物類的自然崇拜範疇，這和從鬼神崇拜形式發展出來的祖先崇拜是不同的。因為圖騰崇拜的對象是某種物類的神秘力量，也就是所謂的社會屬性，所謂的社會屬性就是由人們對自然物類的神秘感引起幻想而產生的信仰，主要是把自然物類當作群體主體或社會群體（某一氏族）的祖先崇拜。〔註90〕崇拜的過程當中，透過模擬物類的情

〔註90〕參見圖騰崇拜一節，註3；蔡家麒：《自然、圖騰、祖先——原始宗教初探》
云：北庫頁島上的尼島人（基里亞克人）在過「熊節」的時候有吃熊肉的風

狀與圖騰，希冀獲得圖騰的神秘力量。並在一定程度上與圖騰合而爲一，或者用象徵方法表示與圖騰同化，也就是要「像」──「肖」圖騰一樣，具有超凡的神秘力量。〔註91〕祖先崇拜的對象則是某個死人的靈魂，而其所以被生人所崇拜，是基於生前的功德，造福於氏族與後人。所謂有功者謂之祖，有德者謂之宗，故謂祖功宗德。《孔子家語》〈廟制〉云：

> 古者祖有功而宗有德，謂之祖宗者，其廟皆不毀。

注曰：

> 祖宗者不毀其廟之名，有功者謂之祖，至於周，文王是也。有德者，
>
> 謂之宗，武王是也。

由是推之，我國上古時代的神農氏、伏犧氏、有巢氏、燧人氏、有娀氏、后稷以至黃帝等，死後鬼魂被當作氏族共同體或追尊創始者的稱號與中華民族的祖先來崇拜，其主要的理由就是他們生前智能超凡，並且對氏族共同體有卓越的貢獻。從我國古代各民族的神話，以及夏、商、周等各族個自承認的遠祖族譜可以證明之。〔註92〕《禮記》〈祭法〉更明確的指出，凡被祀者，都是祖先中法施於民和定國、御災、捍患有功之；其云：

> 夫聖王之制祀也，法施於民則祀之，以死勤事則祀之，以勞定國則
>
> 祀之，能御大菑則祀之，能捍大患則祀之。

再者，〈祭法〉中所說的祖宗人物，都是神話傳說中的英雄人物，也就是所謂

　　俗：他們說：「我們吃熊……爲了使熊的力量轉移到我們身上來。」鄂倫春和鄂溫克族中盛傳過熊是他們的祖先，曾經禁止獵熊，後來開禁。但獵熊、集體餐食熊肉和風葬熊骨等都有一整套的宗教儀式。說明了他們曾有過把熊爲圖騰來崇拜的歷史時期。頁57。

〔註91〕見《大不列顛全書》「圖騰制度 Totemism」條；1987年新編。

〔註92〕參見（1）《史記》〈五帝本紀〉〈夏本紀〉、〈殷本紀〉、〈周本紀〉。（2）《詩》〈商頌〉〈大雅〉、〈生民〉、〈閟宮〉。（3）《山海經》〈大荒北經〉。（4）《禮記》〈大載禮〉。（5）顧頡剛：《古史辨》卷一，頁59～66。（6）劉復：〈帝與天〉，《古史辨》卷二，頁20。（7）魏建功：〈讀「帝與天」〉，同上，頁27。（8）郭沫若：《青銅時代》，頁1～31。（9）張光直：《中國青銅時代》，頁285～387。（10）陳夢家：〈商代的神話與巫術〉，《燕京學報》第二十期，頁91。（11）陳夢家：〈古文字中的商周祭祀〉，《燕京學報》第十九期，頁91。（12）陳夢家：〈殷卜辭中的上帝與王帝〉，《歷史研究》，1959年第9期。（13）袁德星編：《東西藝術欣賞》，頁176。（14）御手洗勝等著：《神與神話》，王孝廉、吳繼文編：台北聯經出版社，77年3月初版。（15）袁珂：《中國神話史》，上海藝文出版社，西元1988年10月1日版。

「英雄即祖先」,〔註93〕或者是開國元勛;《禮記》〈祭法〉:

> 祭法:有虞氏禘黃帝而郊嚳,祖顓頊而宗堯;夏后氏亦禘黃帝而郊
> 鯀,祖顓頊而宗禹;殷人禘嚳而郊冥,祖契而宗湯;周人禘嚳而効
> 稷,祖文王而宗武王。

趙匡注云:

> 凡祖者,創業傳世之所自來也。宗者,德高而可尊,其廟不遷也。……
>
> 祖者,祖有功;宗者,宗有德,其廟世世不毀也。

這與《孔子家語》所說的一樣。

　　因此,我們可以很明確的知道,祖先崇拜的對象,是以祭祀氏族內有功、有德者死後的靈魂,也就是取其主體生命之價值為生人的意趣目標。如此,價值屬性即為人所崇拜的對象。這點後來尤其深深影響了中國的歷史哲學,中國古代歷史意識的所謂紀事,乃是紀與人文歷史有關的事,不過上古的歷史並不是後代「故事」式的歷史,而是政治上的象徵符號。尤以對民生對社會有特殊貢獻的人,均為聖人、始祖紀之,這種尊古、崇古以致仿古的歷史、文化意識,乃源自古人「報本反始」、「追遠思慕」的思想。而追遠思慕之心表諸於外者,是以宗教的形式展現。因此,古代中國的「圖書紀事」所「紀」者,自然就是宗教事務,宗教事務也就是歷史事務,〔註94〕這點從甲骨文中所紀錄的事例,即是最好的證明。

　　再者,古代「紀事」用「紀」字而不用「記」字,也是含有紀念之意,而不單單只是記錄一件日常生活中的小事。由是,古代歷史記載政治興衰與發展,均以有「功」、「德」於後人者,為歷代史官紀事、評判價值所在的依據。這也是中國歷史哲學主要的理論基礎——以聖人(有德之人)之治,作

〔註93〕張光直說:「商周神話中的英雄故事,又可以分成兩個大類:(一)親族群始祖誕生的神話,和(二)英雄的事蹟及彼此之間的系裔關係神話。這兩種神話的共同特點是『英雄即是祖先』這一個基本的原則。」《中國青銅時代》,頁313。

〔註94〕袁德星說:依據中國人自己的「文化學」發展的觀念,和近代考古學是稍有不同的;考古學以工具分期,中國則以人文演進來分期,中國人心目中的文化階段應該是這樣的:(一)結繩紀事時代;(二)圖畫紀事時代;(三)文字紀事時代。而此三個階段的「紀事」,並非紀日常生活中的雞毛蒜皮之事,歷史意識的所謂紀事乃是紀與人文歷史有關的事……然則,彩陶時代的「圖畫紀事」所「紀」者,也是宗教事務,原始時代的宗教事務也即是歷史事務。見所編《東西藝術欣賞》;頁217。

爲歷史發展的動向，並且也是中國古代的任何事件，均與道德脫離不了關係的原因；因爲，「價值決定存在」。西方康德也認爲那種沒有道德價值的行爲，僅靠儀式即外在的崇拜來取悅神靈的，不是宗教而是迷信。

　　基於以上的論述，以價值做爲判準的思維模式，深深影響我國古代文化的發展，並以此將中國古代原始宗教引入人文宗教的領域，也就是以道德價值做爲人所崇拜的對象。而對祖先靈魂的崇拜，基於認知的差距，則產生以墨家爲主的鬼神信仰之祖先崇拜，和以儒家爲主流的「報本反始」、「志意思慕之情」的祖先崇拜。然墨家重「功」與「利」，儒家重「德」與「義」，因此大傳統——儒家與小傳統——墨家，即爲後來中國古代祖先崇拜截然不同的兩層思想範疇。〔註95〕一個爲上層人士傾向理性主義——「大傳統」的儒家學者；另一個爲一般大眾傾向神秘主義——「小傳統」的墨家者流。《易經》〈觀卦〉：

> 觀天之神道，而四時不忒，聖人以神道設教，而天下服矣。

後來荀子說的更清楚：

> 祭者，志意思慕之情，忠信愛敬之至矣。禮節文貌之盛矣，非聖人莫之能知也。聖人明知之，士君子安行之，官人以爲守，百姓以成俗。其在君子，以爲人道也，其在百姓，以爲鬼事。〔註96〕

大傳統與小傳統的觀念，是雷德菲爾在其《鄉民社會和文化》一書中提出，〔註97〕其實也就是荀子所謂的士大夫、少數知識分子和一般百姓之間，各有

〔註95〕楊慶坤：〈儒家思想與中國宗教之間的功能關係〉，《中國思想與制度論集》，台北聯經出版社，民國68年5月三印，頁319。
　　　　陳祥水：〈中國社會結構與祖先崇拜〉。陳氏云：「莊士敦（R. F. Johnstom）在描述威海衛的一本書中用了一句『沒有祖產，沒有祖先牌位』來說明財產的重要性。……財產的贈與和祖先崇拜可以說是一種互惠的關係，本文邱笑的例子即屬此類。」載於《中華文化復興月刊》第十一卷第六期；頁32。
〔註96〕《荀子》〈禮論〉。
〔註97〕Redfield, Robert 1956. Peasant Society and Culture. Chicago: The University of Chicago Press.　Let us begin with a recognition, long present in discussions of civilization, of the difference between a great tradition and a little tradition.……In a civilization there is a great tradition of the reflective few, and there is a little tradition of the largely unreflective many. The great tradition is cultivate in schools or temples; the little tradition works itself out and keeps itself going in the lives of the unlettered communities. The tradition of the philosopher, theologian, and literary man is a tradition consciously cultivated and handed down; that of the little people is for the most part taken for granted and not submitted to much scrutiny or

其價值系統的兩層思想結構。再由於認知的差距，這兩個傳統雖然可以截然區分爲二個平行而不背的思維方式，但兩者之間卻仍相互影響，並有其共同的思想觀念——「孝」，爲兩個傳統所遵奉。

　　祖先崇拜從其形式而言，既然是從圖騰崇拜，將圖騰動物的神秘力量轉移於氏族領袖，於是就出現了圖騰動物的人格化，從「亦人亦獸」向「亦獸亦人」擬人化的轉化，但就其內容而言，它卻是對祖先靈魂的崇拜。也就是說，圖騰與氏族的關係已經以始祖、領袖爲中介。倘若我們從思想觀念自身的演化方面探索，就會發現古人已經從力——神秘力量的信仰，進步到對個人靈魂的信仰。人對自然力與靈魂觀念的改變，除了從有關文獻資料可探知外，同樣的反映在中國古代青銅器上人和動物關係的倒置。〔註98〕爲此，要揭示祖先崇拜的思想內含，首先要釐清兩個問題，一是人的認識規律（過程）與能力；一是靈魂觀念的產生問題。

　　人是怎麼信就怎麼崇拜，怎麼崇拜就怎麼展現在日常生活的實踐中，這就呈顯了各種不同的文化風貌。但人的信仰（念）與其思想有關，思想概念的形成又與其認識過程有不可分割的邏輯關係，而人的認識過程又建基在自我意識上；所謂自我意識，就是把自我當作對象來看待的意識，因而它是對象意識的特殊形式。反言之，對象意識則是把對象視爲自我看待的意識，因而它又是自我意識的特殊形式。從形式上看，自我意識離不開對象意識，對象意識也離不開自我意識，它們實際上是一而二，二而一的關係。人之所以是認識主體，就在於他有自己的對象，人不僅把外在客體視爲自我的對象，而且把自我也轉化爲認識對象，因而人總是同對象發生雙重的認識關係，把客體視爲「客體——主體」關係，而把主體視爲「主體——客體」關係。〔註99〕因而，當人有自我意識（自覺能力）時，就依照自我意識中所呈現的表象，反映在主體外的客體對象上，由知，人不是根據關於自然界的知識來解釋自己，而是根據對自己本質認識的程度展現崇拜的對象，並且依循著這樣規律性的思維方式，由廣泛地崇拜自然界到圖騰物，再發展到自己氏族中強有力的，對氏族有貢獻的人的靈魂。於是，在這裡我們得知人的主觀思維和自然界服從於同樣的規律，並且兩

considered refinement and improvement.（p.70）

〔註98〕見郭沫若：《青銅時代》，頁 297～326。張光直：《中國青銅時代》，頁 327～354。

〔註99〕李景源：《史前認識研究》，頁 281。

者在其標定的目的中，不能相互排斥，反而必須彼此一致。所以人對自然界的
認識以及掌握它的能力，其實正是人對自身本質認識的反映；所謂反映，指的
是兩個物體相互作用時，一個物體以某種方式再現了另一個物體的某些特性。
〔註100〕人對客觀對象的認識，其實正是人對自我認識的反映，同樣，人對客觀
對象的崇拜其實正是人對自我本質的崇拜。同理，主體對客體的崇拜（崇德報
功，報本反始）其實正是主體的價值與理想經由客體展現。因為，主體對客體
的崇拜正是主體本質的反映，所以主體與客體的合一，其實就是主體存在與思
維的合一。宗教祭祀活動作為人類文明發展的體現形式，它必然內在地向人們
展示這樣兩種基本層次：一是祭祀主體對客體的界定，進一步，主體祭者通過
界定對象（被祭者），現實上也通過這種臨界作用的對象化而對自己主體本質的
存在進行界定；而在另一種關係下，祭祀主體是通過自身的對象化形式，實現
了自己與類的溝通，進而自覺或不自覺的對他的族類進行了界定。

　　《左傳》僖公十年云：

　　　　神不歆非類，民不祀非族。

三十一年亦云：

　　　　鬼神非其族類，不歆其祀。

正足以說明古人祭祀活動的特質所在。上述這兩種基本層次關係，均以主體
的自由尺度為邏輯前提，因為人對自身對象的界定或改造，實際上都是人賦
予對象的客觀必然性以主觀自由的形式展現。這就像一個歷史人物做了宗教
崇拜對象的時候，就不是歷史人物了，而是經由崇拜主體的想像力改造過的
人物了。

　　因此，人自覺意識的興起，不僅對自然界的認識日益深刻，而且改造了
自然界，改造自然界實則是人在宰制自然界，將自然界化約成人所想像的、
所需要的那種形態。同樣的，更進一步說，自覺意識對自然界的改造作用，
實際上也是人向其本源復歸。因為人經由對象認識了真實的自我，對自我的
認同實際上就是將實質的生命加以定位。人文主義要求按照人的形象建立社
會秩序，使社會生活適於人的特性與需要，也就是使客體依照主體的要求而
變化，並在客體事物中賦予主體的價值與理想。

　　靈魂觀念的產生，就是在人對自我本質的認識日益深刻的條件下，人們

〔註100〕張尚仁：〈思維與存在的關係是總體性概念〉，《哲學研究》，1982 年第四期；
　　　　頁20。

認識到自身力量、意志和作用，通過對死和夢境的不斷啓發和聯想之後，必然導致靈魂觀念的產生。並且認爲人的靈魂同萬物的靈魂一樣，是生命的泉源，生命結束後，肉體經由各種葬儀的方式終必消失於可見的世界，靈魂卻可以脫離肉體單獨存在，而且能夠在生人之間遊動，對人和事施加好或壞的種種影響。〔註101〕並認爲一個人不只一個靈魂，不同的靈魂對生、死、做夢、生病、吉凶等各有不同的作用和功能。〔註102〕特別是一個人死後，他的靈魂就永遠離開了他的軀體，去往另一個不可見的世界；古人由於無法直接把握它，卻總是眞確的感到它的存在，就越來越普遍地感到有限事物之外或之內存在著一種無限之物，於是就將這個靈魂想像成「鬼」。〔註103〕

《禮記》〈祭法〉：

　　大凡生於天地之間者皆曰命，其萬物死皆曰折，人死曰鬼。

又〈祭義〉：

　　眾生必死，死必歸土，此之爲鬼。

郭璞注《爾雅》引《尸子》：

　　古者謂死人爲歸。

《說文解字》云：

　　人所歸爲鬼，從儿，甶象鬼頭，從厶。

〔註101〕《墨子》〈明鬼〉：逮至昔三代聖王既沒，天下失義，諸侯力征，是以存夫爲人君臣上下者之不惠忠也，父子弟兄之不慈孝弟長貞良也，正長之不強於聽治，賤人之不強於從事也。民之爲淫暴寇亂盜賊，以兵刃毒藥水火，禦無罪人乎道路術徑，奪人車馬衣裘，以自利者，並作。由此始是以天下亂。此其故何以然也？則皆以疑惑鬼神之有與無之別，不明乎鬼神之能賞賢而罰暴也。今若使天下之人，偕若信鬼神之能賞賢而罰暴也，則夫天下豈亂哉？

〔註102〕（1）見凌純聲：《松花江下游的赫哲族》，頁102。（2）知切光歲《鬼的研究》，頁182。（3）林巳奈夫：〈殷中期に由來すふ鬼神〉，《東方學報》第41期，頁1。（4）高懷民：〈中國古代文化中的鬼神思神〉，《文史哲學報》（台大）第三十五期，民國76年12月出版，頁97。（5）朱天順：《中國古代宗教初探》，頁176。（6）蔡家麒：前引文，頁59。

〔註103〕蔡家麒說：「這個時期，原始人的靈魂觀念進一步複雜化和靈魂功能的多樣化，通過夢境的不斷啓發和聯想，認爲人的靈魂同萬物的靈魂一樣，是生命的源泉，生命終止了，物質的軀體不復存在了，靈魂卻可以脫離它們單獨存在，而且能夠在人們中間轉來移去，對人和事施加好的或壞的種種影響；認爲一個人不止一個靈魂，不同的靈魂對生、死、做夢、生病、吉凶等各有不同的作用和功能。特別是一個人死了，他的靈魂就永遠離開了他的軀體，去往另一個地方或世界，這個靈魂就被想像成『鬼』。」前引文，頁59。

《列子》〈天瑞〉：

　　精神離形，各歸其眞，故謂之鬼。鬼，歸也，歸其眞宅。

是知人死後──「歸」爲「鬼」，鬼取「歸」之音與義。甲骨文中的「鬼」字，寫作 𩴓、𩴓、𩴓、𩴓、𩴓、𩴓、𩴓、像人身而頭大大之異物，以表示與生人有異之鬼。其下從 𠂊、𠃌、𠆢、𠃊 均指人身，表示人作長跪狀，膝著地，非常恭敬的樣子。「其從者爲《說文》篆文所本」。〔註104〕《說文解字》中篆文的鬼字從 𠂊，乃後來造字者加上去的，「甲骨文與篆文的寫法雖稍有異，其含義是一樣的，二者均表示生人對祖先的頂禮致敬」。〔註105〕

　　《周易》〈觀卦〉之辭曰：

　　有孚，顒若。

《說文》：

　　顒，大頭也。

故〈觀卦〉「顒若」之義與甲骨文、篆文鬼字之取象大頭，正相同。

　　《易》〈象傳〉云：

　　有孚，顒若。下觀而化也。

「後人對祖先之功德仰望效行之，古人乃取大頭爲象以寄其義」。〔註106〕從甲骨文推知，殷人鬼的觀念已相當發達，鬼從人身並且皆從生人遷化，然後發展到鬼字從「厶」（私），乃生人與其「鬼」是一種類屬關係，並非眾人之共，故人各有其祖先之鬼。《論語》〈爲政篇〉孔子云：

　　非其鬼而祭之，諂也。

可見古人認爲生人不當以他人之祖先作爲自己之祖先而致祭；明乎此，便可瞭解鬼字從「厶」的意思了。〔註107〕

　　由於人的死亡有不同的原因和狀況，古人也就想像出各種各樣的鬼，替它們取了各種不同的稱呼。〔註108〕人們從實際生活的感受出發，把鬼分成好的和壞的，善良的和凶惡的兩大類。並認爲在世時善行昭彰者，死後也會變成對人做好事的善鬼；在世時惡行昭彰者，死後會變成害人的惡鬼。《禮記》

〔註104〕徐中舒：前引書，頁 1021。
〔註105〕高懷民：前引文，頁 98。
〔註106〕高懷民：前引文，頁 98。
〔註107〕高懷民：前引文，頁 98。
〔註108〕知切光歲：《鬼的研究》，東京大陸書房，昭和 53 年 8 月 8 日，頁 182。

〈檀弓〉：

> 子高曰：「吾聞之也，生有益於人，死不害於人，吾縱生無益於人，
> 吾可以死害於人乎哉？」

基於生前善、惡分類，漸漸地又將好的、善良的、本領很大的與對氏族有特殊貢獻的奉之為「神」，反之稱之為「鬼」。簡言之，若案遠、近、親、疏、善、惡之別分之，遠者為「神」，近者為「鬼」。

鬼與神的分類是歷史性演變的另一個階段，在古人的認識範疇裡出現了倫理道德的觀念。尤其是在眾多的鬼魂中，人們對自己氏族或部落亡故的酋長、首領、巫師等，總是特別的崇敬。這種遠近親疏之別的社會人倫關係，反應在鬼神的世界裡，正如《左傳·僖公十年》所載（前已引用）：

> 神不歆非類，民不祀非族。

〈僖公三十一年〉亦云：

> 鬼神非其族類，不歆其祀。

〈正義〉曰：

> 傳稱非我族類，其心必異，則族類一也。皆謂非其子孫妄祀他人父
> 祖，則鬼神不歆享之耳。

鬼神觀念的產生，顯然鬼的觀念先興，〔註109〕然後由於人們崇敬氏族領袖生前的卓越貢獻，死後自然受到生人長久的懷念與追思。基於人們理性的需要和人文環境的要求下，為教化後代子孫們效法祖先生前的事蹟，遂把祖先們神化。在後代子孫們的意識裡，先人們的靈魂從眾多的鬼魂中逐漸升格，成為能賜福於氏族的祖先神靈，從而有別於一般的鬼魂。「神」，原先就是已經過世了的氏族的祖先或英雄人物，也就是張光直先生所謂的「英雄即是祖先」。〔註110〕前

〔註109〕（1）高懷民云：「『鬼神』一詞，通常為古書中所連稱，這是因為自文籍之生，它們已經先在之故；實則它們應該是兩回事，『鬼』的思想先興，『神』的思想後起。」見前引文頁98。（2）從音訓上講鬼神的觀念。

〔註110〕（1）張光直：《中國青銅時代》，頁 313。（2）蔡家麒指出：「在眾多的鬼魂中，人們對自己氏族或部落裡亡故的頭人、巫師，總是特別崇敬的。這些人一般都具有傑出的組織與領導的才能，有著高超的技藝、出眾的智慧和勇敢無畏的品格。他們多半經歷過自然的、社會的嚴峻考驗，無論在生產、生活和戰鬥中，對自己集團的族人做過許多貢獻，他們生前受到族人的愛戴和敬仰，死後則受到長久的懷念，遂把他們往昔的活動用講述和歌唱的形式，世代流傳下來。這些佚事流傳的過程，也就是將他們超人、神化的過程。在子孫們的意識裡，他們的靈魂從眾多的鬼魂中逐漸上升，成為能賜福于族人的祖先神靈，從而有別于其他一般的鬼魂。『神』原來就是已經亡故了的集團的

所引《左傳・僖公十年》與〈三十一年〉中的「神」即是指氏族的祖先神。

至此，原先生人對祖先死後的靈魂視為「鬼」來崇拜的思想，逐漸被將祖先靈魂視為「神」來崇拜的思想所取代。這層由「鬼」到「神」思想觀念的轉換，代表著中國古代思想文化的一大進步。也象徵著古人存在空間與理想空間的擴大。並為以後由「神」昇格至「帝」、「天帝」、「天」的思想做了歷史鋪陳的工作。

「神」觀念的產生，如前所述是從「鬼」的觀念演生而來，然「神」所代表的意義內含又是什麼呢？這是我們研究祖先崇拜所必須探究的，否則從「神」發展到對「天」崇拜的邏輯必然性就無法成立。

「神」字從示，從申，據徐中舒主編之甲骨文字典所載，示字形狀如下：

$\math{Y}$、$\mathrm{\dot{1}}$、I、$\mathrm{\ddot{B}}$、$\overline{\mathrm{T}}$、$\mathrm{\overline{1}}$、$\overline{\mathrm{T}}$、T、$\mathrm{\dot{1}}$、$\overset{..}{\mathrm{T}}$、$\overline{\mathrm{T}}$、T、$\mathrm{\ddot{B}}$象以木表或石柱為神主形……示為天神、地祇、先公、先王之通稱。示即主，為廟主，神主之專用字。〔註111〕

郭沫若在〈釋祖妣〉文中論及關於神事與祖妣二字之關係云：

古來凡神事之字大抵從示……卜辭於天神、地祇、人鬼，何以皆稱示，蓋示之初意本即生殖神之偶像也……故宗即祀此神象之地，祀象人跪於此神象之前，祝象跪而有所禱告，祭則持肉以獻於神。〔註112〕

《說文》曰：

示，天垂象，示吉凶，所以示人也。從二；三垂，日月星也；觀乎天象，以察時變，亦狎神事也。

凌純聲依《說文》所言，駁郭氏「示，乃生殖神之偶像」此說牽強，其云：

郭氏以卜辭金文中的「示」為神像，否定許氏之說，而以「丁」為「⊥」之倒懸，即生殖神之偶像，說似牽強。〔註113〕

但從近來考古發現，中國大陸東北遼寧牛河梁紅山文化所發掘的女神廟及商邱出土的大理石主，丹山石主和安陽玉主，郭氏所言絕非牽強，而且可信。再者「丁」象男性站立時的生殖器，「示」象生殖器及睪丸，「不」象睪丸及陰毛。希臘神殿巴特農神廟的石柱「品」即象徵男性生殖器及睪丸和陰毛的形制，

祖先或英雄人物。」前引文，頁 60。

〔註111〕徐中舒：〈示字解〉，前引書；頁 10。
〔註112〕郭沫若：《甲骨文字研究》，頁 37。
〔註113〕凌純聲：〈中國古代神主與陰陽性器崇拜〉，《中研院民族所集刊》第八期，民國 48 年，頁 18～24。

上面「△」象徵女性生殖器，「盫」象徵男性躺著向上頂著女性生殖器，代表男女媾合之狀。〔註114〕

　　我們從思想的觀念來看，人的最高生活目標就是生命，尤其在古代社會，舉凡一切人能賴以生存的都被人視爲最高價值所在，而當人智對自我主體有更深刻認識時，對其生命之源，生命所從出之所，必生敬慕感念之情而加以祀之。祀必祀其生命之所，生命之源，因而女性生殖崇拜先興亦是必然而不足以怪者。然後父系社會取代了母系社會，改祀男性生殖器，對男女性生殖崇拜並視之爲神，乃基於「生」的觀念，因爲「生」是無所不在，舉凡上下，左右均存有「生」的事實。蓋郭氏主張「示」之初意乃生殖神之偶像，實爲可信而又符合人的思想發展。筆者於圖騰崇拜一節中，曾論及生殖崇拜往往是同圖騰崇拜結合在一起的，符號圖像所代表的是一種抽象、綜合與概括的概念，古人運用各種形制、符號或象徵性的方式，表達其心中崇拜「生」的思想意念，是基於一種人文環境的需要，就好像國旗一樣，它象徵一個國家的概念。

　　高鴻縉先生在《中國字例》一書中解「示」字云：

　　　　示字，甲文原爲木主之形，木意爲木主……字作丅者，如在其上也；

　　　　寫作示者，如在其左右也；字作示者，則神無所不在矣。〔註115〕

高師懷民先生云：

　　　　從申者，申爲聲符，同時也是意符，申的含義是廣延、展開，天體廣大，舉上望，寥闊無際，神即爲寥闊無際的天的代表。《說文解字》則從天之生生萬物一方面立義，言「天神，引出萬物者也。」是取申之爲引申義。〔註116〕

據前文所引得知，「神」從示，從申，示字初意本是生殖神之偶像，而據郭沫若〈釋祖妣〉文中所載：

　　　　示迺牡神，亦有以牝爲神者，其事當在祀牡之前。〔註117〕

郭氏所言在我國史料記載上確實經歷過母系社會，人本知母而不知父的時

〔註114〕（1）孫守道、郭大順：〈牛河梁紅山文化女神頭像的發現與研究〉：《文物》第8期，西元1986年，頁18～24。（2）〈遼寧牛河梁紅山文化「女神廟」與積石冢發掘簡報〉，同上，頁1～17。（3）孫守道、郭大順：〈論遼河流域的原始文明與龍的起源〉，《文物》第六期，西元1984年，頁12。

〔註115〕高鴻縉：《中國字例》第二期：師範大學，民國49年6月版，頁184。

〔註116〕高懷民，前引文：頁101。

〔註117〕郭沫若：《甲骨文字研究》，頁38。

期，〔註118〕《禮記》〈禮運〉曰：

> 我欲觀殷道，是故之宋而足徵也；吾得坤乾焉，坤乾之義，夏時之
> 等，吾以是觀之。

《詩》〈小雅・斯干〉亦云：

> 似續妣祖，築室百堵……。

即指嗣續先妣先祖之功，故築其居室以享先妣。《周禮》〈大司樂〉云：

> 舞大濩，以享先妣；……舞大武，以享先祖。

注云：

> 先妣，姜源也；姜源履大人跡感神靈而生后稷，是周之先母也。周
> 立廟自后稷爲始祖，姜源無所祀，是以特立廟而祀之。謂之閟宮、
> 閟神云。

《詩》〈魯頌・閟宮〉開頭即述姜源生育后稷的神道，接著歌頌周、魯先君功德，而後才報告魯僖公伐淮夷的功勛。故〈閟宮〉一詩分明就是以成功告祖的詩，因此閟宮也就是祖廟。是知，周初時仍是母系社會，繼而男性取代了女性主控家庭社會的地位，成爲父系時代，故祀男性生殖器，以追念其創生之德與貢獻。〔註119〕女性生殖神則被視爲與土地有同樣功能——孕育萬物的地母，也叫地祇；《說文》云：「地祇，提出萬物者也。」也就是後來「左宗廟右社稷」的社稷之神。〔註120〕男性生殖神，則因男性在世時的社會地位、力量與智慧影響人們生活比較大，所以人們認爲死後神靈自然昇天，洞察一切。於是將男性（父）、女性（母）比附天神與地祇，也是後來中國人所謂的皇天后土，父天母地與宗廟祭祀的祖先。〔註121〕此乃中國人「尚象」、「取象」的思維方式。

〔註118〕（1）郭沫若：《甲骨文字研究》，頁15～60。（2）李宗侗：《中國古代社會史》，華岡出版社，民國66年9月。（3）毛忠賢：〈高祺崇拜與《詩經》的男女聚會及其淵源〉，《江西師範大學學報》（哲學社會科學版）第4期，西元1988年，頁16。

〔註119〕郭沫若說：「母權與父權之交替當在殷周之際，殷末帝王巳四世傳子，而周初則周公曾及武王而『誕保文武受命』，此正新舊交替所必須有之波動現象。」《甲骨文字研究》，頁28。

〔註120〕（1）郭沫若：《甲骨文字研究》，頁15～60。（2）凌純聲：〈中國古代社之源流〉，《中研院民族所集刊》第17期，頁1～35。（3）凌純聲：〈中國祖廟的起源〉同上，第7期，頁141。（4）張光直：〈中國遠古時代儀式生活的若干資料〉，同上，第9期，頁253。

〔註121〕《尚書・武成》：商之罪，告於皇天后土所過名山大川。

　　《說文》云；「天神，引出萬物者也。」也是從「生」的觀念立義，然天神與地祇均以「生」德立義，但天神（父）之「生」則具創生義，也就是所謂的「生生」之義；地祇（母）之生則具孕育、養育義，與天神之「引出萬物」是站在相反相成的對立統一的和諧關係。

　　承上所述，神的意義內含頗豐，初意本是由祀女性生殖神而興，再發展到祀男性生殖神，然其所圍繞的中心思想，則是建立在生人視死者為「生之源，生之所，生之德」的無所不在，寥闊無寂的基本信念，然後由親而疏，由近而遠，將之一一根據人們思想與社會生活方式的發展演進，沿著造神運動的軌跡，從簡單到複雜，從個別到一般，從具體到抽象，從低級到高級，從有限到無限這樣的邏輯思考順序或認識規律，將靈魂的觀念逐步地塑造出符合人理性思維需求的「神」態。費爾巴哈認為：

> 神不是感性的對象；神不能被看見，也不能被感覺到；但神也不是理性的對象，因為理性只是建立在感性上面。神不能被證明，神只能被信仰；或者可以這麼說，神不存在於感官中，也不存在於理性中，神只存在於幻想力中。〔註122〕

因此，靈魂觀念的產生，我們得到一個結論，那就是對死和夢的追究，必然導致靈魂觀念；因為一個人雖然在現實意義上，在感性意義上，不再存在了，但在精神上，在回憶中，在生人的心目中，他還是存在著。對生人來說，已死的人並不成為無，並不絕對地消滅了；相反，他只是改變了他存在的方式；只是從一個物理的本質變成了一個僅僅被思想的本質。死人雖然不再造成物理的印象，但是他的人格卻在生人的回憶中長存，並且對生人產生教化的作用。所以費爾巴哈論神云：

> 神是自然界的精神，即自然界給予人類精神之印象被人格化了的。或者可以說，人從自然界描繪下來的一種精神上的形象，被人從自然界抽取出來，並設想為一個獨立的東西。恰像的精神一樣，人們想像死後人的精神成了鬼，但這個鬼也不是別的東西，正是死者遺下的形象，被人拿來人格化了的，並設想為與實在而有形體的活人不同。〔註123〕

是故，既然死者的表象仍不時被生人所回憶與追思，那麼想像死者的靈魂脫

〔註122〕費爾巴哈：前引書，頁202。
〔註123〕費爾巴哈：前引書，頁248。

離身軀而存在著，這比想像他根本不復存在，顯然要合理得多。既然靈魂可以脫離軀體而獨立存在，就沒有理由認為它還會消失；所以，從靈魂觀念產生到靈魂不朽觀念只是咫尺之遙。而從靈魂不朽觀念發展到崇拜祖先的鬼魂，以致將自己的親人、氏族領袖加以神化，其間顯然並沒有什麼障礙。這完全繫於生人對死者的想像，想像力越豐富則祖先的神格越高。蓋祖先的一切功德全繫於生人對其自身本質的展現，生人尊奉祖先為神，只是為了滿足人理性的需求；換言之，生人使祖先神化了，同時也就使自己神化了。故想像乃是宗教祭祀主要機能；鬼神信仰——祖先崇拜乃是想像的寓意的東西，而且是人的一種形像；也就是說，祖先崇拜是人展現其對自身本質回歸與認同的一種價值理想，也是人展現自身認識能力的一種具體表現，更是展現以人為主的一種人文理想。因為祖先崇拜的對象是人的價值屬性，他有別於圖騰崇拜的社會屬性，更異於自然崇拜的自然屬性，但它脫胎於由廣泛崇拜自然全體，發展到崇拜圖騰物之群體主體，再發展到崇拜自己氏族領袖之個體主體，所衍生出的靈的崇拜，最後再回歸到對人價值屬性的崇拜。

由此，我們看到了中國古代人文精神的躍動，尤其越到後來，敬天思想和祖先崇拜的聯繫就越來越密切，最後終於合而為一，而臻至天人合一、報本反始的均衡與和諧的終極關懷。這也就是筆者引禪宗悟道後的境界——「見山又是山，見水又是水。」至此，古人的思維能力已日趨成熟，通過思維和理性可以將主體心靈的表象和概念自由地與客體區分開來，並能將外在客體作為自己意識和意念的對象，與自己的主體統一起來。從而能夠在觀念和實踐過程上（透過宗教祭祀活動等）實現主客體的統一，這種統一以分化為前提，也就是在承認人與自然物類的區分之後，重新肯定人的本質與自然存在總體的統一。〔註124〕這種統一就是下一章所欲闡述的主旨——崇祖敬天。

〔註124〕李景源說：「現代人通過思維和理性可以把自己的表象和概念自由地與自然界區別開來，並能將外在客體作為自己意識和意志的對象與自己的主體性統一起來，從而能夠在觀念和實踐領域的較高水平上實現主客體的統一，這種統一是以分化為前提的。史前人類處于由動物向文明人類轉化的過渡點上，處在由主客體的直接同一向主客體的分化（統一）的轉變時期，因而在自我意識和對象意識上還帶有文明時代所沒有的特點，這就是原始人的擬獸化的自我意識和擬人化的對象意識，或者乾脆就把它稱作擬人化的世界觀。」前引書，頁281。

第三章　崇祖敬天思想的興革與發展

　　祖先崇拜開展了中國古代人文精神的契機，同時也隱隱約約看到了哲學思維的脈動。李景源在論〈從祖先崇拜的產生看主客體分化的歷史過程〉一節中云：

> 當人能在思想上把自己的意識和意志，同客觀事物的主觀映象，及其對主體的意義區分開時，就是人類文明時代的到來。〔註1〕

誠如前文所述，祖先崇拜屬於宗教祭祀活動作為人類文明發展的體現形式，它內在地向人們展示兩層關係：一是經由主體（祭者）界定區分客體（被祭者）；二是通過主體自身的對象化形式實現了主體與客體的溝通，進而自覺或不自覺地對主體的族類進行界定。《左傳·僖公十年》所云：「神不歆非類，民不祀非族」的神不是別的，正是「類」概念之總和。〔註2〕這種「類」的界定區分，使人從動物圖騰崇拜群體主體轉移到對人自身個體主體的崇拜。如果我們把祖先崇拜看作是人向自我本質回歸與認同的一種內化形式，那麼與祖先崇拜同時出現的天體崇拜（天神以及後來對帝、天帝、天的崇拜）則是自我回歸與認同的外化形式——即把自我轉化為崇拜的對象。〔註3〕正如郭沫

〔註1〕李景源：《史前認識研究》，頁283。

〔註2〕費爾巴哈：《宗教本質演講錄》，頁133。

〔註3〕李景源說：「祖先崇拜是主客體分化的產物，正是這種分化使人們把眼光從動物王國轉移到人的身上。如果我們把祖先崇拜看作是人的自我意識的一種形式，那麼與祖先崇拜同時出現的天體崇拜（日神、月神以及後來對上帝的崇拜）則是自我意識的外化形式——對象意識。正如郭沫若所指出的，原始時代起初是『人知有母不知有父』的時代，由母系社會轉化成父系社會，才生出父子的關係來。所以在社會歷史上，父是由子產生的，就是先有子而後有父。同樣的道理，天父（天禮神和上帝）是由天子產生的。這就是說，沒有

若在〈釋祖妣〉文中所云：

　　蓋上古之人本知母而不知父。〔註4〕

母系社會與父系社會之交替當在殷周之際，〔註5〕父子關係的產生亦當在殷周之間。在認知上，父是由子產生的，就是先有子的存在之後才有父的存在，子有其邏輯的先在性。同樣的道理，殷周時代的天帝（天神和上帝）是由人王產生的。〔註6〕郭沫若在〈先秦天道觀之進展〉文中論殷氏族的宗祖神帝俊的傳說時云：

　　這位帝俊是日月的父親，不用說是天帝，而同時又是一些聖賢的父

　　親，又好像是人王。〔註7〕

換言之，沒有人間社會的帝王，天上的天帝（至上神）就永遠不會產生。

　　但從存有的觀點言之，父與子的存在關係有其時間序列，亦即歷史意識的先後關係。父因為也是子，所以父也必然有父（祖先），因而人基於理性的需要，必需要停止在一個根源上，於是古人將高高在上，寥闊無際的「天」視為最高的根源。

　　天、天帝是古代帝王（主體）所崇拜的對象（客體），就此而言它是該帝王（主體）的對象意識（客體）。但這一崇拜對象（客體）的產生，卻是帝王（主體）主觀心靈世界的投射，帶有帝王主體本身的人格特質，是帝王主體的移情思維方式的產物，因而它又是古代帝王（主體）的自我意識。蓋古代帝王（主體）對天帝（客體）的崇拜，實則是對自己本質與社會地位的崇拜，也就是意識到自己的實際社會狀況與政治權力。〔註8〕

　　基於同樣的心理訴求，祖先崇拜與天體崇拜思想的內在邏輯必然性，是有其相契又兼強力誘引的意趣目標。因此之故，崇祖敬天實則是同一標的的心靈訴求對象，只因社會地位的差異與認知程度的不同，展現於外在的外化形式——即把自我轉化為崇拜對象的位格，建基在主體自身主觀性的對其本質的理解上的不同。是以，從祖先神昇格至天帝、天，其間也是理性思維必然依循的規律，而不致於有什麼障礙。此即為本章所欲揭示的主旨。

　　　　地上的君主，天上的上帝就永遠不會出現。」前引書，頁281～283。

〔註4〕郭沫若：《甲骨文字研究》，頁36。

〔註5〕郭沫若：前引書，頁29。（前已引用）

〔註6〕郭沫若：《青銅時代》，頁1～31。《中國古代社會研究》，頁46。

〔註7〕郭沫若：《青銅時代》，頁10。

〔註8〕李景源說：「沒有地上的君主，天上的上帝就永遠不會出現。」前引書，頁282。

第一節　人文宗教的躍動與勃興

　　人向其精神本質回歸與認同，透過祖先人格崇拜的外化形式，展現了人文宗教的本質。中國古代人文宗教的興起，並非突然出現，而是經過史前長期孕育，尤其是經過了原始宗教崇拜自然、力、鬼魂之後，人自覺地意識到人作爲自由主體，作爲超越於各種存在物的特殊存在，必與其它存在物有著本質的區別。這種區別是古人認識能力的巨大飛躍，亦即主體的自由破除了原始迷信所產生的禁忌，使人自覺的從原始心靈解放出來，朝向以人的精神價值爲崇拜對象的宗教型態。徐復觀先生說：

> 宗教可以誘發人的自覺；但原始宗教，常常是由對天災人禍的恐懼情緒而來的原始性對神秘之力的皈依，並不能表示何種自覺的意義。〔註9〕

費爾巴哈在論宗教本質與起源時說：

> 用畏怖解釋宗教，這種主張，首先可以得到經驗來證明，即是：差不多一切或大多數未開化民族，僅僅地或者主要地把那些足以激發畏怖和恐懼的自然現象和影響，做爲宗教的對象……用畏怖解釋宗教，這種主張，此外也可以得到事實來證明，即是甚至在開化民族中，最高的神明也是足以激起人最大怖畏的自然現象之人格化者，就是迅雷急電之神。……基督徒雖然認定宗教的起源和性質是純粹超感性的神性的，至少理論上如此，但他們主要仍是只在生活中足以激起人畏怖的那種事變和時機內，才表現宗教意識。……正如惡神是未開化民族幾乎唯一崇拜對象一樣，那個發怒的或凶惡的神也是基督教民族最主要的崇拜對象。因此在基督教民族中，最主要的宗教根源也就是畏怖。〔註10〕

畏怖與恐懼做爲人屈服於某一「超越人的力量」的宗教意識型態，埃洛克‧弗羅門（Erich Fromm）稱之爲極權宗教，相對於極權宗教他稱之爲人文宗教；其云：

> 人文宗教則以人和人的力量爲中心。人必須發展理性的力量以了解他自己及人與人之間的關係，和自身在宇宙中的地位。他必須認清

〔註9〕　徐復觀：《中國人性論史‧先秦篇》，台北商務印書館，民國68年9月5版，頁15。
〔註10〕　費爾巴哈：《宗教本質演講錄》，頁29～32。

真理，一方面他要覺醒到自己的限極，另一方面他又能覺醒到自己的潛力。他必須發展慈愛，愛自己，愛別人以體驗物物之休戚相關。他必須有原則、循規範以達成此目標。此時的宗教體驗就是人與宇宙整體的合一，這合一以人與世界的關係為基礎，乃是用思想，用愛的了解所掙得的。人文宗教之目標就是發揮人最高的力量，而不是強調人的無能與無助。人的美德就是實現人的理想，而不是盲目的順從。確定的信仰建立在思想與感情的體驗上，不在附和那些有聲威的倡議者。此時人的心境是快樂的。在神權宗教中，人是充滿了悲傷和罪惡感的。人文宗教如果是有神教，那麼，它的神就是人本身的力量。人生之意義及目的亦無非是要充分發揮此潛力。神不再代表權力與支配，也不代表高高在上的力量。〔註11〕

從人文宗教的立場論，以殷商時期的卜辭及青銅器來看，殷人的精神文化生活，仍未脫離原始宗教的型態，以神道思想為當時人們指導日常生活的最高原則。從甲骨文中，可以看出殷人之所以要卜筮，就是嫌自己的力量微薄，不能判定一件行事的吉凶，要仰賴一種不可見的超自然力來決定自己的行事，而這力量由於對人的空制，所以受到人的畏怖、順從與崇拜。人之所以要崇拜、畏怖、順從一個超自然力來決定自己行事的準則，是基於以下的需要：一是認知上的問題；二是解決存有的問題；三是道德上的問題。以下即從這三項需要析論之。

〔註11〕 埃洛克・弗羅門著・林錦譯：《心理分析與宗教》，頁 36。極權宗教主要的原則是什麼呢？在牛油字典上給宗教所下的定義，雖原是一般性的，但事實上卻成為極權宗教明確的定義：「宗教是人類對一種不可見的超人力量的承認，這力量控制著人類的命運，人類必須對它服從、敬畏與崇拜。」
這裡著重在承認人類是被一個外在更高的力量所控制。但這還不足以構成極權宗教。最重要的是，這力量由於對人的控制，就該受到人的順從、敬畏和崇拜。這表示人之所以對它崇拜、順從、敬畏的理由，不在神的德性、愛或公義，而是因為它有控制力，神的力量高於人，而且這個高的力量有權力要人崇拜它；不順從或不敬畏，就構成一種罪惡。
極權宗教的宗教體驗要素，就是屈服於「超越人的力量」。在這種形式的宗教中，主要的德性就是順從，主要的罪過就是反抗。神是全能的，無所不知的；人是無能的，不重要的。只當人以完全的順從，從神那兒得到垂憐與幫助時，人才感到自己有力量。屈服於有力的權威乃是人逃避自己的無助與限極的方法之一。人在屈服時失去了個人的獨立與完整，他感到被全能的力量所保護，成為這力量的一部分。

一、從認知上論卜辭「上帝」之概念

從豐富的甲骨卜辭看來，殷代在武丁時就有了高高在上主宰自然界和人類一切命運的「統一之神」的宗教信仰，殷人相信在天上存在著一個具有人格和意志的至上神，名叫帝或上帝。郭沫若引其《卜辭通纂考釋》云：

一、帝隹癸其雨《卜辭通纂》三六四片，下略稱《卜》）

（天老爺在癸的一天要下雨。）

二、今二月帝不令雨（《卜》三六五）

（在這二月裡天老爺不會下雨）

三、帝令雨足年？帝令雨弗其足年？（《卜》三六三）

（天老爺要下雨來使年辰好嗎？天老爺要下雨使年辰不好嗎？）

四、帝其降堇？（《卜》三七三）

（天老爺要降下饑饉嗎？）

五、伐石方，帝受我又？（《卜》三六九）

（要出兵征伐　方，天老爺肯給我們以保祐嗎？）

六、勿伐　　，帝不我其受又。（同上）

（不要出兵征伐　國，天老爺不會給我以保佑。）

七、王封邑，帝若。（《卜》三七三及三七四）

（國王要建都城，天老爺答應了。）

八、我其乍方，乍帝降若。我勿已乍，乍帝降不若。（《卜》三六七）

（我要免乍的職，天它爺是答應的；我不免乍的職，天老爺是不會答應的。）

這幾條是比較上文字完整而意義明白的記錄，大抵都是武丁時的卜辭。這兒的「帝」自然是至上神無疑。凡是《詩》《書》彝銘中所稱的「帝」都是指的天帝或上帝，卜辭中也有一例稱「上帝」的。《卜辭通纂》第三六八片。原文二字合書，故知確是「上帝」。〔註12〕

上帝之稱，最早見於卜辭，據郭氏《卜辭通纂》所載，從三六三片至三四七片均有帝稱上帝之觀念，將帝稱之為上帝，表現的殷人已有至上神和帝

〔註12〕　（1）郭沫若：《青銅時代》，頁3～5。（2）胡厚宣：〈殷卜辭中的上帝與王帝（上）〉，《歷史研究》第8期，西元1959年8月，頁24～25。

在天上的思想觀念。〔註13〕承如前述，天上的上帝，是與人間的王帝相對應的，沒有人間社會的王帝，天上的上帝（至上神）就永遠不會產生。從認知的立場論，至上神（上帝）的形成，反映了當時已經出現了各氏族聯合統一的王國。因此，各氏族之神因爲爲各氏族所專屬——「神不歆非類，民不祀非族」，而各氏族之宗祖神也不享用非其氏族的祭品，《左傳·僖公三十一年》：「鬼神非其族類，不歆其祀。」自然也不會眷顧非其族類的人。因而在國家統一之後，基於理性思維的規律性與人文環境的需要，勢將創造一統各氏族宗祖神之上的至上神（上帝），以滿足地上王心理及政治上的實質需要。

　　人是依照自己去思想一切事物，所以地上王崇拜天上的至上神（上帝），實則已經肯定了自我邏輯的先在性，也就是說先有地上王的存在事實之後，地上王依照自身主體的特質創造了一個至上神（上帝）。這就好像耶教《舊約》所說的，上帝依照自己的形象創造了人是一樣的，倘若沒有人的存在在先，上帝又何以依照自己的形像造人，是以，上帝其實是人的對象意識，人將自我轉化爲崇拜對象——上帝，藉以滿足人對無限與超越力量的渴望。

　　但人（主體）在崇拜時並不能分別上帝（客體）與人的差異，至多認爲二者間只有形式的不同，因而人也把上帝（客體）存在的原因視爲一種有目的、能思想、有意志、有人格的，符合人性的對象意識，上帝的存在是因爲人的需要而存在，自然上帝的屬性就是人性需要的反映。但因上帝高高在上，居住在天上，其本質又融合了自然界神秘力量與人的特殊本質，所以上帝的產物和影響，同時是超出人的力量以外的。於是人把這個本質上是人性的原因，同時想像爲一種超人的力量。殷人的上帝固然具有那些像人一般的屬性，例如人格和意志等以實現祂的思想，但比人的力量要高出許多，並且能超出人的能力以上；於是殷人將高高在上而能「生」出一切萬事萬物的原因，稱之爲「上帝」。費爾巴哈說：

　　　一神教直接地將人的精神和幻想神化了……幻想力乃是宗教的主要

〔註13〕　（1）郭沫若：《卜辭通纂》，台北大通書局，民國65年5月初版，頁364。
　　　　　（2）陳夢家：〈古文字中之商周祭祀〉，《燕京學報》第19期，民國25年6月，頁143～144。
　　　　　（3）陳夢家：《卜辭綜述》，台北大通書局，頁562：
　　　　　　　「□□卜爭□上帝降莫。」（武丁卜辭）
　　　　　　　「……出……上帝……兄。」（庚甲卜辭）
　　　　　　　「擊五鼓，上帝若王又又。」（廩辛卜辭）
　　　　　　　「既𩵋于上帝。」（乙辛金文）

機能：神乃是幻想的寓義的東西，而是人的一種形象。〔註14〕

同書費氏又說：

神便是人的願望被設想為實在的，被轉變成實在事物的；神便是人

的幸福衝動在幻想中得到滿足。〔註15〕

因此，從文獻資料，卜辭與出土的文物所載的中國古代歷史人物，當他們被後人視為宗教崇拜的對象時，就不再是歷史人物了，而是經由後人對其思慕之情所生的幻想力所改造過的人物。〔註16〕因而，殷人對帝與上帝的觀念顯然是人按照自己的認識能力、自己的思想、自己的構造、自己的需要，將上帝創造成符合人性本質需要的一種形象。

陳夢家在《古文字中之商周祭祀》一文中說：

卜辭中之帝，兼為降災禍、賜福佑之主宰。〔註17〕

〔註14〕費爾巴哈：前引書，頁 217～218。

〔註15〕費爾巴哈：前引書，頁 223。

〔註16〕費爾巴哈說：「因為一個歷史人物和一個宗教人物是有分別的，恰像自然對象本身和宗教所想像的自然對象中間那種分別一樣。幻想力絕不是取材於自己去幻想什麼東西，不然我們就必須相信無中造有的學說了；幻想力必須接觸自然的和歷史的材料，才能燃點起來。……幻想力沒有一定的材料也就不能產生宗教的和詩意的幻想形態。但是一個歷史人物做了宗教對象的時候，就不是歷史人物，而是給幻想力改製過的人物了。」前引書，頁 212。

〔註17〕胡厚宣：前引文，頁 144～145。卜辭中之帝，兼為降災禍，賜福佑之主宰：
（1）降堇
　　庚戌卜貞帝其降堇。
　　口丑卜貞不雨，帝隹堇。
　　……曰帝堇我咎我。
　　戊寅卜互貞帝其堇我。
　　貞帝不我。
　　為嘆、熯、艱、廑、饉等字之初文，然卜辭云「不雨，帝隹降堇」，又云「西土亡堇」「西土受年」「我不堇」，則最初之堇為嘆與饉之總稱。
（2）賜雨
　　庚戌　貞雨，帝不我受？
　　今二月帝不令雨。
　　帝令雨足年。
　　帝令雨弗足其年？
　　貞今三月帝令多雨。
　　翌乙卯帝其令雨。
　　令雨即賜雨，金文伶賜一義。
（3）降咎
　　口亥卜吉貞卯帝其降咎。

這與前章祖先崇拜引《禮記》〈祭法〉：「夫聖王之制祀也」所提到的被祀者，是互相吻合而又具相同的性格特質。《山海經》〈大荒北經〉云：

> 有系昆之山者，有共工之台，射者不敢北鄉。有人衣青衣，名曰黃帝女魃。蚩尤作兵伐黃帝，黃帝令應龍功之冀州之野。應龍畜水，蚩尤請風伯雨師，縱大風雨，黃帝乃下天女曰魃，雨止，遂殺蚩尤。

《史記》〈五帝本紀〉載：

> 軒轅之時，神農氏世衰。諸侯相侵伐，暴虐百姓，而神農氏弗能征，於是軒轅乃習用干戈，以征不享，諸侯咸來賓從。而蚩尤最爲暴，莫能伐。炎帝欲侵陵諸侯，諸侯歸軒轅。軒轅乃修德振兵，治五氣，藝五種，撫萬民，度四方，教熊羆貔貅貙虎，以與炎帝戰於阪泉之野。三戰，然後得其志。蚩尤作亂，不用帝命。於是黃帝乃徵師諸侯，與蚩尤戰於涿鹿之野，遂禽殺蚩尤。而諸侯咸尊軒轅爲天子，代神農氏，是爲黃帝。天下有不順者，黃帝從而征之，平者去之，披山通道，未嘗寧居。

《史記》與《山海經》所反映的黃帝，實則是人王和上帝的混合體。例如，黃帝和蚩尤之戰，就是以人王的形式出現；但更主要的還是展現上帝的形象。郭沫若更肯定的說「至上神」上帝是殷民族自己的祖先；他說：

> 由卜辭看來可知殷人的至上神是有意志的一種人格神，上帝能夠命令，上帝有好惡，一切天時上的風雨晦冥，人事上的吉凶禍福，如年歲的豐嗇，戰爭的勝敗，城邑的建築，官吏的黜陟，都是由天所主宰，這和以色列民族的神是完全一致的。但這殷人的神同時又是殷民族的宗祖神，便是至上神是殷民族自己的祖先。在這兒有種種的傳說可以證明。

> 第一是帝俊的傳說。帝俊在《山海經》中一共有十六處。「帝俊生中容」、「帝俊生晏龍」、「帝俊生帝鴻」、「帝俊生黑齒」、「有五彩之鳥相鄉棄沙，惟帝俊下友。帝下兩壇，彩鳥是司。」（以上見〈大荒東經〉）

貞卯帝其降咎，十月。
戊辰卜白丙，降禍。（以上見頁 144～145）
帝與風雲雷雨，帝與農業收成，帝與城邑建築，帝與方國征伐，帝能降人間以福禍，帝能保祐作害于殷王，帝可以發號施令，帝宗有帝臣，即帝五臣，帝五工臣，帝使供其支配。《燕京學報》第 9、10 期。

「帝俊妻娥皇，生此三身之國。」、「帝俊生季釐」、「羲和者帝俊之妻，生十日。」（以上見〈大荒南經〉）

「帝俊生后稷」、「帝俊妻常羲，生月十有二」（以上見〈大荒西經〉）

「帝俊竹林在焉，大可爲舟。」（大荒北經）

「帝俊生禺號」、「帝俊賜羿彤弓素矰」、「帝俊生晏龍，晏龍是爲琴瑟。」、「帝俊有子八人」、「帝俊生三身。」（以上見〈海內經〉）

這位帝俊是日月的父親，不用說是天帝，而同時又是一些聖賢的父親，又好像是人王。〔註18〕

而黃帝如同帝俊一般，從《山海經》所記載的神譜來看，不但許多著名的天神，如鯀、禹、禺號、禺強等，都是黃帝的子孫，而且黃帝也因此成了人神共祖的老祖宗。這便是在英雄崇拜的基礎上，又融入了祖先崇拜的觀念。此即「英雄即祖先」，祖先亦即人王，人王也就是上帝；從人王存在的事實，藉由主體自身的對象化形式，上帝就成了人王的對象意識，於是再經由主體（人王）移情思維的方式融合了自然界神祕的力量，將人對無限永恆的渴望使「人事與神事」合而爲一，就成了「上帝」的概念。郭沫若曾說：

神事迺人事之反映，於神事有徵者，於人事亦不能無徵。〔註19〕

故殷人對上帝概念的展述，也正是中國古代殷商時代人們精神本質的展現。〔註20〕

二、從存有上論卜辭「上帝」之概念

古人對自身的存在，早先是崇拜祖先當作自己存在的原因，但卻只限於自己思想所能憶及的最近幾代祖先爲止，並不追溯到本族始祖去，因爲自己在本族始祖中看不出含有什麼與自己不能分離的特性。但到了國家的出現，各氏族被一強而有力的統治者所領導，宗教觀念相應的由各氏族宗祖神的崇拜，轉變爲崇拜唯一的國家統治者所崇拜的宗祖神。神權的統一，代表著信

〔註18〕（1）郭沫若：《青銅時代》，頁9～10。（2）郭沫若：《甲骨文字研究》，頁15～60。（3）胡厚宣：前引文，頁23～50。（4）陳夢家：《古文字中之商周祭祀》，頁143～146。

〔註19〕郭沫若：《甲骨文字研究》，頁41。

〔註20〕費爾巴哈說：「在精神宗教中表現和啓示出來的，不是別的也正是人類精神底本質。」前引書，頁198。

仰的統一與國家的統一，也代表著多神教爲一神教所取代。在此同時，神的屬性也由單一與自己不能分離的特性轉變爲多重屬性，且關係到人們日常生活所有的事物。〔註21〕於是人們開始把神想像爲高高在上的全能的一個超越的存在，氏族的宗祖神轉變爲部落的宗祖神，再從部落的宗祖神轉變爲部族的宗祖神，最後國家統一再轉變爲一神教的單一的全能的神，此神即爲相對應於人間社一統天下的人王。

人間社會帝王的出現，代表著中國古代國家的形成與統一，天上全能的神——上帝的出現，象徵著中國古代人們對祖源的認同與回歸趨於一元化、單一化。

古人對祖源的認同與回歸趨於一元化、單一化的理由，主要是建立在古人對自我存在原因的探索。因爲我的存在原因，必然是一個個別的確定的原因，也就是我的父母，我的祖父母，以及我所能思及憶及的祖先。倘若我再往上無限的追溯，落入到「因果連鎖地無限過程」，我勢必要失去我的存在的一切蹤跡，並且找不到有什麼是與我的屬性所從出的原因。〔註22〕所以，「當人能在思想上把自己的意義與意志，同客觀事物的主觀映象及其對主體的意義分開時」，勢必跳出「因果連鎖地無限過程」以外，而以最初的祖源——上帝做爲人有限本質的根源與一切事物發生的始點。因此，在殷人看來，造福於人的一切日常生活事物的能力均是源自上帝，上帝是普遍存在於宇宙的上帝，而也惟有上帝才應當受人崇拜、畏懼和敬仰。上帝觀念的出現可以說是古人理性的一種需要，要停止在一個最初的原因上，不再向前追溯。

上帝觀念的產生及其爲一切事物最初原因的意義內容，也可說是殷人對其建國領袖人格特質和蓋世功業類比的聯想與反映。「所謂類比，原指數學

〔註21〕 （1）胡厚宣：前引文，頁23～50。（2）陳夢家：《古文字中之商周祭祀》，頁91～155。（3）陳夢家：〈商代的神話與巫術〉，《燕京學報》第20期，民國25年12月，頁485～576。

〔註22〕 費爾巴哈說：「最初原因乃是一般的原因，乃是一切事物無差別地共有的原因；但是無差別地造成一切事物的那種原因，事實上什麼事物都造不成功，不過是一種概念，一種思想本質而已，它只有邏輯的和玄學的意義，而沒有物理學的意義。……這個最初原因……人們想拿來結束那個 processus causarnm in infinitum，即因果連鎖底無限過程。這個『因果連鎖底無限過程』，最好拿上面引過的關於人類起源的例證來說明。我的存在原因是我的父親，我的父親的原因是我的祖父，我的祖父的原因又是我的曾祖父，如此追溯上去。但是我能夠一直無窮盡地追溯上去嗎？」前引書，頁98～110。

中的名詞，其意是指『兩組關係的相等』，在數學中所謂兩組關係相等是指『量』的關係相等。在此借用於哲學思想上，則指兩組『性質』關係的相等」。〔註23〕上帝與王帝正是人透過類比與主觀的聯想，把某一具體事物和另一具體事物直接聯繫起來。故厚宣在〈殷卜辭中的上帝與王帝〉一文中說：

> 天上的上帝，是與人間的王帝相適應的，統一之神的形成，反映了當時已經出現了各部族聯合的統一的王國。「一個上帝，如沒有一個君王，永不會出現。支配許多自然現象，並結合各神互相衝突的自然力的上帝的統一，只是外表上或實際上結合著各個因利害衝突互相抗爭的個人的東洋專制君主的反映。〔註24〕

同理，稱呼一個國家的創始者為帝，反映在高高在上的天上，則稱之為上帝；王帝做為人間社會創造與賞罰一切事物的主宰者，反映在天上的上帝，則是主宰一切有限事物的無限者，拿一個個人名字或帝號安放在一種發明的上面，安放在一個國家、一個民族之發生的上面，與同樣的拿上帝的一個名字，一個原因，去代替好多的名字，好多的原因，放在宇宙起源或做為人類最初的祖源是同樣合情合理的。〔註25〕這就像《山海經》和《史記》〈五帝本紀〉將許多著名的天神，都歸結到一個以始祖身分出現的統治者的名下，許多文化英雄的文化創造，也都集中到這個統治者的名下，都是相同的道理。而且越到後來，帝往上昇就成了上帝，上帝再往上昇就成了天帝，最後往上昇到無法再昇了，就出現了以「天」為主宰的最高的人格天了。「故宇宙的主宰即以帝為尊號，人王乃天帝之替代，因而帝號遂通攝天人了」。〔註26〕這完全是源自人理性的需求，人需要一個最初的存在基點，以撫平人心中的不安與焦慮，中國古代之所以如此重祭祀，主要目的即藉由祭祀報本反始，重回原始的和諧，以表示人不忘本及對存有最深層的回味。

〔註23〕黃振華：〈康德哲學與佛學〉，《鵝湖月刊》第128期，民國75年2月，頁4。
〔註24〕胡厚宣：前引文，頁24。
〔註25〕費爾巴哈說：「拿一個原因，一個名字，去代替好多的名字，好多的原因，……人總是拿一個個人的名字安放在一種發明底尖端上面，安放在一個國家之建立……這些是由一大群未知的名字和個人協助而成的——同樣，人也是拿著神底名字安放在世界底尖端上面，平時，一切發明者，一切城市創設者和國家建立者，也都顯然被人設想為神，歷史或神話所遺下的人、英雄和神，他們的名字，可見大多數本是集體的名字，卻被卻被人誤認做專有的名字。『神』這個字，像一切名字一樣，起初也不是專有的名字，而是普通的名字或類名。」前引書，頁105。
〔註26〕郭沫若：《甲骨文字研究》，頁50。

三、從道德的觀念論「帝」與「上帝」之概念

論及「帝」與「上帝」觀念之產生，必涉及存有、認知與倫理三方面的問題。承上所述，站在存有的立場，也就是從發生意義言，殷商的至上神——「上帝是殷人的宗祖神，也就是殷人的祖先，開國之頭人，因之，若無開國之頭人，也無殷王朝的存在。那將開國頭人奉之為殷人的祖先，並昇格為天上的至上神——「上帝」，做為殷人存在的基源，在理性與感性上均是合情合理的。因為這是人對祖先無限追溯之後，所欲「終止因果連鎖地無限過程」的理性表現必要停止在一個原因上。這就好像父子關係，子必先有父，而父也必有生他的父在先，否則就不會有兒子的存在；故從時間序列，從歷史意識言，子必從父所生，這是無所爭議的事實。《易》〈序卦傳〉曰：

> 有天地，然後有萬物，有萬物，然後有男女；有男女，然後有夫婦；
>
> 有夫婦，然後有父子；有父子，然後有君臣。

即是以發生意義論天地、萬物、男女、父子的生發過程，故殷人以上帝為其宗祖神，亦即是以發生的觀點找尋其存在的基源。

然從本質意義的立場論，地上的人王——「帝」有其邏輯的先在性，就好像若無子，父也無法成為父，那天上的「上帝」自然也就不會被地上的人王「帝」，奉之為「上帝」，奉之為祖先——宗祖神。因之，父子是屬於成對出現的名詞（Polar Word），父子關係也必然是一倫理的問題，既是一倫理問題，就必涉及道德。道德是由誰而「生」？倘以存有論之，則源自父，因父「生」子，且能「生」就是德。《易》〈繫辭下〉云：

> 天地之大德曰生。

故知，天地之所以有「德」，乃取「生」義，父母之所以有「德」，亦是「生」；是以從發生意義言，「生」從天地父母所「生」，故「德」亦源自天地父母。但從認知上與倫理上言，子必先有敬德之意，感「生」思慕之心，否則何以彰顯天地父母「生」之德。同理，「帝」與「上帝」的關係，亦如地上人王（帝）與天上的「上帝」（殷人宗祖神）的關係，係父子的倫理關係。殷人敬事「上帝」，就好像敬事其父一樣，感念其「生」義，感念其創「生」之德。

我們從歷史文獻資料上得到證明，中國人是——「用具崇拜」的民族，〔註27〕尤其對民生社會有特殊貢獻的人，均以其具「創生」之德而崇拜之。

〔註27〕袁德星：《東西方藝術欣賞（上）》，國立空中大學印行，民國78年6月初版，頁204。由於中國人，是一「用具崇拜」的民族，故一切祭器，也都以人的用

〔註28〕例如殷商是信奉鳥圖騰的民族，商的始祖契就是其母簡狄與其圖騰——「鳥」感應而生，故有「天命玄鳥，降而生商」的神話，直到上甲微的父親王亥時爲止，其「亥」字頭上仍加一鳥圖騰的標誌；胡厚宣在〈甲骨文所見商族鳥圖騰的新證據〉一文中說：

> 王亥是上甲的父親，除了前引《墟》738 卜辭稱「上甲父王亥」之外，《史記》〈殷本紀〉說：「振卒，子微立。」《世本》說：「核卒，子微立。」振、核即是王亥，正因爲王亥是上甲的父親，所以卜辭又稱王亥爲高祖，高祖的意思就是遙遠的祖，所以才把鳥圖騰的符號，特加在王亥的亥字上邊。〔註29〕

上甲微著實爲商代先公先王中第一個以日爲名的人。〔註30〕皇甫謐云：

> 商家生子，以日爲名，蓋自微始。〔註31〕

所以上甲微在殷商是一個極被推崇的遠古祖先。「甲」在甲骨文中作「田」，其中「口」爲「日」或太陽的象形，「十」爲測日之表，表示殷人之先祖上甲微是殷代第一個用「十」測日影以定時刻的先王。〔註32〕這應當是對當時民生社會的特殊貢獻，且是當時歷史上的一件大事，所以以「甲」爲先王祖先的尊號，就具有崇德報功、表彰祖先功德的意義。〔註33〕至於開國頭人，因其建國有功，更是以「父」「高祖」「高宗」或「帝」稱之，實則都是中國人

器加以美化後製成。鼎爲用器的冠軍，故帝王也就有理由以祭祀祖先及天神的鼎，來作爲傳國的神器了。

〔註28〕參見前章第三節「祖先崇拜」。

〔註29〕胡厚宣：〈甲骨文中所見商族鳥圖騰的新證據〉，《文物》第二期，西元 1977 年，頁 87。

〔註30〕胡厚宣：前引文，頁 86。

〔註31〕《史記》〈殷本紀〉，索隱引皇甫謐云。

〔註32〕溫少峰・袁庭棟：《殷墟卜辭研究——科學技術篇》云：甲文之「甲」字作十、田，十字象木柱之上端交橫木之形，即後之「華表」。

古之「甲」不僅用爲「誹謗之木」……也用這種表木觀測日影以定時辰。「早」字在金文緽字旁和石鼓文草字偏旁中作，小篆作，「以日在甲上」訓「晨也」（《說文》），正表明「甲，測日之表也。」（華石斧《文字系》），早字從日在甲上，方有「晨也」義。

在卜辭中，甲字作「十」形者，皆借爲干支字，用爲天干之第一位。凡作「田」形者，則用爲殷之先王上甲之專稱。在「十」之四周加「口」形，可視「口」爲「日」字，表示殷之先王上甲是殷代第一個用「十」測日影以定時刻的先王。四川省社會科學院出版社，西元1983 年12 月初版，頁 10～11。

〔註33〕李景源說：「以甲爲先王的尊稱，也含有表彰先王功德之義。」前引書，頁 280。

「追遠」「報本反始」思想的展現。〔註34〕「追遠」即是追其始,「報本反始」
也是追其始源,重回原始的和諧。因之,其所訴求的始源乃「生化」之源,
亦即始「生」之所,因此,倘能以類比、聯想的方式對「生」之始,「生生」
之源表而事之,「帝」便是最好的概念。〔註35〕

「帝」字在甲骨文中的字形是「帝」,周代的金文「帝」,和甲骨文相類似。
據高鴻縉的《中國字例》云:

> 「帝」乃蒂之初文。倚帝(萼柎),畫凵為蒂形。故曰倚物。由物形帝
> 生意,故為瓜蒂之蒂。……後借為天帝之又借為人王之稱。乃加艸
> 頭為意符作蒂,以還其原。〔註36〕

郭沫若也認為:「這是花蒂的象形文,象有花萼,有子房,有殘餘的雌雄蕊,
故爾可以斷言帝字就是蒂字的初文。」〔註37〕但最早提出帝象花蒂形的是吳
大澂,他認為與「鄂不」的「不」同義。〔註38〕郭沫若也持此說。〔註39〕《白
虎通》卷二號〈皇帝王之號〉說:

> 帝者,諦也,象可承也。

「象可承也」的「可承」正是花蒂的作用,故知「帝」的本義是花蒂,然後
借為「天帝」是可信的。然何以殷人會用花蒂形狀的符號,稱呼至上神而兼
宗祖神呢?劉半農在〈帝與天帝〉一文中說:

> 因為天帝是萬能的,是無所不歸的。取花蒂來表示無所不歸,正是

〔註34〕例如漢高祖劉邦、唐高祖李淵、中國人的始祖黃帝等。另參見吳德霖編:《中
國歷朝年代干支表》,馬陵出版社,民國67年8月初版,頁1「開國君主」欄。

〔註35〕高鴻縉:《中國字例》,台灣省立師範大學出版組,民國49年6月初版,頁215。

〔註36〕高鴻縉:前引書,頁216。

〔註37〕郭沫若:《青銅時代》,頁14。

〔註38〕劉復:〈帝與天帝〉,《中國古史研究(二)》,頁26。

〔註39〕郭沫若:《甲骨文字研究》,頁49。余案帝為蒂字之說草創於吳大澂,吳於「丁
巳且丁父癸」鼎之丁字注云:「疑古帝字本作丁,如花之有蒂果之所自出也。
後人增益之作帝,象根枝形,從艸者,俗字也。」(《古籀補》附錄)是否即帝
雖無確證,然以帝為蒂,實為倡始,特象根枝形之說未為圓滿。王謂:「象花
萼全形者,是也。分析而言之,其▽若▽象子房,凵象萼,↑象花蕊之雄雌。」
以不為柎,說始於鄭玄,〈小雅・棠棣〉:「棠棣之花鄂不韡韡。」箋云:「承
華者曰鄂,不當作柎;柎,鄂足也,古音不同。」王謂「不」直是柎,較鄭
玄更進一境;然謂與帝同象萼之全形,事未盡然。余謂「不」者房也,象子
房猶帶餘蕊,與帝之異在非全形。房熟則盛大,故不引申為丕,其用為不是
字者,迺假借也。

一種已經很進化的象徵觀念。〔註40〕

郭沫若亦云：

> 要說果實從蒂出，由果實中又能綿延出無窮的生命，藉此以表彰神
> 之生生不息的屬性也可以說得過去。……因而帝字便以花蒂一躍而
> 兼有天神和人王的稱號……而殷人的帝字在初卻是至上神所專有的
> 稱號，在這我看是有殷人的一段發明潛藏著的，殷人的帝就是「高
> 祖夔」，在上面是已經證明了的。（見同書頁8～14），但是夔字本來
> 是動物的名稱：《說文》說：「夔，貪獸也，一曰母猴，似人。」母
> 猴一稱獼猴，又一稱沐猴，大約就是猩猩（Orang Butam）。殷人稱
> 這種動物爲他們的「高祖」，可見得這種動物最初還會是殷人的圖
> 騰。……把自己的圖騰動物移到天上去，成爲了天上的至上神，故
> 爾他們的至上神「帝」同時又是他們的宗祖。至上神的這樣的產生，
> 我敢斷定是殷人的獨自的發明。〔註41〕

郭氏在〈釋祖妣〉文亦解釋云：

> 知帝爲蒂之初字，則帝之用爲天帝義者，亦生殖崇拜之一例也。帝
> 之興必在漁獵牧畜已進展於農業種植以後，蓋其所崇祀之生殖已由
> 人身或動物性之物而轉化爲植物。古人固不知有所謂雄雌蕊，然觀
> 花落蒂存，蒂熟而爲果，果多碩大無朋，人畜多賴之以爲生。果復
> 含子，子之一粒復可化而爲億萬無窮之子孫。所謂「韡韡鄂不」，所
> 謂「綿綿瓜瓞」，天下之神奇更無過於此者矣，此必至神之所寄，故
> 宇宙之眞宰即以帝爲尊號也。
>
> 人王迺天帝之替代，因而帝號遂通攝天人矣。〔註42〕

王國維在《觀堂集林》〈釋天〉一文中，亦指出「帝」象花萼，表示生殖繁盛
之義。另外在甲骨文中，「𥄎」亦借用爲祭名。如武丁時卜辭：「貞，𥄎于王亥」。
〔註43〕高鴻縉說：

> 余謂殷人帝祭之意雖不可確知，然每行於遠祖。當由根蒂之意引申。

〔註44〕

〔註40〕劉復：前引文，頁26。
〔註41〕郭沫若：《青銅時代》，頁15～16。
〔註42〕郭沫若：《甲骨文字研究》，頁50。
〔註43〕（1）高鴻縉：前引書，頁216。（2）郭沫若：《甲骨文字研究》，頁48。
〔註44〕高鴻縉：前引書，頁216。

是知，「帝」的字義乃源自「生」的觀念，表示能綿延出無窮的生命與生生不息的屬性。故在人間的「帝王」言，它代表了能造福、創造民生事業，對民生社會有貢獻之人；相應於天上的「上帝」來說，祂則是融合了人間帝王的人格意志與自然屬性和社會屬性，象徵著殷人的宗祖神、至上神。換言之，就是最初的「生」源。故而，在卜辭中所出現的大多是人王向其祖先（宗祖神）——「上帝」祭祀的事。〔註45〕

《禮記》〈表記〉云：

> 夏道尊命，事鬼神而遠之……殷人尊神，率民以事神。

對殷人尊神態度的記載是沒錯的。因此，從這裡我們得到一個結論，殷人尊神，崇拜上帝，乃是以地上人王對其宗祖神（上帝）崇拜，也就是以子向父（或言祖先）——「生源」崇拜。其所象徵的是一倫理的關係，更是後人對祖先（先人）「生」德的崇拜。故而，崇拜者必邏輯的先有一敬德之意念，感生思慕之心，否則將不構成崇拜的必要條件。因為，假若子（主體）輕視自身，本質上先無一個敬德之心，沒有一個主觀上最高的本質，如何能去讚頌自己的父母或祖先，又如何能去崇拜和尊奉一個外在的、超越的、客觀上的

〔註45〕陳夢家：《卜辭綜述》：

「帝令雨足其年，帝令雨弗足其年。」「今三月帝令多雨。」

「帝隹雨。」（令為命令之令。）

「羽甲戌河其令雨一羽甲戌河不令雨。」

（河是殷上甲以前的高祖。）

「羽癸卯帝其令風一羽癸卯帝不令風。」

「帝其及今十三月令齊一帝其于生一弓令齊。」

（齊即隮，是雲霞之氣。）

「上帝降莫。」「帝不降大莫。」「帝不我莫。」

「貞卯，帝弗其降禍□十月。」

（除帝降禍之外，其它的神明、祖先亦有所降。）

（帝若：若是允諾，王之作邑與出征都要得到帝的允諾，允諾之權，除了帝之外，也操之於先王先公。）

「王正邛方，下上若，受我又。」

（上指上帝、神明、祖先，下或指地祇。受又，受又即受佑。）

「帝□茲邑。」「王乍邑，帝若。」「帝弗缶于王。」

「帝弗其福王。」「帝弗大王。」

（缶、福、大都是帝對時王的善意的保護……除帝以外，先王亦佐時王。）

「家且乙左王。」「家且辛左王。」

（帝與先王都可以大王，但只有先王先公可以言保。）

貞成保我田……貞大甲保。

最高的本質（客體）──即殷人所謂的「上帝」。這就像是，我怎能去承認有個「上帝」在我以外，假如我沒有把自己當作「上帝」，我怎能相信有一個外在的、超越的「上帝」，假若不是在我心裡預先有個內在的、具創生、生生不息的「上帝」。故而，我本身就具有創生、生生不息的本質，我本質就是一個實踐價值與理想的主體。〔註46〕因此，殷人對上帝的崇拜，實則是人王對其自身本質，對其價值屬性的崇拜。費爾巴哈說：

> 在人以內的這個最高本質，為一切其他最高本質，一切人以外的神所依賴的──又是什麼呢？這就是人的一切本能需要和才質的總和。一般說來，這就是人的存在，人的生命，因為存在和生命是包攬一切的。只為這個緣故，人才把他所依賴的東西做成了一個神或神聖本質，因為他的生命對他本是一個神性本質，一個神性的產業或事物。〔註47〕

故郭氏所言：「知帝為蒂之初字，則帝之用為天帝義者，亦生殖崇拜之一例也。帝之興必在漁獵牧畜已進展於農業種植以後，蓋其所崇祀之生殖已由人身或動物性之物而轉化為植物。」是正確的推論；因為生命──「生」是人的最高生涯目的和人性的最高本質。〔註48〕殷人以宇宙之真宰──「上帝」（在天上的生生之始源）為尊號，以「帝」為民生社會人王之尊號，充滿了對「生生」之德的敬慕之情。蓋言殷商是神道思想，倒不如說是人文思想萌芽的起點來的恰當；因為殷人對「上帝」的崇拜，實則是對其祖先──「宗祖神」的崇拜，而其崇拜的對象則是以價值屬性為標的，亦就是建立在道德與倫理的基礎上。

〔註46〕費爾巴哈說：「我怎樣能去讚頌我的雙親或遠祖，倘使我輕蔑我自身？我怎樣能去崇拜和尊奉一個客觀上最高的本質，倘使我自己身上沒有一個主觀上最高的本質呢？我怎樣能去承認有個神在我以外，倘使我沒有把自己當作神（自然在另一種方式下），我怎麼能相信一個外的神，倘使不是預先有個內的心理上的神？」前引書，頁58。

〔註47〕費爾巴哈：前引書，頁58～59。

〔註48〕費爾巴哈說：「但是在健康的常態的狀況，而生命又是包含那本質上屬於人的一切業產在內，那麼毫無疑義地，生命就是人底最高的業產，最高的人性本質了。」前引書，頁59。

第二節　周之「上帝」、「天帝」與「天」

　　殷人的宗教生活，主要是受宗祖神、至上神——帝與上帝的支配。他們與帝、上帝的關係，都是通過自己思想所能憶及的最近幾代祖先作中介人。是以殷人以「帝」「上帝」爲至上神，故常以祖宗爲中介人；殷人所造出來的上帝是「大權獨攬，小權分散」，〔註49〕因此卜辭中有所謂的「帝使」、「帝五臣」、「帝五工臣」的記載，〔註50〕即是在上帝的支配下存在，並發揮作用。

〔註49〕　朱天順：《中國古代宗教初探》：「……殷人造出來的上帝是『大權獨攬，小權分散』，因此，眾神還能在上帝的支配下存在，並發揮作用。這樣一來，眾神都與上帝形成一定的關係，這種關係越往後就越複雜化，最後形成一個以上帝爲中心的有層次的神統。」頁248。

〔註50〕　（1）胡厚宣：前引文，頁25～50。
　　殷人認爲帝在天上，主宰著大自然的風雲雷雨，氣象變化。如武丁時卜辭或言帝令風：
　　　　貞翌癸卯帝其令風。
　　　　翌癸卯帝不令風，夕隹。
　　令即命，「帝令風」言上帝命令颱風。又或言帝使風：
　　　　于帝史風，二犬。
　　此貞用二犬祭風，史讀爲使，以風神在帝左右，爲帝之使，故言帝使風。帝乙帝辛時卜辭亦稱帝使：
　　　　乙巳卜，貞王賓帝史亡尤。
　　王賓是祭名。帝史即帝使，帝使是帝使風的省稱。這也是貞祭風之辭。《太平御覽》九引《河圖地通紀》說：「風者，天地之使。」又引《龍魚河圖》說：「風者，天之使也。」古人以鳳凰爲風神，風神實處在帝的左右。都和「帝史」意同。是殷人以爲風神是帝使，颱風是帝所所命令。武丁時卜辭又或言云：
　　　　貞燎于帝云。
　　云即雲。燎于帝云，即燎祭于帝雲。《說文》：「燎柴祭天也。」雲之言帝，如同風之言帝使風。殷人以爲風雲在帝左右，供帝之驅使，所以說帝云。殷人以爲天上有雲，是帝之所興。武丁時卜辭又或言帝令雷：
　　帝其令雷。
　　　　貞帝其及今十三月令雷。
　　　　□帝其于之一月令雷。
　　　　□□□，貞之一月帝其□令雷。
　　　　貞之□□帝不其□令雷。
　　　　貞及今二月雷。王占曰，帝隹今二月令雷，其隹丙不吉。隹庚其吉。貞弗其今二月雷。
　　（2）朱天順，前引書；頁250：殷商王朝時期，其朝廷的統治機構不像周朝以後那樣龐大所以反映在宗教上的天廷的下屬神也不多。在卜辭中出現的只有「五臣」和信使。如：

這樣一來，帝使和上帝之間形成一定的關係。然而，比較特殊的是殷人相信祖先與上帝有有密切的關係，這層關係實則是殷王朝官制與殷王和兄弟、子嗣關係的直接反映。「甲骨卜辭有殷人死去的祖先『賓于帝』的記載，『賓于帝』的意思就是客居在上帝那裡，意指殷人的祖先與上帝的關係非常密切」。〔註51〕當殷王對上帝有所請求時，則請求於先祖，先祖則賓于上帝，轉達殷王的請求；事實上，殷人的「上帝」與「帝」就是殷人最早的祖先。〔註52〕

　　周的文化，乃是繼承殷文化的傳統而向前更推進一步。〔註53〕同樣的在宗教生活方面，周人的情形，也正是如此。在周初的文獻資料中顯示，周人

　　庚午貞，秋于帝五丯（個）臣，才祖乙宗卜。

　　……又于帝五臣。又大雨。

　　帝五工（臣），其三宰。

這種上帝天廷有五個重要臣神的迷信，也許是當時殷王朝官制的直接反照，殷王手下有五個重要大臣分工掌管內外大事，所以迷信上帝也是如此。除了「五臣」外，有風神、雲神擔負著信使的職務，他們在屬神中不立有重要地位。這一點，我們在天象崇拜中已經說過了。

（3）陳夢家：《卜辭綜述》，頁572～573。

〔註51〕（1）陳夢家：《卜辭綜述》，頁572～582。（2）朱天順：前引書，頁248。

〔註52〕參見本論文「從存有上論卜辭『上帝』之概念」一節。

〔註53〕（1）《論語》〈爲政篇〉：「殷因於夏禮，所損益可知也；周因於殷禮，所損益可知也。」

（2）《論語》〈八佾篇〉：「周監於三代，郁郁乎文哉！」

（3）《禮記》〈表記〉：「夏道尊命，事鬼神而遠之……殷人尊神，率民以事神……周人尊禮尚施，事鬼敬神而遠之。」

（4）郭沫若《青銅時代》：頁18：

周人的祖先是沒有什麼文化的，在現今所有周代的青銅器傳世很多，但在武王以前的器冊一個也還沒有出現，而自武王以後則勃然興盛起來。這分明是表示著周人是因襲了殷人的文化。關於天的思想周人也是因襲了殷人的。周初的彞銘大豐和大盂鼎，和《周書》中的〈大誥〉〈康誥〉〈酒誥〉〈梓材〉〈召誥〉〈洛誥〉〈多士〉〈無逸〉〈君奭〉〈多方〉〈立政〉等十一篇，以及〈周頌〉的前幾章都是很明顯的證據。

王祀于天室降，天亡尤王。衣（殷）祀于王不顯考文王，事喜上帝。文王監在上。（大豐簋）

不顯文王，受天有（佑）大命。在武王嗣文作邦，闢厥匿，匍（撫）有四方正厥民……故天冀臨子，法保先王（成王），□有四方。（大盂鼎）

這兩項彞銘可以說是第一等的證據，因爲在銘詞中自己表明了自己的年代，便是前者是武王時代的，後者是康王時代的。我們根據著這兩個證據，同時戛以安心著信賴《周書》中的十幾篇和《周頌》，雖然免不了是有些變和脫佚，但大體上是周初的文章，因爲它們的文章和思想都相同。

的觀念中也有上帝，原先周人的上帝也是至上神、宗祖神，但後來周人的上帝與天的觀念相結合，並且越到後來，天的觀念就逐漸的完全代替了殷人的上帝，但上帝與帝在西周金文和周書、周詩中仍然出現。從殷人上帝性格與職權的轉換，到周人從人格性的上帝轉換成道德性的天，正顯示了人的思想觀念，依循著秩序性的規律朝向理性的思維律動著，而人的理性思維方式也正反映著人與自然世界和其它人的關係。故而，周人「天」的觀念的出現，正意味了中國文化由宗教的領域邁向了形上學的哲學領域。若要說中國文化早熟的原因，當從中國古代祖先們運用理性的思維方式，要先於其他同時代的各民族。換言之，也就是中國人的心智、智慧要早熟於其它各民族。

一、崇祖敬天思想的萌芽

蓋從西周開基後第一個器銘——大豐簋，可以證明周人的上帝觀念和祖先與上帝的關係，完全承襲了殷人的文化：

> 乙亥，王又（有）大豐，王凡（風）三方，王祀于天室，降，天亡又（佑）王。衣（殷）祀于王不（丕）顯考文王，事喜（熹）上帝。文王監才（在）上，不顯王乍（則）刑（相），不（丕），游王乍虔，不克乞衣（禋）王祀。丁丑，王卿（饗）大（宜）。王降，亡勛（貺），爵復逨（觥），佳（又）躾（媵）又（有）慶，每（敏）氒（揚）王休于尊白（簋）。

現將全銘文翻譯如下：

> 乙亥那天，（武）王舉行大封，乘著三個筏子前去。王（登）祀于天室，下來了，天亡助王通過禋祭偉大的文王以事奉上帝。因文王之靈在上頭監臨著，大王進行修省，大王又繼續修省，所以能夠修畢他的禋祀事情。丁丑那天，王享用了祭祀的胙肉，王退下來，犒賞（在事的臣工），賜以角觥，我幸而躬逢其盛，所以頌揚王的美德于這個永保萬年的簋器上面。〔註54〕

從原文很明確地顯示出，武王要事奉上帝必通過其先王（文王），文王即是武王的中介人，而武王在禋祭之時，又有其臣工（天亡）為其助祭，「天亡」為

〔註54〕（1）郭沫若：《周代金文圖錄及釋文（三）》，台北大通書局，民國60年3月初版，頁1。（2）岑仲勉：〈天亡簋全釋〉，廣州《中山大學學報》，西元1961年，頁59。

助祭諸臣之中的一個，大豐簋因非周王所制，只係天亡所自鑄，因此當然不記載他人的事。再者，文末「『每（敏）揚王休于尊白（簋）』，〔註55〕敏揚即敬揚之意」，王休即王之美德、美善；〔註56〕綜合言之，即頌揚王之美德於此永保萬年之簋。於此我們看到了周人除承殷人宗教生活的形式，例如以祖先爲中介人，故祖先也必「賓于帝」；由於禋祭時有助祭之臣工，故推而可知，周人之上帝亦有帝臣工。但眞正重要的是，周人在器銘的記載中，正式將「敬」與「德」的觀念注入到殷人的宗教形式裡，從而提昇了祖先崇拜與天體崇拜融合後的道德成分，使周以後的中國儒家哲學之大傳統，樹立了以道德爲主的規範，即以祖先崇拜與天體崇拜的道德屬性，替代了在此之前的自然屬性與社會屬性。故有所謂的「祖有功，宗有德」。

再者，天的觀念是周人提出的，據郭沫若〈先秦天道觀之進展〉一文指出，《今文尙書》中商書〈高宗肜日〉、〈盤庚〉和〈湯誓〉，以及《禮記》〈大學〉、〈緇衣〉所引之〈太甲〉，《孟子》〈萬章篇〉所引之〈伊訓〉，《墨子》〈兼愛篇〉所引之〈湯說〉都有「天」字，但都不能信爲殷人的原作，〔註57〕「而是周人爲殷人或殷的舊時屬國所作」；〔註58〕「除了〈微子〉和〈西伯戡黎〉兩篇是在卜辭年代之外，其餘都不可信」。〔註59〕商書〈西伯戡黎〉曰：

> 天既訖我殷命……天棄我……天曷不降威？……我生不有命在天？……責命於天。

〈微子〉曰：

> 殷既錯天命，……天毒降災荒殷邦。

若依上文所言「天命」、「天威」、「天」的觀念，不難看出卜辭年代的天帝思想實與西周初期天帝觀念相同，故可知，天帝觀之興，當在殷周之際，由天帝觀念的產生，而有所謂的「帝命」，帝命實即天帝的命令，也就是「天命」；〔註60〕有天帝就有天帝之子，也就是所謂的天子，故〈微子〉文中云：

> 祖伊（紂王）恐，奔告于王曰：天子，天既訖我殷命……。

〔註55〕岑仲勉：前引文，頁 63。
〔註56〕徐中舒：前引書，頁 652。「休」字釋義：「疑爲美善之意」。
〔註57〕郭沫若：《青銅時代》，頁 6〜8。
〔註58〕郭沫若：《青銅時代》，頁 20。
〔註59〕郭沫若：《青銅時代》，頁 7。
〔註60〕李杜：《中西哲學思想中的天道與上帝》頁 15〜20。「……天命即帝命，二者同義而可以互用。……天命與帝命既是同義互用不分，則發與命的天帝即是一位神。」

但從西周初期的金文看來,多稱「王」與「上帝」(如前引大豐簋之銘文)而沒有「天子」、「天命」的觀念。西周初期稍晚的金文,才出現「天令」即「天命」的觀念,並且「王」與「天子」並稱。〔註61〕大盂鼎曰:

> 不(丕)顯玟(文)王受天有(佑)大令(命)……古(故)天異(翼)臨子,瀘(法)保先王……畏天畏(威)……盂用對王休。
> 〔註62〕

此器作於「隹王廿又三祀」,約為康王廿三年,距大豐簋言「王」與「上帝」的年代約六、七十年,此銘文中雖稱王,但已有了天子的觀念,並且天佑大命和畏天威的觀念已趨成熟。從本質上言,天是由天子所產生,必先有天子的觀念而後有天的思想,天子(人王)為要鞏固自己的威權,要固定自己父子相承的產業,所以將自己有限的威權轉化到天上,藉由天體無限而永恆不變的萬事萬物的支配性,來象徵自身(天子)的無限與永恆的根據;《詩》〈大雅・文王之什〉曰:「文王在上,于昭于天。」實即提高人王權威之作。人想無限與永恆,人想完美,藉由宗教崇拜的對象,反映人心的欲求。周王自謂為天之子,推而知之,天即為周天子之父,天佑亦即為父佑,畏天威亦實則畏父威,因而周天子將其父推而為天帝、天宗亦理所當然之事。其父既為天帝、天宗,其祖先亦必然是天。「這就好像人不可能有兩個父親,世界也不可能有雙重的世界是一樣的道理」。〔註63〕

周人運用人類理性的雙重認識關係,即把客體(天)看作是「客體——主體(周天子)」關係,而把主體(周天子)看作是「主體——客體(天)」關係。即前章祖先崇拜一節所言:「人之所以是認識主體,恰恰在於人有自己的對象;人不僅將外在客觀視為自我的對象,並且把自我也轉化為認識的對象。」因此,天是周代君王的主體所崇拜的對象,就此而言它就是周代君王主體的對象意識。而這一對象的產生卻帶有主體的希冀和情感,是主體的移情思維方式的產物,因而它又是周代君主主體的自我意識。此即費爾巴哈所說的,人在宗教崇拜中,實則就是人對其自身本質的反映。周人尊奉「天」為道德的,只是為了使「天」變成像人一樣;換言之,人使「天」道德化了,同時也就是使自己道德化了;人對天生「敬德」之意,實則就是對自己本身

〔註61〕陳夢家:《卜辭綜述》,頁581。
〔註62〕郭沫若:《周代金文圖錄及釋文(三)》,頁33。
〔註63〕郭沫若:《中國古代社會研究》,頁46。

所具有的實體本質——「道德」的敬意。是以崇祖即敬天，敬天也就是崇祖，兩者其實是一而二，二而一的關係。周人文化後來高於殷人文化，就在周人對自己——「人」的本質之認識要高於殷人。周人與殷人對自我本質理解的反映，則透過宗教崇拜，宗教崇拜展現於外的方式，就是儀式，也就是禮樂制度。孔子說：「吾從周。」想必是以周人的「自覺」本質言，才比較合乎儒家重文化德性的人文精神。

二、崇「德」報功與崇「利」報功的思想分殊

　　承上所述，在西周初期的銘器中，周人已將「敬」與「德」的觀念明顯地融入到祖先崇拜與天體崇拜之中，並且將之完全形式化。但在殷人的祖先崇拜與天神崇拜中有一觀念要做釐清，那就是從殷墟卜辭的內容看來，殷人的崇拜還沒有完全形式化。這可從殷人占卜的顏繁與占卜範圍的無所不包（如前所述）；也可以從殷人尚鬼的隆重而繁瑣的祭祀；更可從殷人銅器、玉器、骨器等器物上所雕鑄的動物形象的森嚴可怖，可比較出和西周時代器物上圖紋的溫和和樸實，截然不同，〔註64〕理解到周人與殷人崇祖敬天思想的分殊。做為宗教的對象來說，殷人是把那些足以激發畏怖和恐懼的自然現象和影響，融合了人間帝王的人格與威權，做為殷人崇拜的對象。用畏怖與恐懼來解釋殷人祖先崇拜和天神崇拜，似乎並不能完滿而充分地說明殷人何以非要崇拜祖先和天神的因由。因為，畏怖與恐懼表面上是一種暫時性的，但實際上至少在觀念中繼續持續著，並且還使人去憂懼那些可能未來的災害；因此，根據福禍相倚與人類最早的原始觀念「相反而相成的對立」的理由來說，眼前的災害過去了，接著而來的是另一種「相反而相成的對立」的感情，而這種與畏怖和恐懼相反的感情，也是聯繫於同一個崇拜對象。這種感情與觀念就是從畏怖與死中解放出來的感情與觀念，就是喜悅、歡樂和感恩。人從自然現象（風雨雷電）等產生了畏怖與恐懼的感情，同樣的也從自然現象（風雷雨電）等得到了人所希冀的雨水、風、雷、電等灌溉田園和畜養人畜。因而，禍福相倚，災禍所從出的地方也是福利所出之處；恐懼所發生的地方也是快樂所發生的地方。凡是在自然界中同出一源的，人憑著感性直觀的思維方式，很自然就把它們的因果關係做類比的聯想，將之連結在一起。〔註65〕

〔註64〕張光直：〈商周青銅器上的動物紋樣〉，《中國青銅時代》，頁355～387。
〔註65〕費爾巴哈，前引書：「災禍所從來地方也是福利所從來地方，畏怖所發生地方

　　殷人對上帝（宗祖神）的崇拜，就是基於上述的理由，不僅僅是拿無知和恐懼來崇拜上帝，並且是拿與恐懼「相反而相成的對立」的感情來崇拜上帝。換言之，殷人在為生存而和自然界奮鬥的過程中，由於對自然現象了解之愚昧和無法有效的掌握，不得不屈服於乞求自己的宗祖神（上帝）施加恩澤。而在統治階層，一則為了要保持他們的特權，一則為了要感謝祖先創業之功與繼承祖先財產、土地的遺愛，也向宗祖神乞求，來保護自己的利益。

　　從卜辭中的記載可以知道，殷人祖先崇拜非常隆重，但多以恐懼、畏怖降災和乞求祖先保佑、賜福為主。所以殷人祖先崇拜與天神崇拜混合之後，已為殷代以後的中國宗教與墨家哲學的小傳統樹立了以迷信福報、威權與功利為主導的規範，亦即祖先崇拜取代並吸收了天神崇拜的屬性（即融合了自然屬性和社會屬性）。「而殷以後的祖先崇拜（尤其是表現於喪服的），則與封建社會的土地財產所有制的分配和繼承息息相關」。〔註66〕

　　另外就是周人統治殷人之後，周人特意強調信仰上帝（宗祖神），拿來統治素來信仰上帝是自己祖先的殷民族，於是他們把宗教思想視為愚民政策，就加深被統治階級迷信天命、崇拜祖先可得到保護與賜福的功利思想與威權思想，而這種功利思想與威權思想就被與儒家同時出現，發生於民間的墨家所承襲。〔註67〕墨家思想由於源自民間，也正好服膺被統治階層（民間）小傳統迷信鬼神的心理需要，自然就與源自統治階層——禮官大傳統的儒家站在「相反而相成的對立」狀態，彼此相抗衡。然儒、墨（大、小傳統）的思想抗衡與對立，實則就是源自周人與殷人統治階層與被統治階層對鬼神信仰和對天的思想之認知差距。所以《禮記》〈表記〉說：

<hr>

〔註66〕　會把來連結在一起呢？」，頁28～36。
〔註66〕　（1）陳夢家：《卜辭綜述》，頁562。（2）陳祥水：前引文，頁35。文中所舉邱笑的例子及莊士敦所言，均可證明之。
〔註67〕　（1）勞思光：《中國哲學史》，頁212～230。墨子思想之中心，在於「興天下之利」，「利」指社會利益而言，故其基源問題乃為：「如何改善社會生活。」此「改善」純就實際生活情況著眼，與儒家之重文化德性有別。故墨子學說第一主脈為功利主義。對於社會秩序之建立墨子持權威主義觀點，以為必須下同乎上。此為墨子思想之第二主脈。由功利主義之觀念，乃生出非樂、非功之說；由權威主義之觀念，乃生出天志、尚同之說；然此兩條主脈皆匯於兼愛說中。故以下論墨子之學，即自兼愛著手，再逐步展示其權威主義與功利主義之理論。（頁213）（2）馮友蘭：《中國哲學史》，頁106～138。（3）王友三：《中國無神論史綱》，上海人民出版社，西元1986年10月修訂本二版，頁27。

> 殷人尊神，率民以事神，先鬼而後禮……周人尊禮尚施，事鬼敬神
> 而遠之。

其實就是周人崇「德」報功與殷人崇「利」報功的思想分殊。然而，周人雖繼承了殷人祖先崇拜與天神（上帝）崇拜，從西周初期有關於上帝的屬性以及祭祀者對上帝的態度是和殷人完全一致的，〔註68〕這可從《尚書》〈金滕〉記載了周公請求太王、王季、文王三位宗祖神，向天、帝轉請以身代替武王之死的事證明之：

> 既克商二年，王有疾，弗豫。二公曰：「我其為王穆卜。」周公曰：
> 「未可以戚我先王。」公乃自以為功，為三壇同墠；為壇於南方，
> 北面，周公立焉；植璧秉珪，乃告大王、王季、文王，史乃冊祝曰：
> 「惟爾元孫某，遘厲虐疾；若爾三王，是有丕子之責于天，以旦代
> 某之身。予仁若考，能多材多藝，能事鬼神；乃元孫，不若旦多材
> 多藝，不能事鬼神。乃命于帝庭，敷佑四方，用能定爾子孫下地；
> 四方之民，罔不祇畏。嗚呼！無墜天之降寶命，我先王亦永有依歸。
> 今我即命于元龜，爾之許我，我其以璧與珪，歸俟爾命；爾不許我，
> 我乃屏璧與珪。

這種生死之事，本是由天、帝（至上神、宗祖神）所掌握、所主宰；〔註69〕但周公卻經由太王、王季、文王三位先王先公向天、帝轉請保佑武王。其思想觀念其實就是源自卜辭「賓于帝」的觀念。〔註70〕卜辭中所謂的帝五臣和帝五工臣者，實則就如同太王、王季、文王和天、帝的關係是一樣的，只不過是人的

〔註68〕《周書》：
　　　　于天降威，用文遺我大寶龜，紹天明。……王休于文王興我小邦周，文王惟
　　　　用，克綏受茲命，……天明畏，弼我丕丕基。（大誥）
　　　　天亦大命文王殪戎商，誕受厥命越（與）厥邦厥民。（康誥）
　　　　惟天降命，肇我民，惟元祀。（酒誥）
　　　　皇天既付中國民越厥疆土于先王。（梓材）
　　　　皇天上帝改厥元子茲大國殷之命。（召誥）
　　　　旻天大降喪于殷，我有周佑命，將天明威，致王罰，敕殷命終于上帝。……
　　　　今惟我周王，丕靈承帝事，有命，曰（爰）割殷，告敕于帝。（多士）惟我周
　　　　王靈承于旅，克堪用德，惟與神天。天惟式教我，用休。簡　殷命，君爾多
　　　　方。（多方）
〔註69〕胡厚宣：前引文（上，下）：「帝與風雲雷雨」「帝與農收成」「帝與城邑建築」「帝
　　　　與方國征伐」「帝能降人間以福禍」「帝能保佑作害于殷王」「帝可以發號施令」。
〔註70〕徐復觀：前引書，頁17。

理性必須要停止在一個最初的原因，而以「天」、「帝」為最高主宰概念，跳出「因果連鎖地的無限過程」以外，《詩》〈大雅・文王之什〉說：「文王陟降，在帝左右。」實即顯示周王生前為上帝之子，死後仍和上帝在一起（賓于帝）。從甲骨卜辭看來，殷代至上神、宗祖神的職權是極大的，所以卜辭中的帝又稱帝宗，「宗者，尊也」，〔註71〕據郭沫若在〈釋祖妣〉一文中云：

> 蓋示之初意本即生殖神之偶像也。……故宗即祀此神像之地。〔註72〕

而帝的原義亦有人以為與祖的原義同，「像花萼，表示生殖繁盛之義」。〔註73〕郭氏亦贊成此說，並云：「宇宙之真宰即以帝為尊號」。〔註74〕因知，帝宗者，乃宇宙之至尊，亦即宇宙之最初本源，而即尊生之始。例如帝乙帝辛時的卜辭說：

> 帝宗正，王受又。〔註75〕

胡厚宣解釋為：「正一祭名；又，讀作有祐。此貞正祭帝宗，王能否得到保佑。帝宗者猶如經籍所言之天宗。《禮記》〈月記〉孟冬之月：『天子乃祈來年于天宗』，天宗即帝宗，殷人叫帝，周人叫天。天宗帝宗都指天神之神而言。」〔註76〕

是知，天宗者，實則天上之至尊，亦即同人之祖先在天上者之最尊者，也就是西周初期周人所欲終止的最初原因。蓋商人僅稱天神（至上神或宗祖神）為上帝或帝，到了周人，除了稱上帝與帝之外，更以實質的「天」為天神或至上神、宗祖神的代號。

但當我們把「天」（上帝）當做主動支配社會命運的中心力量時，周人和殷人的態度是大相逕庭的。

三、周人敬天思想的雙重性

《周書》云：

> 天棐忱，爾時罔敢易法。（〈大誥〉）

> 天畏棐忱，民情大可見，小民難保……惟命不于常。（〈康誥〉）

〔註71〕《白虎通》闕文〈宗廟〉云：「宗者，尊也；廟者，貌也。」《孝經》：「宗者，尊也。」

〔註72〕郭沫若：《甲骨文字研究》，頁38。

〔註73〕王國維：〈藝林六・釋天〉，《觀堂集林》。

〔註74〕郭沫若：《甲骨文字研究》，頁50。

〔註75〕胡厚宣：前引文（上），頁47。

〔註76〕胡厚宣：前引文（上），頁47。

天不可信。（〈君奭〉）

所謂「天棐忱」或「天畏棐忱」實則〈小雅・小明〉的「天難忱斯，不易惟王。」換言之，就是「天不可信」的意思。「惟命不于常」實則與〈大雅・文王〉的「天命靡常」意義相同。〔註77〕

　　按以上所舉實則周人對「天」已採取著懷疑的態度，不似殷人信仰上帝那樣的虔誠。若從人的智慧及認知能力上來說，周人關於天的思想，在中國古代文化思想上的確是向前邁進了一大步。這點周人是有鑒於殷人將上帝視爲自己的宗祖神，虔信宗祖神（上帝）護佑著殷人，然而結果卻遭滅亡，而爲周人所統治。這種歷史的教訓，在周人來說，當然會動搖其對天帝、天命的信仰；《周書》〈召誥〉云：我不可不監于夏，亦不可不監有殷……。有殷受天命，惟有歷年；……不其延，惟不敬厥德，乃早墜厥命。而《周書》中相似的說法也很多：

>　　于天降威，用文遺我大寶龜，紹天明。……王休于文王興我小邦周，
>　　文王惟用，克綏受茲命，……天明畏，弼我丕丕基。（大誥）
>
>　　天亦大命文王殪戎商，誕受厥命越（與）厥邦厥民。（康誥）
>
>　　惟天降命，肇我民，惟元祀。（酒誥）
>
>　　皇天既付中國民越厥疆土于先王。（梓材）
>
>　　皇天上帝改厥元子茲大國殷之命。（昭誥）
>
>　　旻天大降喪于殷，我有周佑命，將天明威，致王罰，敕殷命終于上
>　　帝。……今惟我周王，丕靈承帝事，有命，曰（爰）割殷，告于帝。
>
>　　（多士）惟我周王靈承于旅，克堪用德，惟與神天。天惟式教我，
>　　用休。簡畀殷命，君爾多方。（多方）

「天命」「天威」在周人的認知能力及智慧上，當然已經能自覺到人格性的天是靠不住的了。然而，周人卻是一面懷疑天，一面卻又在倣效殷人極端地尊崇上帝（天帝）。若將周人及周代以後的人對加給殷人迷信「天命」「天意」「帝命」的話加以分析比較，則可以發現凡是極端尊崇天的說話是對著殷人或殷的舊時屬國說的，例如《尚書》〈商書〉有關天命的記載：

>　　〈湯誓〉：「有夏多罪，天命殛之。」「夏氏有罪，予畏上帝，不敢不
>　　正。」「爾尚輔予一人，致天之罰。」

〈仲虺之誥〉:「夏王有罪,矯誣上天,以布命于下,帝用不臧,式商受命,用爽厥師。」

〈湯誥〉:「惟皇上帝降衷于下民。」「天道禍善禍淫,降災于夏,以彰厥罪。」上天孚佑下民,罪人黜服,天命弗僭,賁若草木。

〈伊訓〉:惟上帝不常,作善降之百祥,作不善降之百殃。

〈太甲上〉:先王顧諟天之明命,以承上下神祇、社稷宗廟,罔不祇肅。

〈太甲中〉:皇天眷佑有商,俾嗣王克終厥德,實萬世無疆之休。

〈太甲下〉:「惟天無親,克敬惟親。」「先王惟時懋敬厥德,克配上帝。」

〈咸有一德〉:「天難諶,命靡常。」「非天私我有商,惟天佑于一德」

〈盤庚上〉:先王有服,恪謹天命。茲猶不常寧,不常厥邑,于今五邦,今不承于古,罔知天之斷命。

〈說命中〉:明王奉若天道……惟天聰明。

〈高宗肜日〉:惟天監下民,典厥義。降年有永,有不永。非天夭民,民中絕命。民有不若德,不聽罪,天既孚命,正厥德。

〈西伯戡黎〉:西伯既戡黎,祖伊恐,奔告于王曰,天子,天既訖我殷命……今我民罔弗欲喪,曰:天曷不降威,大命不摯,今王其如台。王曰:嗚呼我生不有命在天。祖伊反曰:嗚呼乃罪多參在上,乃能責命于天,殷之即喪。

根據郭沫若考證發現,《詩經》中的〈商頌〉與《尚書》中的〈商書〉,並不是殷人的著作,而是西周以後的作品。〔註78〕故知周人繼承殷人天(上帝)的思想,只是政策上的繼承,儘管周人知道天(上帝)是不可信賴的,但用以統治術來信仰它的殷民族,卻有意想不到的功能,尤其是在政治統治的合

〔註78〕郭沫若:《青銅時代》,頁6～8。我們可以拿這來做一個標準,凡是殷代的舊有的典籍如果有對至上神稱天的地方都是不能信任的東西,那樣的典籍在《詩經》中有〈商頌〉。〈商頌〉本是春秋中葉宋人做的東西,在《史記》〈宋世家〉中是有艮文的,因為宋字本是商的音變,春秋時的宋人也自稱商,如《左傳》僖公二十二年宋子魚言「天之棄商久矣」,便是例證。故爾宋人做的頌也可以稱為商頌。至於〈商書〉在現今還有人在整個地相信著是商代的古書,這是應該加以討論的。

理性與社會安定上。

　　然而，至於有懷疑天的思想觀念，則是周人對著自己說的，並且把自然發生的原始宗教的自然屬性和社會屬性所衍生的神道思想，提昇到價值屬性的人道思想中。

　　由於周人根本就認爲「天命靡常」「天不可信」，僅只把天當做政治統治的工具，因而既然已經懷疑它，自然當做工具也不是絕對可靠的。因此周人的思想中便提出一個「德」字，以彌補殷人神道思想之不足，並教化警惕周人的子孫「天命靡常」「天不可信」，必須敬德方能維繫社會道德與政權統治於不墜。《尙書》〈周書〉云：

　　天不可信，我道惟文王德延。（君奭）

　　文王克明德愼罰，不敢侮鰥寡，庸庸祇祇，威威顯民，用肇造我區夏。（康誥）

　　王曰封，予惟不可不監，告汝德之說于（與）罰之行。……敬哉，無作怨，勿用非謀非彝蔽時忱，丕則敏德，用康乃心，顧乃德，遠乃猷裕，乃以民寧，不汝瑕殄。（康誥）

　　肆王惟德用和懌先後迷民，用懌先王受命。（梓材）

　　天亦哀于四方民，其眷命用懋，王其急敬德……王敬作所，不可不敬德，……王其德之用祈天永命（召誥）

這種敬德的觀念是周人所創造的思想，在中國古代思想發展史上來說，的確是一項重要性的突破，化被動爲主動，突顯了人的自覺主宰。〔註79〕另外，在《尙書》的記載外，在周代的彝器中也都明白地記載著敬德的思想；例如成王時的班簋和康王時的大盂鼎：

　　父身三年靜東國，亡（罔）不咸歔天畏（威），否奧屯陟，公告厥事于上：「隹（唯）民亡（泯）拙哉。彝昧天命，故亡。」允哉，顯，隹敬德，亡（毋）卣（攸）違。（班簋）〔註80〕

　　今我隹即刑稟于文王正（政）德，若文王令二三正。今余隹令汝盂紹榮敬雝德經，敏朝夕入諫，享奔走，畏天畏（威）。（大盂鼎）〔註81〕

〔註79〕郭沫若：《青銅時代》，「這種『敬德』的思想在周初的幾篇文章中就像同一個母題和奏曲一樣，翻來覆去地重覆著。這的確是周人所獨有的思想。」頁20。
〔註80〕郭沫若：《周代金文圖錄及釋文（三）》，頁20。
〔註81〕郭沫若：《周代金文圖錄及釋文（三）》，頁33。

以上這些都是繼承了周初的思想，其根本的思想淵源，則是源自周人敬天思想的雙重性。

故從古代中國祖先崇拜與上帝（宗祖神）信仰的思想發展歷史來看，殷人對宗祖神（上帝）的信仰，是站在消極、被動、祈求、趨福避災、比較功利性的立場崇祖敬天（上帝）；它的上帝（宗祖神）主要是滿足人們所乞求的具體要求，與平撫人們因畏怖、恐懼所帶來的不安與焦慮，殷人的思想觀念中還沒有把上帝當做主動支配社會道德與政權統治的中心力量。〔註82〕然而，在周人來說，周人對宗祖神──「天宗」「天」的信仰，則是站在積極、主動、敬德的立場崇祖敬天；周人的天（宗祖神）無法滿足人們所祈求的事物，因為祂不是自然屬性和社會屬性所融合的神，而是價值屬性的實體，因此，人們唯有敬德方能得到天之所命。換言之，人們惟有主動、積極的修德、敬德方能得到政權並且維繫於不墜，此即《周易》所云：「天行健，君子以自強不息。」否則天命將隨人之敬德的好惡而有所轉移。《易》〈乾卦〉所云：「天行健，君子以自強不息。」實則表示人當如日月星辰的天體永遠運動，永不停息，有道德的人應該效法天德健行不已，努力向上，絕不停止。是知周人的「天」則具有主動支配社會道德與政權統治的中心力量，依此，從而將天命的思想由宗教的信仰轉變成形而上的道德實體。這也就是費爾巴哈所說：

> 人在宗教和神學中拿來當作自己不同而同自己對抗的那個東西，其實也只是人自己的本質；為的是，人雖然過去不自覺地永遠受自己本質所支配所決定，將來卻能自覺地把這個自己的本質轉變為道德和政治的法則、根據、目的和標準。〔註83〕

若將此話用在周人將宗教轉化成道德與政治的法則是最恰當不過了，因為，自此以後，中國古代天的思想都與政治和道德無法分離。甚至整個中國歷史文化的發展，都與崇祖敬天的思想息息相關，對上穩固了統治階級政權的合理性及有效性的政策需要；對下安定了社會被統治階層感性的與理性的心理需要和倫理道德的需要，尤其是在倫理道德的實踐上，崇祖敬天所展現的孝道思想，則成為先秦儒家所主張的一切道德實踐的起點與人道思想的根源。

〔註82〕 朱天順：前引書，頁250。「從中國上帝信仰的整個歷史來看，殷商的上帝信仰，還是處在比較初期的階段，這種上帝是消極、被動的祈求對象，它的神性主要是滿足人們提出的具體要求，人們還沒有把它當做主動支配社會命運的中心力量來崇拜。」

〔註83〕 費爾巴哈：前引書，頁25。

故謂：「孝弟也者，其爲仁之本與！」，「夫孝，德之本也，教之所由生也。」
並進而藉由崇祖敬天的祭祀禮儀「報本反始」，以禮治國，教化百姓，崇尚「民
胞物與」與天地自然合而爲一的哲學思想。

第四章　崇祖敬天祭祀禮儀的理論

　　中國人傳統的宗教觀念，不但在於敬天，也在親人，甚而將家庭的客廳，古代的明堂之上立──「天地君親師」神位，形成一套中華民族幾千年來，從帝王一直到社會基層大眾的祭祀系統。唐君毅先生在《中國文化之精神價值》一書中說道：

> 中國住家房屋之堂房，正如中國古代之明堂，天地君親師之神位在焉，婚喪禮在焉，老人之教子孫在焉，中國有堂屋而行婚喪之禮，不須赴教堂與殯儀館。生於家，婚於家，乃終身不離家庭之溫暖，家庭真可為人生安息之所。〔註1〕

而堂之更可貴處，實則在於溫暖中加入神明，因之，那一方面為人生安息之所，而另一方面又為神明鑒察之區。〔註2〕唐先生更續言道：

> 吾人曾謂天地君親師之神位中，天地為自然上帝，君代表政治，親為父母祖宗，代表社會生命之延續，而師則代表教育與學術文化。夫婦交拜而行婚禮於其前，則夫婦之道，通於天地之道、政治社會教育文化之道。其意味可勝於只在代表上帝之牧師之前宣誓矣。死而停柩在堂，則死而未嘗與天地君親師之人間文化相離矣。晨昏禮敬，則堂屋之中，皆人類政治、社會、教育、文化之精神所流行，為人之責任之感，向上之心，所藏休息游之地。……中國之堂屋，與其中之神位，則莊嚴家庭而神聖化之，以融文化生活之精神於私生活之中。納高遠於卑近，其義深矣。〔註3〕

〔註1〕唐君毅：前引書，頁 223～224。
〔註2〕程兆熊：前引書，頁 20。
〔註3〕唐君毅：前引書，頁 224。

至於廟堂之上的祭祀，主要也是對天地和祖先的崇敬和感恩，所謂「祭宗廟，追養也，祭天也，報往也」，《禮記》〈郊特牲〉：

> 萬物本乎天，人本乎祖，此所以配上帝也。郊之祭也，大報本反始也。

是以，除祭祀祖先之外，古人之所以祭祀天地、山川、神祇，其皆在盡報本反始之義。〔註4〕

卜辭中對至上神「上帝」的崇拜，從一開始就兼有對祖先崇拜的意義，進而把上天稱為帝，歷代統治者無不自命為天王、帝王以至天子，迫切尋求天命鬼神的助力。卜辭的「豐」字就是表示用雙玉對上帝與祖先的祭祀。周代天子的祭祀，一種是定期舉行的禘、郊、祖、宗、報等大祀，〔註5〕另一種是登基、出境、會盟等，「受命於廟，受脹於社」，象徵地表明天子的統治權力來自天命與祖先神靈。所以，中國古代對祭祀天地極為重視，帝王登極必郊祀天地，以表「受命於天」，是承「天」意來治理國家的。祭天權自古以來與統治權是不能分離的，所以政教合一是中國古代文化思想的特色。由於思想的宗教化，視天地如父母，因而祭祀天地，亦如祭祀祖先、父母一般，以子道事之，〔註6〕如果廢祭祀，更可以成為被討伐的理由。《孟子》〈滕文公〉載有葛伯廢祀，而遭湯征討之事。《左傳》〈成公十三年〉云：(前已引用)「國之大事，在祀與戎。」就是指祭祀的重要性。

然而，中國古代郊天祀地，祭日配月，尊祖敬宗，婚喪喜慶之禮等，在思想上無不與「孝」道息息相關，在討論崇祖敬天祭祀禮儀的理論時，「孝」道思想自然就與「天」和「鬼神」的信仰是密不可分的了。

先秦以前討論「孝」與「天」和「鬼神」之思想最豐者，莫過於儒墨兩家。班固《漢書》〈藝文志・諸子略〉論墨學及其所長云：

> 墨家者流，蓋出於清廟之守。……宗祀嚴父，是以右鬼；順四時而行，是以非命；以孝視天下，是以同，此其所長也。

〔註4〕《禮記・郊特牲》：天子大蜡八……蜡也者索也。歲十二月合聚萬物而索饗之也。蜡之祭也，主先嗇而祭司嗇也，祭百種以報嗇也。饗農及郵表畷，禽獸，仁之至義之盡也。古之君子，仗之必報之。迎貓，為其食田鼠也。迎虎，為其食田豕也。迎而祭之也。祭坊與水庸，事也。曰：「土反其宅，水歸其壑，昆蟲勿作，草木歸其澤。」……之祭，仁之至，義之盡也。

〔註5〕《國語・魯語》：「凡禘、郊、宗、祖、報此五者，國之典祀也。」

〔註6〕《五經通義》曰：「王者所以祭天地何？王者父事天，母事地，故以子道事之也。《禮記經解》：「人之事親也如事天，事天如事親，是故孝子成身。」

儒家產生於殷人，為中國古代開化最早之民族，而先秦思想，亦以儒家完成為最早。繼之者為墨家，都為北方民族之思想。韓非曾謂「世之顯學，儒墨也。」且儒墨兩家孝道思想與鬼神信仰的歧異，對後來中國傳統文化影響非常深遠，形成上層人士理性主義的大傳統——「禮」，與普遍大眾非理性主義（神秘主義）的小傳統——「俗」，二者相互依存，彼此交流延續至今。

第一節　儒、墨天道思想與鬼神信仰

承前章所述，〔註7〕周人統治殷人之後，特意地強調信仰上帝——宗祖神，拿來統治素來信仰上帝是自己祖先的殷民族，於是周人將宗教思想視為愚民政策，一面深化被統治階層——殷人迷信天命、崇拜祖先（鬼神）可得到保護與賜福的功利思想和威權思想；一面卻又諄諄告誡周人的子孫「天命靡常」、「天不可信」，唯有敬德方保天命於不墜。《禮記》〈表記〉上所說的：「殷人尊神，率民以事神，先鬼神而後禮……周人尊禮尚施，事鬼敬神而遠之。」正好點出了周人——統治者與殷人——被統治者對鬼神信仰的認知差距。

儒墨思想雖相距甚遠，實則皆源自殷人，均為北方民族之思想；〔註8〕甚而墨家思想乃由儒家演變而來，《淮南子》〈要略〉云：

> 墨子學儒者之業，受孔子之術。

《史記》〈孔子世家〉：

> 孔子生魯昌平縣陬邑，其先宋人也。

宋為殷人後裔，故孔子在血緣上原屬殷人，《禮記》〈檀弓上，記孔子將死時告子貢語，謂「而丘也，殷人也」，與《史記》所言正合。墨子亦為宋人，司馬遷在《史記》〈孟荀列傳〉中云：

> 蓋墨翟宋之大夫，善守禦，為節用……。

故可知之，墨子亦為殷人之後。但由於殷亡後，被迫東移，從富裕地區移駐於貧瘠之地，以往殷人之舊習非改變不可，否則不足以生存，且又是被統治者，在周人政策上的運手下，將原先殷人宗教思想視為愚民政策，徹底地深化在殷民族後裔身上。尤其在天道思想、鬼神信仰上面，墨子可說是完全因襲殷人的思想。《漢書》〈地理志〉云：

〔註7〕見本論文第三章2-（2）〈崇德報功與崇利報功的思想分殊〉
〔註8〕郭湛波：《中國中古思想史》，香港龍門書店，1967年12月初版，頁3～8。

宋地房、心之分野也……其民猶有先王遺風，重厚多君子，好稼穡，

惡衣食以致畜藏。

在春秋戰國，宋人以愚魯稱；如《孟子》〈公孫丑〉「宋人揠苗」，《莊子》〈逍
遙遊〉之「資章甫適越」，《韓非子》〈五蠹〉之「守株待兔」，「皆為墨家思想
之所由產生」。〔註9〕

　　孔子上代屢為司禮之官，故少即習禮，以通禮名於世。在殷被周滅亡之
後，殷人中之知識分子，在周代組成一職業禮生社群；孔子之先人屬於此一
社群，孔子本人所受的教育，亦是此種社群之教育。班固《漢書》〈藝文志‧
諸子略〉亦云：

儒家者流，蓋出於司徒之官。

司徒，為古代掌教育之官；且《禮記》〈學記〉云：

大學始教，皮弁祭菜，示敬道也。

亦以學禮為先務。蓋從思想的發生來說，孔子思想源自統治階層的禮官；至
於其後另有新思想、新理念，則是另一事，學者於此應做分別。〔註10〕

一、儒家天道思想與鬼神信仰

　　儒家是由孔子所創建，孔子所代表之精神方向，亦即影響日後整個儒家
傳統的精神方向，尤其由儒家理性主義所導向之一切大傳統的文化活動，更
是深刻而鮮明地展現在中華民族的日常生活之中。

　　孔子的天道思想決定其對原始信仰鬼神的觀念，甚而對日後孟、荀及儒
家祭祀理論的建立，亦皆依其天道思想而獲得其指導大傳統理性主義的特
性。所謂理性主義是相對於非理性主義而言，非理性主義將人的主體生命委
託於一外在的超越或一個神秘不可知的力量，決定人日常生活中的一切文化
活動，其主體生命是不負責任的，不自由的，不自覺的；理性主義則是以人
的自覺主宰，做為指導其日常生活中的一切文化活動，其主體生命是自我擔
當的，負責的，並且是絕對自由的。蓋言儒家的「精神方向」，在確定意義上，
原即指「價值意識」，亦即勞思光先生所謂的「人文主義」，不奉神權，不落
物化不求捨離，只以自覺主宰在自然事實上建立秩序。〔註11〕

〔註 9〕郭湛波：前引書，頁3。
〔註10〕勞思光：前引書，頁36。
〔註11〕勞思光：前引書，頁71～72。

（一）孔子的天道觀

孔子不侈言天道，但他並不否定天命，《論語》〈公冶長〉云：

> 夫子之言性與天道，不可得而聞也。

然《論語》〈季氏〉載云孔子畏天命：

> 君子有三畏：畏天命，畏大人，畏聖人之言。

孔子所畏之「畏」，乃敬畏之「畏」，實指主體精神惟恐不肖（孝）於天之所命予我之美善，而有負於天所賦予之德性，油生敬畏之心。故其所「畏」乃是人自覺地意識到，惟恐主體生命的價值意義無法呈顯。

案此節所言，孔子之「天道」觀帶有實體的意味，即《詩經》所云：「天生蒸民，有物有則，民之秉彝，好是懿德」之「天」。按此「天」為形上意義的實體，為理序之根源，而非一「人格天」、「意志天」。《論語》〈述而〉云：（後引《論語》只注篇名）

> 天生德于予。

直指天為一道德價值之基源。蓋與前所言「畏天命，畏大人，畏聖人之言」互為表裡，一氣呵成。後來儒家學者亦承繼孔子所言，道德命令是由「天」所命，故謂「天命」，如《中庸》首章第一句「天命之謂性」之「天命」，即指道德乃天所命、天所生。然因人視天為一善源有所敬畏，故又顯其人之自覺主宰──「主體性」，而比《詩經》中之「天」僅祇是一理序「天」又向前推進一步。天既為一善之根源，但又如何彰顯天之至善至德呢？〈子罕〉：

> 子畏於匡，曰：「文王既沒，文不在茲乎？天之將喪斯文也，後死者不得與於斯文也；天之未喪斯文也，匡人其如予何？」

又〈泰伯〉云：

> 唯天為大，唯堯則之。

蓋言天之美善必由人之主體生命呈顯，然人之生命精神氣象亦非人人盡同，若要展現天之美善與其大德，唯有聖人與大人顯之，故言「畏大人，畏聖人之言」，即指大人與聖人乃象徵天命之表詮者。在儒家言，「大人」與「聖人」乃人生所終極的目的；由於終極目的便是「天」，亦即最高善之善源，因此唯「大人」與「聖人」之聖賢人格能和天比擬。故云：「唯天為大，唯堯則之」，《易經》〈文言〉云：「夫大人者，與天地合其德，與日月合其明，與四時合其序，與鬼神合其吉凶。」故孔子屬言道：「天之未喪斯文也，匡人其如予何？」此言所指，即孔子自覺地反省到，當下我就是天道美善之所在，我代表天呈

顯天道之美善，匡人又能將我如何呢？蓋從此言，即可明瞭聖人之所以為聖人的精神氣象；此乃當仁不讓之真精神。因此當顏淵死時，孔子才會如此感慨的說：

> 噫！天喪予！天喪予！（先進）

天既賦予我如此美善之德，卻又為何不讓我將天道之美善經由顏淵顯於世人呢？故有「五十而知天命」之說，實則孔子深刻體驗到，人有能掌握者與非人力所能及者。人所能主宰者，乃人之主體生命的精價值意向，完全可由人之自由意志決定；致於人的物理生命，因受限於物理世界、自然法則的限制，則非人所能主宰者。〈雍也篇〉：

> 伯牛有疾，子問之，自牖執其手曰：「亡之，命矣夫？斯人也，而有
> 斯疾也？斯人也，而有斯疾也？

孔子以伯牛病危，而感慨人受制於客觀物理世界的法則，乃無可奈何之事，故歸之於「命」。「知天命」並非表示孔子崇信天命，人就當順從某種神秘「超越人的力量」之控制，而是要明瞭客觀限制之領域。〔註12〕〈憲問篇〉：

> 道之將行也與？命也；道之將廢也與？命也。

〈堯曰〉：

> 子曰：「不知命，無以為君子也。」

此亦謂人若不知天之所命之善良德性，實踐於日常生活行為中，則就不能成為一個正正當當的人。然而亦該瞭解道之能行與否，非人力所能主宰，人當「知其不可而為之」（憲問篇），就是要盡人事，充分發揮人的力量，以了解自己及人與人之間的關係，和自身在客觀物理世界中的地位；故爾，人必須認清兩件事實，一方面人要自覺地覺知自己物理生命的限極；另一方面又要能覺知到自身所具有的人性本質——主體生命所擔負的責任，也就是實踐天道之美善。因此人所盡者、所發揮的乃是主體生命所覺知的與客觀世界和人的那種水乳交融、休戚與共的存在關係。至於成事與否，就非受制於客觀世界的物理生命所能主宰者；也就要聽天命，聽由客觀物理世界的理序來決定。

〈憲問篇〉云：

> 不怨天，不尤人，下學而上達，知我者其天乎！

此即盡其在我，強調重人事，以人的主體生命擔負人存在的價值意義。故依孔子所論，人所能擔負之責任，只在於盡人之所能為、所應為之事。就此而

〔註12〕勞思光：前引書，頁70。

言，人的主體生命是絕對自由的，行與不行，取決於人主體意志，而不受任何外在客觀事務所支配。因為唯有當人摒除屈服於超越人的力量，服從人性本質行事時，人才是絕對自由的，因為這個時候的人是獨立與完整的，人的自主性決定人是否自由。此即之謂人道。相反的，人屈服於超越人的力量，乃是人逃避自己人性本質的責任。當人不願擔負人所應盡的責任時，人失去人的獨立與完整，因此是不能自主的，也就是不自由的。此即之謂神道。因而孔子所強調者，乃是非問題，即盡人事與否，而人事就是行仁之事，仁之事也就是合乎道德的事。然如何才是合乎道德的事呢？這點留在後面一節詳述之。至於成敗與否，非孔子所關心之重點。

　　蓋從上所言，孔子心目中的天命並非是一個活靈活現的、直接對人間發命令的人格神，而是兼具了客觀限制的理法與善源。〈陽貨篇〉云：

　　　　天何言哉？四時行焉，百物生焉，天何言哉？

故爾孔子可以「不怨天」，也不必向天祈禱。〈八佾〉：

　　　　獲罪於天，無所禱也。

甚至可以坦蕩蕩，朗朗乾坤地說：

　　　　吾誰欺？欺天乎？（子罕）

「倘若孔子心目中的天是人格神，帶有意志性，即肯定一超越主宰，作為一最後決定者；抑或是以人格神作為價值根源，即以神作為一切價值標準的最後依據；抑或是神人關係中的酬恩觀念，即以人為應向神酬恩者，因此即應委託其生命活動於神」，〔註13〕則孔子在面對鬼神信仰時，就不會採取一種存而不論，祇重人事，使鬼神信仰合於理性的需要了。

　　為此之故，孔子所言之天命，當從人之自覺性論之，因為，當人自覺地覺知自己本身就是一價值所在與物理生命的限制，人自當為服膺自己所本具的價值意義而決定其自身存在的方式，甚而一切文化活動，亦當以此價值標的做為最高的指導原則。於此，當人摒除物理生命之限制而服膺於主體生命的自覺主宰時，當下人的主體生命自然是絕對自由的，因為人擔負了人之所以為人的責任，人願自我負責，人欲實踐人道，完成自我的責任。而此責任乃主體生命依循人的自覺主宰——價值理性的驅使；因而，這時所產生的一切行為自然便是道德的行為。〔註14〕當晨門譏嘲孔子是「知其不可而為之者？」（憲問篇），孔

〔註13〕勞思光：前引書，頁73。
〔註14〕黃振華：〈康德與儒家哲學〉，《鵝湖》117期，西元1985年3月出版，頁4。

子雖無機會答覆，但在荷篠丈人一節中，則命子路代答之曰：

> 君子之仕也，行其義也，道之不行，已知之矣。（微子）

此即孔子肯定人之所以爲人之立場，人所盡者乃是人的責任——「行其義」，義者，宜也；（《中庸》二十章）。亦即與人之所以爲人的正當行爲價值所在，而非就成敗論處。後來孟子就此論人之異於禽獸者幾希，實則挺立人之自覺性言人，故謂「仁也者，人也。」（盡心下），也是依循孔子所說：「仁者，人也」（中庸二十章），人是一道德價值所在的思想觀念而來。

人既是一價值所在，蓋不論人是生抑或是死，人所崇敬者自然就其價值屬性敬之，也就是崇拜其道德人格，故謂「事死如事生」。因爲唯有就道德義言，人的生死才能如一，才能永恆不朽。

（二）孔子的鬼神觀

孔子面對原始宗教中之鬼神觀念，亦完全依照其對天命的觀念一般，並不主張人應委託其生命活動於不可知的鬼神信仰之中。從《論語》中窺知孔子之鬼神觀念乃承襲周人「尊禮尙施，事鬼敬神而遠之」的文化思想傳統，並不相信人死後另外有種生命存在，也就是所謂的靈魂不朽。〈雍也篇〉說：

> 務民之義，敬鬼神而遠之，可謂知矣。

從純理性的態度言，孔子並不相信有鬼神存在，但從教化言，爲滿足一般大衆因失怙之感情的慰藉，又必事死如事生般地「如在其上，如在其左右」，《易經》觀卦注裡有句話，據說是孔子所云：

> 聖人以神道設教而天下服。

此乃孔子有鑒於人的認知能力與人性情感的需要。後來《荀子》〈禮論〉明確地道出儒家對鬼神信仰的態度（前已引用）：

> 聖人明知之，士君子安行之，官人以爲守，百姓以成俗，其在君子，
>
> 以爲人道也，其在百姓，以爲鬼事也。

黃所長振華在其文中云：「康德道德哲學的基本概念是『自由』的概念，眞正的道德行爲是出自人的自由意志的行爲。……當人排除感性世界的愛好慾望的支配，而服從知性世界的原理時，人便是自由的，這時所產生的行爲便是道德的行爲。……在康德看來，『自由』的意義可分爲兩方面來說：一是消極的意義，一是積極的意義。消極意義的自由是指不受外來原因（感性世界的原因）的決定之謂，積極意義的自由則指的是『自律』，所謂『自律』是指意志自己頒佈定律，以及服從自己所頒佈的定律之意。……這個自己所頒佈的定律，便是道德律。」

然而，雖然孔子不喜歡談原始信仰的鬼神，〈述而篇〉：

> 子不語怪力亂神。

〈先進篇〉：

> 季路問事鬼神。子曰：「未能事人，焉能事鬼？」曰：「敢問死！」
> 曰：「未知生，焉知死？」

徹底肯定了人世生命比死後冥土生活寶貴得多，且更具有生命的意義。但孔子並非就完全不說，在《禮記》〈中庸〉裡，孔子曾對鬼神觀念有過正面的闡述：

> 鬼神之為德，其盛矣夫！視之而弗見，聽之而弗聞，體物而不可遺。
> 使天下之人，齊明盛服，以承祭祀，洋洋乎如在其上，如在其左右。

按孔子所言之鬼神，是看不見，也聽不著，僅祇能「如在其上，如在其左右」，也就是說「如在」──好像在一樣。故當孔子病時，子路請禱：

> 子曰：「有諸？」對曰：「有之，誄曰：『禱爾於上下神祇。』」曰：「丘
> 之禱也久矣。」（述而篇）

因此，從以上所引，孔子對鬼神的態度是不否定也不肯定其存在，甚而在教化的意義上，孔子反而傾向鬼神存在的意念。〈為政篇〉：

> 非其鬼而祭之，諂也。

此就人在祭祀時，當以自己祖先的「鬼」魂──「鬼從厶」，加以祭之，而非求名於世，妄自祭他人之祖先父母鬼魂。其實，祭祀時，實際上都是人賦予對象的客觀必然性以主觀自由的形式展現。〈八佾篇〉：

> 祭如在，祭神如神在，子曰：「吾不與祭，如不祭。」

我們從「如」字看，神是「如」在，也就是運用想像力，想像祂存在，並不是真正的在。《禮記》〈檀弓篇〉云：

> 惟祭祀之禮，主人自盡焉爾，豈知神之所饗？

即為「祭如在……」這句話的注釋。後來禮學家談到祭禮的精神大抵都是這一種態度的發揮。所以〈雍也篇〉云：

> 務民之義，敬鬼神而遠之，可謂知矣。

這也就是《禮記》〈檀弓篇〉上的「之死而致死之（死了就當他是死了），不仁而不可為也。之死而致生之（死了還當他是活著），不智而不可為也」的另一種說法。若依照以上所述，孔子是否認為鬼神的存在；認為鬼神為存在的，孔子認為是不智，但自然界與祖先父母對於自己有很大的恩德，人在祭祀中

運用想像力，想像著一個對象的存在來表示自「報本反始」、已自己思恩的意思，倘若連這種崇德報恩的意思都要否定，孔子認爲是不仁。「所以孔子肯定祭祀始終是在感情方面的滿足」。〔註15〕

費爾巴哈說：

> 神便是人底幸福衝動在幻想中得到滿足……並借助於無中生有的信
> 仰，給自己保證，給自安慰。〔註16〕

是以，鬼神到底爲何物乃決定於人主觀的幻想力。《禮記》〈祭義〉裡有一段記載孔子對鬼神描述的文字：

> 宰我曰：「吾聞鬼神之名，不知其所謂。」子曰：「氣也者，神之盛
> 也；魄也者，鬼之盛也；合鬼與神，教之至也。

孔子用「氣」與「魄」來解釋鬼神，但氣與魄又爲何物，孔子並未進一步說明。至於「合鬼與神，教之至也」，則乃將鬼神做爲教化的手段，孔子讚揚夏禹「菲飲食而致孝乎鬼神」（泰伯篇）的舉動。認爲祭祖祭神，可得「以神輔教」之效。《易·繫辭下》云：「窮神知化，德之盛也。」此即窮究神明之德充塞於天地之間，即可明瞭聖人以神道設教教化天下之功。由於鬼神「視之而弗見，聽之而弗聞，體物而不可遺」，是知，鬼神乃一精神的存在。人所祭祀的鬼神，乃祭祀其「德」充塞於天地之間。〈中庸〉所謂「鬼神之爲德，其盛矣乎！」實則說明了將鬼神做爲教化天下之人的因由。鬼神既然是「視之弗見，聽之弗聞」而又「洋洋乎如在其上，如在其左右」，故必是與生人親而熟識者，否則人將無法憑其所思、所憶之如在其上，如在其左右，而孔子更不會說「非其鬼而祭之，諂也。」於是在《禮記》〈祭義〉這段文字下面，孔子進一步說明了鬼爲何物：

> 眾生必死，死必歸土，此之謂鬼。

用「歸」來解釋『鬼』，這是傳統音訓的釋法，說明語言中的『鬼』，原是從『歸』的語言衍生出來的。這和一般宗教的說法正好一致：一切有生命的，死後都會回歸到塵土之中。〔註17〕換言之，依孔子所言，人死爲鬼，而其鬼當是生人的親人之尸。至於神，於下文中孔子繼續說道：

> 骨肉斃于下，陰爲野土，其氣發揚于上，爲昭明、焄蒿、悽愴，此

〔註15〕馮友蘭：〈儒家對于婚喪祭禮之理論〉，燕京學報第3期，民國17年6月，頁347。
〔註16〕費爾巴哈，前引書，頁202。
〔註17〕周何：〈祭如在〉，中央日報，民國79年10月22日。

　　百物之精也，神之著也。

這是說人死後，骨肉形體化爲塵土，歸土者稱之爲鬼，而人之「氣」發揚于上，飄浮於空中，當其凝聚充盛時，可以讓我們很明顯地觀察到，其次也可以體會到那鼓清香的氣息，再其次似乎也可以感覺到那一陣思慕已離我們遠去親人的愴涼泌塞，這就是百物的精氣，但也只有在充盛顯著的狀態下，才能感覺到「神」的存在。〔註18〕

　　因此之故，依孔子所言，鬼神其實均屬人所有，只不過死後形軀歸土者爲「鬼」，其氣發揚於上者爲「神」，合鬼與神，實爲教化；而教化的目的則著重在對「人」之價值意義的肯定。故謂「使天下之人，齊明盛服，以承祭祀，洋洋乎如在其上，如在其左右。」

　　以上所言，孔子雖曾說：「不語怪力、亂神」，在子路問事鬼神及死時，甚而直接了當的說：「未能事人，焉能事鬼？」「未知生焉知死？」但在宰我問及鬼神之名時，卻詳實地解釋了鬼與神爲何物。一般人不明乎此，以爲孔子崇信鬼神，其實只是孔子在面對不同資質的學生時所採取的因才施教的方式，爲的是使問者能明瞭，人在日常生活的文化活動中，究竟人當以何種存在方式，展現人的精神面貌。明乎此，則不難理解孔子爲何要苦口婆心地告訴宰我「合鬼與神，教之至也。」此乃孔子對宰我問父母三年之喪，嫌三年喪期太久而給予的再教，〔註19〕希望宰我能盡人子之孝，求其心安，實踐人之所以爲人最基本的倫理道德。

二、墨家的天道思想與鬼神信仰

　　承前所述，儒墨思想均源自殷人，由於各家創始人的秉賦不一（從本質意義言），和其生長環境之差異（從發生意義言），自然就影響其思想觀念與其所建構出的文化面相。倘從文化精神面來評判儒、墨兩家，儒家所處理的、所關心的是「應然」的問題，墨家所關心與急欲處理的是「實然」的問題；

―――――――――――

〔註18〕周何：前引文。

〔註19〕《論語・陽貨》：宰我問三年之喪，期已久矣，君子三年不爲禮，禮必壞；三年不爲樂，樂必崩；舊穀既沒，新穀既升；鑽燧改火，期可已矣。子曰：「食夫稻，衣夫錦，於女安乎？」曰：「安。」「女安則爲之；夫君子之居喪，食旨不甘，聞樂不樂，居處不安，故不爲也。今女安則爲之。」宰我出。子曰：「予之不仁也；子生三年，然後免於父母之懷，夫三年之喪，天下之通喪也，予也有三年之愛於其父母乎？」

倘從人的思維方法來分判儒、墨兩家，儒家則是以抽象思維的方式從事哲學思維的活動，墨家則是採感性直觀的思維方式從事哲學思維的活動。簡言之，即人道與神道，理性主義與非理性主義（神秘主義），人文宗教與極權宗教。

從思想的發生義言，墨子思想（一）是因襲殷人崇信天命、鬼神文化思想的傳統；（二）又爲被統治階層，起源於民間；（三）其所生長的環境乃一貧瘠之地；（四）天下大亂，社會秩序蕩然無存。故而，爲求其生存，當務之急，乃不得不在於「興天下之利」與「改善社會生活秩序」著力。

爲改善社會生活與秩序，首要之務即興天下之利。「利」指社會利益而言，人人交相利即可互利而達到兼愛之目的，社會生活秩序自然隨即能改善。此「改善」純就實際生活情況著眼，與儒家重文化德性有別。故墨子學說之第一主脈爲功利主義。

對於社會秩序之建立，墨子有鑒於當時天下之混亂，必須有效而迅速地在日常生活及文化活動中完成，墨子持權威主義觀點，以爲下必須同乎上此爲墨子思想之第二主脈。〔註20〕

爲求權威主義——「下必須同乎上」和功利主義——「利」，在改善實際生活中之實效價值與價值根源，墨子提出天志、尚同與明鬼之說，以建構其價值規範理論。故從墨子的天道思想與鬼神信仰，即可瞭解其權威主義和功利主義所產生的宗教觀念。而其權威主義乃是建基於天道與鬼神信仰的神秘主義。唯有在神秘主義之下，方可能建立其權威主義。

墨子所代表的前期墨家學說，正如孔子在儒家學說的地位一般，故《韓非》〈顯學篇〉：「世之顯學，儒墨也。」《孟子》〈盡心篇下〉亦云：「逃墨必歸於楊，逃楊必歸於儒。」是知儒墨爲當時顯學，二者對立，一爲就平民觀點，以主張周制之反面者；一爲出身貴族，倡言「吾從周」恢復周代禮樂之制。然二家對當時的影響很大，甚而對中國文化的大傳統與小傳統的影響更爲深遠，直至今日中國民間社會信仰天命鬼神的傳統，仍舊瀰漫著功利主義與神秘主義（權威主義）的宗教信仰即可爲證。〔註21〕宗教是人類心靈的盲點與最深層的心底欲求，故當宗教信仰瀰漫著神秘主義與功利主義時，勢必導致社會的價值觀走向現實與功利，政治的領導風格勢必採取權威領導與愚

〔註20〕勞思光：前引書，頁213。
〔註21〕董芳苑：〈「命運天定論」之分析及批判〉，《中國民族學通訊》第 23 期，74
年 6 月 25 日出版，頁 8～30。

民的神權政治。

（一）墨子的天道觀

　　墨子根本上是一宗教家，頗有我不入地獄，誰入地獄，不渡完地獄之一切眾生，誓不成佛之宗教悲憫精神。〔註22〕蓋從一個被統治階層，就一個平民的觀點，反對統治階層貴族化的周制——禮樂之制者來說，他確實把殷周之際的傳統宗教信仰復活了。在天道鬼神信仰方面，墨子講天志與明鬼，把天看作一位具有人格與意志的人格神，自然也就把鬼神看作是活靈活現的存在，並能干預人事，賞賢罰暴基於上述的主張，人民萬物自然都是天所生的，甚至國家之領袖政長——天子亦都是天（上帝鬼神）所建立的，有天在做一切的主宰，由天的意志在主控賞善罰惡，善惡無所遁形，更沒有什麼所謂的自然之數在裡面。這種原始宗教觀念，在一個混亂的政治社會背景下，是頗得被統治階層的平民百姓所支持，但卻不合於統治階層——貴族講求禮樂之治，突顯尊卑榮耀之身者的歡心。故漢時王充論其學說云：「雖得愚民之欲，不合知者之心。」〔註23〕是非常中肯的。

　　就墨子的天道觀言，他是就天志而說道，甚而他是把天與上帝鬼神視為同一崇拜對象及價值所在。〈天志上〉云：

> 故昔三代聖王，禹湯文武，欲以天之為政於天子，明說天下百姓，故莫不犓牛羊豢犬彘，潔為粢盛酒醴，以祭祀上帝鬼神，而求祈福於天。

〈天志下〉云：

> 是故昔世三代之暴主，桀紂幽厲之兼惡天下也，從而賊之，移其百姓之意焉，率以詬侮上帝山川鬼神，天以為不從其所愛而惡之，不從其所利而賊之，於是加其罰焉。

文中以「天」相應於「上帝鬼神」，以表明天、帝、鬼神三者為一神的說法，且為墨子所承之價值根源。但根據李杜先生的說法：「引文中以『以祭祀上帝』相應於『而求祈福於天』，以『以詬侮上帝』相應於『天以為不從其所愛』，即是依照《詩》、《書》以『天』相應於『帝』，以表明二者為一神的說法。」

〔註22〕《莊子・天下篇》論墨子之道云：「其生也勤，其死也薄，其道太觳……以裘褐為衣，以跂為服，日夜不休，以自苦為極。……願天下之安寧，以活民命，人我之養，畢足而止。」

〔註23〕《論衡》〈薄葬〉。

〔註 24〕但原文中其實是「以祭祀上帝鬼神，而求祈福於天」和「以詬侮上帝山川鬼神，天以爲不從其所愛而惡之。」將上帝鬼神相應於天，且在《墨子·明鬼下》亦載道：「鬼神之能賞賢而罰暴」與〈天志上〉：「順天意者……必得賞；反天意……必得罰。」均指天帝、鬼神均爲其價值根源與一高高在上的仲裁者。〈天志中〉云：

> 子墨子曰：吾所以知天之貴且知於天子者有矣。曰：天子爲善，天能賞之；天子爲暴，天能罰之；天子有疾病禍祟，必齋戒沐浴，絜爲酒醴粢盛，以祭祀天鬼，則天能除去之。然吾未知天之祈福於天子也。此吾所以知天之貴且知於天子者，不止此而已矣。又以先王之書，馴天明不解之道；曰：明哲維天，臨君下土。則此語天之貴且知於天子。不知亦有貴知夫天者乎？曰：天爲貴，天爲知而已矣。

〈天志下〉云：

> 是故古者聖人明以此說人曰：天子有善，天能賞之；天子有過，天能罰之；天子賞罰不當，聽獄不中，天降疾病禍祟；霜露不時，天子必且犓豢其牛羊犬彘，絜爲粢盛酒醴，以禱祠祈福於天。我未嘗聞天之禱祠祈福於天子也。

亦明指「祭祀天鬼」則天能眷顧天子趨吉避凶，並且天亦能賞罰天子，亦爲天子祭祀的對象，爲一高高在上的「貴且遍知者」。〈天志上〉：

> 故昔三代聖王，禹湯文武，欲以天之爲政於天子，明說天下百姓，故莫不犓牛羊豢犬彘，潔爲粢盛酒醴，以祭祀上帝鬼神，而求祈福於天。我未嘗聞天之祈福於天子也。我所以知天之爲政於天子者也。

蓋墨子所言之天帝鬼神之觀念，如同殷周之際天帝觀。殷周之際以天帝爲人生社會及自然界之主宰者，且爲天地自然界的至上神，〔註 25〕墨子承繼殷周天帝觀視人間王帝爲天之子——「天子」，且天子有「疾病禍祟」，只要「齋戒沐浴，絜爲酒醴粢盛，以祭祀天鬼，則天能除去之。」是以，天與天子的關係如同父子且又具神秘性。故祭天權理所當然的爲天子所主控，地上人主——天子只要秉承天意，順天意行事，必得天賞，否則必得天罰。在此人的自覺性與主宰盡失，人的主體生命是無須自我負責的，因而人的價值意義自然就無法彰顯。人的主體生命無須自我負責，而又無法挺立人的價值意義，

〔註24〕李杜：前引書，頁 101。
〔註25〕參見第三章。

人勢必解消自我而走向以集體意志取代自我意志之自由。然集體意志取決於何者？「依墨子的說法，天爲一遍知者，爲一至高且貴者，爲人生社會及自然界的主宰者，爲一賞善罰惡之仲裁者，又爲兼愛萬民之至上神」，〔註26〕自然「天」即爲最高決策者。然因天高高在上，蓋人間亦應有一上帝，故立一天子以行天上上帝的意旨，以解決人間社會之紊亂。遂有「尚同」之說；〈尚同〉上云：

> 天下之所以亂者，生於無政長。是故選天下之賢可者，立以爲天子。……正長既已具；天子發政於天下之百姓，言曰：「聞善而不善，皆以告其上；上之所是，必皆是之，上之所非，必皆非之。」

此即將天子推崇爲絕對權威，而此權威又上通「天志」下及天下百姓。按墨子所言，天爲天子所祈求的對象，天在天子之上，以天正天子之政，天下自然大治。〈尚同上〉云：

> 察天下之所以治者何也？天子唯能壹同天下之義，是以天下治也。

〈天志上〉云：

> 今天下之士君子，皆明於天子之正天下也，而不明於天之正天子也。
> 是故古之聖人明以此說人曰：天子有善，天能賞之；天子有過，天能罰之。

此說乃將天上人間之權威一以貫之，而立天子之本意，即在於「壹同天下之義」，故人之必須解消自我之義而上同於天（天子），最後則服膺最高無上的權威——「天志」。〈天志上〉云：

> 子墨子言曰：我有天志，譬若輪人之有規，匠人之有矩。輪匠執其規矩，以度天下之方圓，曰：中者是也，不中者非也。

〈尚同下〉云：

> 天子總天下之義以尚於天。

此即墨子以天志與尚同之說建構其權威主義，而權威主義的樹立，按墨子的說法，其主要是整頓社會秩序與興天下之利。故其於〈尚同中〉云：

> 古者上帝鬼神之建設國都，立政長也，非高其爵，厚其祿，富貴佚而錯之也。將以爲萬民興利、除害、富貧、眾寡、安危、治亂也。

按此，墨子以爲國家、政長乃上帝鬼神所設，設立的目的就在治亂興利，故由此觀其天志之說，充滿了神秘主義與功利主義的色彩。

〔註26〕李杜：前引書，頁102～105。

　　天志既爲墨子學說的價值根源，且一切的賞善罰惡又以天志爲最高的權威尺度與價值規範，然其學說卻以義爲歸，義的本源自然也出自於天；〈天志中〉：

> 子墨子曰：今天下之君子欲爲仁者，則不可不察義之所從出。……
> 然則義何從出？子墨子曰：義不從愚且賤者出，必自貴且知者出；
> 然則，孰爲貴？孰爲知？曰：天爲貴，天知而已矣；然則，義果自
> 天出矣！

且天意爲「義」之法，〔註27〕天志爲「義之經」，〔註28〕依天志而行即爲天道之所在。故察仁義之本，亦當順天志，故天志即爲道德之本。義既從天出，人即應尚同於天，以天志爲治之本。然義的內涵爲何？〈天志中〉云：

> 天下有義則治，無義則亂。

墨子將治亂之本歸之於「義」，然亂由何起？〈兼愛〉云：

> 聖人以治天下爲事者也，必知亂之所自起，焉能治之；不知亂之所
> 自起，則不能治。……亂何自起？起不相愛。……故天下兼相愛則
> 治，交相惡則亂。

就墨子所持之論，「亂」乃源起自「不相愛」，而不相愛的原因又因人自愛、自利；〈兼愛〉云：

> 子自愛，不愛父，故虧父而自利；弟自愛，不愛兄，故虧兄而自利；
> 臣自愛，不愛君，故虧君而自利；此所謂亂也。

是知亂起因於人人自愛、自利，若要平亂則當兼相愛、交相利。墨子常言「愛」、「利」，愛就是利，利就是愛，兼愛也就是要互利，互利則爲人盡義之實體表現，人人有義則天下治，無義則天下亂；因此，墨子所言「義」的內涵則爲「利」，「利」即造福他人，造福他人即爲「愛」之具體表現。然「義」自天出，故「利」也自天出，同樣的「愛」也源自天。〈天志上〉說：

> 順天意者，兼相愛，交相利，必得賞；反天意者，別相惡，交相賊，
> 必得罰。

〈天志中〉云：

〔註27〕《墨子・天志中》：「今天下之王公士君子，中實欲導道利民，未察仁義之本，天之意不可不順也。順天之意者義之法也。」

〔註28〕《墨子・天志下》：「上欲中聖王之道，下欲中國家百姓之利者，當天之志而不可不察也。天之志者，義之經也。」

　　　　愛人利人順天之意得天之賞者有之；憎人賊人反天之罰者亦有矣。

故墨子純就功利方面證明兼愛之必要，兼愛之目的主要是對他人有利，同樣
的也對自己有利。而人順從天意，天惟是求天賞，反天意者則將遭天罰。人
對天之賞罰乃基於功利與恐懼之心理，非基於主體生命之自覺，主宰自我生
命的定向與一切文化活動。在墨子的觀念中，人沒有獨立於天志之外的人道，
只有依天志而行的人道。人如何依天志而行呢？墨子則主張有等級的尚同
觀。由個人而尚同於里長，里長尚同於鄉長，鄉尚同於國君，國君尚同於天
子，天子尚同於天。而天帝兼愛的意旨由天子而下及於每一個人。〔註29〕此
即筆者前所述，在墨子的天志及尚同的權威主義下，人勢必解消自我而走向
以集體意志尚同於天志，並以利勢導的功利主義和以威勢導的權威主義，取
代自我意志的自由。在此缺乏自由意志的情況之下，人是無法展現儒家所謂
生命本質的價值與目的，人所能呈顯浮現的價值，惟有來自外在現實功利與
臣服威權的衡量。這一現實功利與威權的價值，又只能落在天子，去求其實
現與完成，而天下臣民理所當然地尚同於天子所秉承的天志（意），以實踐「君
子之道」與「人臣之道」。〔註30〕

　　基於此一急欲「興天下之利」、「改善社會秩序」實效的價值觀，墨子主
張的一切文化活動，只以現實生活中的實利為價值，而徹底否定了禮樂制度
與合乎人性和人情的祭祀功能，及其對社會所產生的教化作用與價值。觀〈非
樂篇〉〈節葬篇〉，則可明此，不另贅言。〔註31〕故《荀子》〈解蔽篇〉評之曰：

　　　　墨子蔽用而不知文。

〈王霸篇〉譏他是：「役夫之道」。蓋就其文化意識言，墨子是一個徹底的實
效主義和權威主義，只求實際產生的效用，而不瞭解文化生活的內在價值。
因而一切日常生活中的文化活動，皆以工具理性的思維方式衡量其存在價
值，「其所「蔽」者實即顯其立場，而其「不知文」也就是對文化價值的精神
內涵與人的內在本質，缺乏深刻地反省與自覺，此乃實效主義與權威主義觀
點之必然的態度。〔註32〕

（二）墨子的鬼神觀

〔註29〕《墨子・尚同中》。
〔註30〕《墨子》〈明鬼下〉：「反聖王之務，則非所以為君子之道也。」
〔註31〕《墨子》〈非樂〉〈節葬〉〈公孟〉等。
〔註32〕勞思光：前引書，頁230。

　　墨子既然肯定一個人格神主宰人間社會及自然界，〔註33〕自然也就肯定了鬼神的存在。並且認為鬼神是居於天神和人之間，〔註34〕做為裁判人行為的一種強而有力的約束力。〔註35〕所以他極力以史實證明鬼神的存在，主張人應委託其生命活動於神，以為人應向鬼神酬恩，因為鬼神「有知能形」且能害人，故而人必須尊敬鬼神，以趨吉避凶。〔註36〕從墨子所引之史實，不難窺知其所承襲的鬼神思想，乃殷周之際的鬼神信仰。〔註37〕

　　在現實的生活中，就一個被統治階層與統治階層相比較時，被統治者往往深感自身力量的不足與有限，要實現自己的願望，就必得求功於天帝、鬼神，從而把自身的要求說成是天的意志，於是在講「天志」的同時，又說神道鬼，把天與鬼神變成實現自身願望的工具，這是極其合理而又自然的事。

　　人世間的困頓與不美滿，人往往即向主體之外，尋求一個合理解決問題的方法，於是人將自我意識反映在鬼神世界中，希望藉著鬼神的信仰「賞善罰惡」、「興天下之利，除天下之害」，以滿足人對現實生活秩序合理性的渴望。故爾，觀墨子之鬼神觀，亦不脫離其最基本的哲學主張──實效主義與權威主義。但若從其所謂的「三表法」證明鬼神的存在，則更表現了墨子認識方法的神秘主義色彩。〈非命上〉：

> 何謂三表？子墨子曰：「有本之者，有原之者，有用之者。」於何本之？「上本之於古者聖王之事。」於何原之？「下原察百姓耳目之實。」於何用之？「廢以為刑政，觀其中國家百姓人民之利。此所謂言有三表也。」

然觀其〈非命〉通篇，墨子所言之本，乃指根本的價值基源所在，而他主張

〔註33〕《墨子》〈天志〉〈尚同〉。〈天志中〉云：是以天之為寒熱也，節四時，調陰陽雨露也，時五穀孰，六畜遂，疾菑戾疫凶饑則不至。……今夫天兼天下而愛之，遂萬物而利之，若毫之末，無非天之所為也。且吾所以知天之愛民之厚者有矣：曰：以磨（歷）為日月星辰以昭道之；制為四時春秋冬夏以紀綱之；雷（實）降雪霜雨露以長遂五穀麻絲，使民得而財利之；列為山川谿谷播賦百事，以臨司民之善否；為王公侯伯，使之賞賢而罰暴；賊（賦）金木鳥獸從事乎五穀麻絲，以為民衣食之財。自古及今未嘗不有此也。〈非攻下〉云：天有酷命，日月不時，寒暑雜至，五穀焦死。
〔註34〕〈天志上〉：子墨子曰：其事上尊天，中事鬼神，下事愛人。
〔註35〕《墨子・明鬼下》。
〔註36〕王充《論衡・薄葬》：「墨家之議在鬼，以為人死輒為神鬼，而有知能形而害人。」
〔註37〕《墨子・明鬼下》。

除以聖王的事蹟為本之外，另外還包括天鬼之志，〔註38〕且古代聖王亦都「率其百姓，以上尊天事鬼」，以天鬼為本。故其所本之者，乃效法聖王本於天鬼之事蹟。

　　至於「原之者」，是指考察一般百姓的耳目，即基於經驗驗證考察其主張之「本」。「用之者」，則是應用於刑政，增進人民的福利，觀察是否合於天鬼之志的方法。換言之，即有利於百姓者用之，否則去之。〈明鬼下〉云：

　　　　子墨子曰：是與天下之所以察知有與無之道者，必以眾之耳目之實知有與亡為儀者也。請（誠）惑（或）聞之見之，則必以為有。莫聞莫見，則必以為無。若是，何不嘗入一鄉一里而問之。自古以及今，生民以來者，亦有嘗見鬼神之物，聞鬼神之聲，則鬼神何（可）謂無乎。若莫聞莫見，則鬼神可謂有乎。

按此節，墨子是以古證今，並謂自生民以來，人即「嘗見鬼神之物，聞鬼神之聲」，怎可說鬼神不存在呢？此是以第二表「原之者」，「察百姓耳目之實」證明鬼神存在。為求論證的充分，且其於文下，更引杜柏被周宣王誤殺，三年之後，杜柏於日中執弓追殺周宣王，以為報復之例，證明人死為鬼神，且能知能形，亦能害人。〔註39〕蓋王充《論衡》〈薄葬篇〉說：

　　　　墨家之議右鬼，以為人死輒為神鬼，而有知能形而害人。故引杜柏之類以為效驗。

依上文所述、所引之資料，當可瞭解墨子所謂的「鬼神」，乃指人死後的靈魂能對生人日常生活有所影響者。鬼神既對生人能賞善罰惡，生人自然要對鬼神有所瞭解，故其〈明鬼篇〉即在證明鬼神的存在，並且要人相信鬼神能左右人的禍福；只要行善必得鬼神之佑，反之必得鬼神之罰。由鬼神的存在，並能賞善罰惡，自然要導出人之命運必由人自己的行為所決定，人能決定自己的禍福，蓋人生之一切活動非由天命所定。故其所言之「非命」即指人的自由意志決定了人生的命運與方向，而非由一客觀不可知之「命」決定了人主觀的生活。由知，墨子的非命論是從其鬼神觀所導引出的必然結果。此即透過自身的努力——「非命」與外在的和諧——順「天鬼」之志，以促進自我願望的實現。〈明鬼下〉：

　　　　子墨子曰：若以眾之耳目之請以為不足信也，不以斷疑，不識若昔

〔註38〕〈非命中〉：「於其本之者，考天鬼之志，聖王之事。」

〔註39〕《墨子・明鬼下》。

者三代聖王，堯舜禹湯文武者足以爲法乎？……若苟昔者三代聖王

足以爲法，然則姑嘗上觀聖王之事。昔者武王之攻殷誅紂也，使諸

　侯分其祭曰：使親者受內祀，疏者受外祀。故武王必以鬼神爲有，

　是故攻殷伐紂，使諸侯分其祭。若鬼無有，則武王何祭分哉？

按上文所引，即以第一表「本之者」，「本之於古者聖王之事」證明鬼神的存在。但觀其所述，言必聖王，率以尊天事鬼爲其效行之法，故可知之，墨子爲一崇拜權威而又尊古主義者。再者，其言武王之所以祭祀鬼神，乃基於其確信鬼神存在，否則依照墨子功利思想與實用主義的價值觀，「無魚而爲魚網」絕非墨子所爲。〈公孟篇〉云：

　公孟子曰：「無鬼神。」又曰：「君子必學祭祀。」子墨子曰：「執無

　鬼而學祭祀，是猶無客而學客禮也，是猶無魚而爲魚網也。」

再者，〈明鬼下〉亦云：

　子墨子曰：今吾爲祭祀也，非直注之汙壑而棄之也，上以交鬼之福，

　下以合驩聚眾，取親乎鄉里。若神有則是得吾父母弟兄而食之也。

　則此豈非天下利事也哉。是故子墨子曰：今天下之王公大人士君子，

　中實將欲求興天下之利，除天下之害，當若鬼神之有也，將不可不

　尊明也，聖王之道也。

從墨子對鬼神存在的考察，可見他眞正相信有鬼神的，況且相信鬼神的存在，也是基於實效主義爲其思想內涵。因爲鬼神能賞賢罰暴，作威作福，官吏就不敢不廉潔自愛，百姓自然也會心生恐懼，行爲自然會有所約束。行爲有所約束，天下之亂即可不治而平，國家刑政即可備而不用，百姓即可因社會安定而相互交相利。〈明鬼下〉云：

　是故子墨子曰：嘗若鬼神之能賞賢如罰暴也，蓋本施之國家，施之

　萬民，實所以治國家利萬民之道也。……是以吏治官府不敢不潔廉；

　見善不敢不賞；見暴不敢不罪；民之爲淫暴寇亂盜賊以兵刃毒藥水

　火迎無罪人乎道路，奪車馬衣裘以自利者由此止。

此即墨子從第三表「用之者」，即有利於百姓者證明鬼神的存在。

以上所舉三表法，一是訴諸古代權威；二是訴諸五官經驗；三是訴諸實際的效用。蓋僅以〈明鬼篇〉所採之三表法進行論證，做實例分析以說明墨子的鬼神觀的實效主義。

總之，墨子所言之天是要天下人兼相愛、交相利，而古聖先王，亦都秉

承天鬼之志（意）行事，兼愛天下之百姓，且率民以尊天事鬼。而天子秉承天意，替天行道，因此，古聖先王以及天子之事蹟，一定是要符合天鬼之志，足以爲萬民之法。

　　蓋觀墨子明鬼的宗旨，亦如儒家一般，也是要天下百姓「民德歸厚」矣。但墨子卻不讚成儒家所主張的不相信鬼神的存在，卻又在祭祀上所主張的「祭神如神在」，透過生人的想像去做出許多虛文儀節強調情感上的滿足。所以墨子他對於鬼神，強調精神上的信仰，並依此信仰指導著人們日常生活的文化活動，至於形式上的虛文，則非其所關注的重點。

第二節　儒家與墨家的孝道觀

一、墨家的孝道觀

　　儒、墨兩家既爲當時顯學，且「墨子又學儒者之業，受孔子之術」，自然儒家孔子所論之問題，墨子亦與之對應。墨子以「天志」爲本，爲其價值根源，人順天志（意）即得賞，天意要人「兼相愛，交相利」，自然父子之間的人倫關係，亦以「兼相愛，交相利」爲其孝道思想的要素。

　　墨子對於儒家所主張之「孝」，雖然不曾像「非樂」、「節葬」一般加以非難，但只承認爲社會上非常普遍的人倫關係。而非像儒家一樣，視孝道爲一切道德實踐的起點與仁的本源。由於墨子的出發點是以宗教的精神，主張無差別的「兼愛」，反對儒家所謂的等差之愛，因此，「孝」在墨子的思想系統中，不過是從「兼相愛，交相利」的思想前提下，所衍生的父子人倫關係，與其他人之間的「愛」、「利」關係並無特別差異。

　　講求實效思想既爲墨家哲學的首要前提，由是墨家所謂的「孝」，完全根源於實效主義，以親人獲有實利爲「孝」，這就是墨子的孝道觀。《墨子・經上》云：

　　　　孝，利親也。

孝之本義，即人子爲其父謀福利。倘依墨子之言，子若自愛而不愛父，則父必求自利而不利子；同理，父若自愛而不愛子，則子亦必求自利而不利親，人人如此，天下則亂。〔註40〕蓋其愛、利乃是人與人之間對等關係，而非源

〔註40〕〈兼愛上〉。

自人之主體生命的自覺。主宰人之行為者，則在外在功利實效的獲得。〈兼愛上〉云：

> 若使天下兼相愛，愛人若愛其身，猶有不孝乎？

然孝既以利親為鵠的，故父子之愛，就無法建立在本乎人性之情感的自然流露。而是以各挾利勢導的利害計量，為此，人性既有的那一丁點活水源頭，亦將為之枯竭。唯一可能建立起的人倫關係，即相互為求現實利益之交換，方能維繫父子之情於日常生活之中，才不致破害社會秩序，導致天下大亂。蓋從墨子求實效的哲學觀點言之，父子關係的維繫、僅依賴於人性本質之外的實「利」，至於子孝於父之生我、育我、護我之德，自然為墨子所忽視。〈經說上〉：

> 孝，以親為芬，而能之利親，不必得。

按此節乃解〈經上〉：「孝，利親也。」即說明孝不必言德；按音訓「得」者，「德」也，得與德義通。「能之利親」即謂能表現孝者，就在能夠以實利事奉其親人。至於利為何物，依《墨子・經說上》云：

> 利，得是而喜，則是利也。

〈經上〉亦云：

> 利，所得而喜。

是知，利即使親人得到其所喜歡之事物，得到的越多則就越能表現孝道。〈大取〉云：

> 智親之一利，未為孝也，亦不至於智不為己之利於親也。

由是觀之，墨子的孝道觀，乃是現實實效的價值觀。孝道的內涵，不以人子之所以具有此身之本質，向其價值與目的上實踐孝道，展現人心之自覺所衍生之敬德與思慕之情，反以現實生活的實際效用之多寡，判定孝與不孝，故其價值觀，實可謂現實的實效論。

誠如筆者前述，墨子哲學思想的發生，受制於其歷史的承傳與所生長的客觀環境，他始終處於平民的地位，直接反映當時平民的利害與意識，自然所關注焦點，必專力於現實社會實然現象的問題所在，並以解決此刻不容緩的實然現象為其哲學思維之重心，蓋凡有助於現實問題之解決者，即為價值之所在，故視孝為利親，乃當然爾！

墨子所反映的被統治階層的利害，固可構成現實實然社會正義的基礎；但其解決問題的構想，常以現實生活的情形作為其立論根據；這便是非命、非樂、薄葬講求以利勢導，只考慮物質生活中的實利一面，而不考慮精神生

活與禮制文物對人性教化的價值，做爲改善社會秩序的思想來源。墨子的思想，是被統治階層要求的直接反應，故其思維的方式乃出於感性直觀，保持了非常素樸的形態，而非依循人主體精神的自覺反省。所以他的思想，有其純厚的一面，也有其落後的一面。

綜結上文，墨子哲學思想的價值根據，不是來自人性普遍的道德要求，而是來自現實生活經驗中人我之爭的教訓。被統治階層之利益自始是被剝削的對象，又感到自身力量不足，無以與統治階層相抗衡，故而把被統治階層要求公平與正義的願望，反映在超越一切之上的天上，從而把自身的要求說成是天志（意），做爲改善社會秩序與公義的價值根源。因此，「兼相愛，交相利」的根據，來自超越人之上而又兼賞善罰暴的天志。天志由鬼而下達，故人必須明鬼以趨福避災。這就是墨子思想的大體結構。

二、儒家的孝道觀

儒家對於「孝」的觀念，完全與墨家視孝爲外在實利的主張不同。儒家認爲祇以能養而無內心的誠敬，不僅不能謂之爲孝，反與豢養犬馬禽獸又有何分別？《論語》〈爲政篇〉：

> 子游問孝，子曰：「今之孝者，是謂能養。至於犬馬，皆能有養，不敬，何以別乎？」
> 子夏問孝，子曰：「色難；有事弟子服其勞，有酒食先生饌，曾是以爲孝乎？」

上引孔子所論之孝，不僅僅只是對內啓發仁心的自覺，講求內心的誠敬；更由先於孝所產生的誠敬之心，對外來分辨人禽之別，將人原本同於禽獸反哺的本能提升爲人異於禽獸的本質。孔子對「孝」所提出「敬」的觀念，正也是孔子及爾後儒家對祭祀所抱持的最根本的態度，並且將「孝」視爲道德的根源與實踐道德的起點。《學而篇》云：

> 有子曰：「君子務本，本立而道生。孝弟也者，其爲仁之本與？」

《孝經》：

> 夫孝，德之本也。

《大戴禮記》衛將軍文子：

> 孝，德之始也。

儒家和孔子對「孝」的考察，既以「敬」爲行「孝」的必要條件，且爲爾後

儒家學者視爲當然耳。然人心之「敬」從何而來？行孝又爲何一定要敬？人又爲何一定要行孝，不孝不敬又如何？孝的目的、孝的本質、孝的精神又爲何？若此傳統道德中的知識問題，未先明確地找到其價值根源，則所論之「德之本也」、「德之始也」不過是儒家一廂情願的想法。尤其傳統先秦儒家的原善論，雖給人一種道德的信心，往往卻不能接觸到現實人生中複雜的道德問題，讓人總有一點活在象牙塔中的遺憾。因爲在實際的現實社會中，由於人們的認知差距、社會地位、經濟能力的不同，不同階層人們的思維能力、道德意識及表達（現）情感的方式截然不同，甚至根本相反，因而，才會有墨家者流反對儒家所言之周制，而倡言「孝，利親也」，主張非樂、節葬、非命等，依循夏制。〔註41〕甚至，孔子的弟子宰我問三年之喪，嫌三年喪期太久，必導致禮壞樂崩，主張守喪一年即可。孔子雖以「三年之喪」爲孝道的表現，且以「子生三年，然後免於父母之懷」，故以「三年之喪」表示子女對父母之「三年之愛」，以酬恩於父母對子女之「三年之愛」。雖然孔子並問宰我居喪期間「食夫稻，衣夫錦，於女安乎？」直指宰我仁心安在，宰我卻仍舊說：「安」，孔子也無可奈何地說：「女安則爲之」。此即最明顯可見的例證。

　　蓋言儒家的孝道觀，首先面對的問題，即是人子對父母之孝思從何而來？也就是人的道德根源問題。此即涉及傳統儒家的價值根源，源於人性之內，抑或源於人性之外。再者，人子盡孝的目的爲何？換言之，即是人價值表現的目的所在，到底人爲什麼一定要盡孝道？做爲實踐道德的起點，不盡孝道又會如何？此則觸及道德的實踐是個人的事？還是人類整個群體對存在總體的回歸與認同，而展現的一種對原始和諧的要求與企圖？然此二者之間，群體價值目的之所在，必根據個人之價值根源爲依歸。故而，從人的內在本質，尋求價值的根源，再推向人類整個群體全面實踐道德的可能性，既不失個體獨立自足的主體性，又可兼顧證成人性的內在本質──道德的普遍性。

（一）孝的本源

　　從文字起源看來，「孝」字包括兩部分：「從老，從子」、「子承老也」。「耂」指鬚髮變白，代表父母之意；「子」則代表子女。許慎《說文解字》云：「善事父母者」，〔註42〕由此可知，「孝」的本義是指父母與子女的人倫關係，其先決條件是婚姻關係的成立在先，且夫婦必先有子女，成爲父母之後，子女

〔註41〕《墨子》。
〔註42〕許慎：《說文解字》·段玉裁注：台北漢京文化事業有限公司，頁369。

盡「孝」才有對象，否則「孝」是無法成立的。

因此之故，「孝」的字義本身就包括了父子的邏輯關係，與家庭之縱的社會文化意義。「孝」道實踐的主要因素，是建立在爲人子女對父母的敬事。倘若子女並無敬事父母之意，則即使有子女，「孝」依舊不能實現。爲此，「孝」當就子女向父母所流露之眞實感情言。

但從宰我問三年之喪觀之，孔子所持之人倫觀念，乃就「子生三年，然後免於父母之懷。夫三年之喪，天下之通喪也，予也有三年之愛於其父母也。」〔註43〕此種人倫酬恩的道德關念，並不具備道德的強制性，也不具有因拒絕實踐這種人倫酬恩的道德義務，而遭受任何賞罰。因而，孔子對宰我僅只能說「女安則爲之」。按此處孔子所言，子女對父母守喪三年爲孝道的表現，其所持的理由有三：一、是酬恩，「子生三年，然後免於父母之懷」，故而也應有三年之愛於父母；二、是孔子所持的道德標準（孝），乃寄託於傳統文化的規則上，此即孔子所堅持的「三年之喪」的標準，必須是符合那個時代所寄託的文化規則，故言「三年之喪，天下之通喪也」；三、是面對吾人生命之所從出，亦即人之所最親密而又爲吾人與一切生命相感通之始點。吾人居喪期間，「食旨不甘，聞樂不樂，居處不安」乃人之眞情流露，何能言安，故宰我出，子曰：「予之不仁也。」孔子說宰我不仁，乃基於以上三點。

孝在儒家哲學中乃是一切仁心流行之根源，一切仁心之流行固可遍及一切，然仁心之起始點，必原自一人始。父母乃吾人生命之所從出，且與吾人生命最早相連繫、相感通之生命，亦爲吾人對一切人盡責任之始，倘此最根本、最直接的至情實性都無法做到，怎能奢求仁心遍及於他人。此即儒家最根本的倫理觀，由親而疏，親親而仁民，仁民而愛物。蓋由孝敬父母而向上推及祖先以致天地萬物，此乃依理性而衍生之眞情流露；此眞情實性展現於傳統中國社會的日常文化活動及行爲模式，其來源即由孝道所建立的倫理原則。是以「孝弟也者，其爲仁之本與」，由「孝」入「仁」，「孝」與「仁」即成爲縱的人倫繫屬關係；而「夫孝，德之本也，教之所由生也」，「孝，德之始也」，由「孝」啓發「德」，「孝」與「德」則成爲橫向的社會人際關係，此即成爲儒家經由倫理解釋而系統化的文化哲學。

「孝」既爲向上推恩，敬事父母、祖先，以至於天地萬物，則「孝」之本源當源自於天地，否則何以無限追溯其本於天地。天地並稱乃源自古代原

〔註43〕《論語・陽貨》。

始宗教的自然崇拜，原始人對自然的崇拜親若對父母的崇拜，繼至圖騰崇拜時期分天地（陰陽）為二，然後歷經生殖崇拜演進到祖先崇拜，將男性視為天父，女性視為地母。人視天地為一切萬有之源，好比吾人之生命源自父母一般。〔註44〕故爾後才有皇天后土、父天母地、乾為天、坤為母之說。天地並稱，實則展現人報本返始，重回原始和諧的終極企圖。《易‧序卦傳》云：

> 有天地，然後萬物，有萬物，然後有男女；有男女，然後有夫婦；
> 有夫婦，然後有父子；有父子，然後有君臣；有君臣，然後有上下；
> 有上下，然後禮儀有所錯。

即視天地為萬物生化之根源。爾後天地之所以為儒家哲學倫理思想的重心，與一切價值的根源，不在天地單獨或分離存在時之個相，而在天地之合時的作用，〔註45〕即《易‧繫辭傳下》所謂「天地之大德曰生」。簡言之，天地之合代表原始的和諧，象徵萬物生生不已，使萬物化生，而男女夫婦之合才有子女，有子女，父母方有可能成為子女向其盡孝的對象。蓋天地並稱亦如夫婦、父子一般，屬於成對出現的字詞（polar word），實表現一種極高的形上學與宗教的智慧。〔註46〕換言之，在古人看來，天地之合的作用「生」，實則就是宇宙自然的有機本體。由此可見，「孝」字本身就是父子成對出現的字詞，並包含了父母對子女的「生」德與子女「善事父母」、「繼述先人之志」的意義。而其本源自當由父母、祖先而上溯到天地。由於天地之大德曰生，人繼承天之生德，仗之綿延不絕，生生不息，並回溯推恩於天之生德，即孝道之表現。《孟子‧離婁》曰：「不孝有三，無後為大。」即在賡續天地生生之德。因為唯有生命的繼續存在，才能繼先人之志一切文化理想的實現才有可能。《禮記‧哀公問》：「合二姓之好，以繼先聖之後……天地不合，萬物不生。」蓋就天地生化之功，我們可以瞭解到「孝」與「仁」的縱屬關係，人之孝，當孝（肖一像）天地之作用一般，化生萬物，使之綿互不絕。天地之合以化生萬物，正是表現天地之「化」，而男女之合以繼承先聖之後，亦正是展現由

〔註44〕見本論文第二章。

〔註45〕周予同：〈「孝」與「生殖崇拜」〉，中國古史研究（二），頁400。

〔註46〕唐君毅：前引書，頁338。唐君毅先生說：「而中國思想中之天，則遍在自然界而以化生萬物為事，即為真有持載自然界之地德者。於是人與萬物，同不為枉生而為直生，此即易經之所以乾元統坤元，以天統地，而乾坤又可並建，天地又可並稱之故。中國思想中，於天德中開出地德，而天地並稱，實表示一極高之形上學與宗教的智慧。」

「孝」入「仁」，實踐先人之志與天地之作用。儒家以爲有天地然後有萬物，有萬物然後有男女，即在說明有天地而後有生命，生命源自天地自然這個有機本體，自然人亦源自天地，所孝（肖―像）者，當以天地爲本源。

《荀子・禮論》云：

> 天地者，生之本也；先祖者，類之本也。……無天地，惡生？無先
> 祖，惡出？

蓋「孝即肖」，也就是要像，換言之，就是要效仿（法）先人，父（祖先）創業維艱、積極進取、努力不懈的剛健精神，剛健就是永遠運動、永遠前進，而非僅止於崇拜祖先所遺於後人的恩澤，在其餘蔭之下祈福納祥。《易・乾卦》云：

> 天行健，君子以自強不息。

這就是說，那包括日月星辰的天體永遠在運動，永不停息，有道德的人應效法天德健行不已，努力向上，絕不停止。中國古代將「祖」配「天」，實則是將祖先的恩德比作像天德一樣的完善。《孝經・聖治章》云：

> 天地之性人爲貴，人之行莫大於孝，孝莫大於嚴父，嚴父莫大於配
> 天，周公其人也。昔者周公郊祀后稷以配天，宗祀文王於明堂以配
> 上帝。

因此，對父母孝順，就是對祖先盡孝（肖）；對祖先孝順，就是對天盡孝（肖），也就是說子孫要像「天」一般——剛健不已、生生不息。

至於「順」，則是要子孫效仿（法）母性、地母、大地一樣的包容與柔順之德。《易・乾卦》云：

> 地勢坤，君子以厚德載物。

地勢是坤，載物就是包容許多物類；有道德的人就應胸懷寬大，包容各方面的人，能接納不同的意見。

因此，所謂孝順，就是一方面自強不息，永遠運動，努力向上，絕不停止；另一方面也要包容多樣性，包容不同的方面，不要隨便排斥那一個方面，如此方可謂爲孝順父母，通天地之德。

中國古代以乾爲天，坤爲地；並以天爲父，地爲母。《易・說卦》云：

> 乾，天也，故稱乎父；坤，地也，故稱乎母。

即以皇天象徵男性的剛健與創造性之德；及后土（女性）的柔順，「生而不有，爲而不恃，長而不宰，是謂元德」來比喻母性的美德。所以說孝順的「孝」當指「肖天」——乾的剛健創生之德；「順」則指「肖地」——坤的成務載物

之德。「上天有好生之德，下地有化育之靈」就是指這個道理。而歷史文化的發展，就在人不斷地創生與成務載物的衝動中，持續不絕。

所以儒家強調祭祀，主張祖先崇拜，完全是孝思的表達。因為崇拜祖先與孝順父母，無異於吾人對天地生生之德的追思與孝道的表現，故而，郊祀天地與崇拜祖先立於同一「生」的基礎上，此乃吾人對宇宙本體最深切的回歸與認同。《禮記‧郊特牲》云：

> 萬物本乎天，人本乎祖，此所以配上帝也。郊之祭也，大報本反始也。

蓋從發生意義論孝之本源，當源自人對天地之合──「生生之德」的崇高敬意。人為感恩於天地之所生，經由郊祀天地報本反始，重回原始的和諧，子女為酬恩父母所生與「三年之愛」，對父母有「三年之喪」之義務。就「生」之德言，父母、祖先與天地同功，故以祖配天，實乃以類比的方式及在一種形而上的宗教意義下所持之論。所以從「生」的觀點言之，父母與吾人之生命關係最直接、最密切者，若無父母之「生」我，吾人亦不可能有此生命存在之事實，因此對父母非愛不可，即非「孝」不可，也就是對其所「生」而「孝」之，此乃人類之一種報本反始之生命精神，近則崇祖，遠則敬天。

（二）孝的本質

依孔子所言，以「三年之喪」表示子女對父母之「三年之愛」，以酬恩於父母對子女之「三年之愛」。酬恩為人自覺道德意識的起點，也是人自覺異於其他生物而生之敬慕之心。

承前所述，人與動物之間的最大差異，就在人有自我意識，且是能自我覺知的認識主體。人之所以是認識主體，就在於人有自己的對象，人不僅把外界事物視為自我的對象，並且能進一步地把自我轉化為認識對象。動物雖亦能反哺，但其所異於人者，在於動物沒有自己的對象，也就是沒有自我意識，而且沒有把自我轉化為認識對象的能力，更無法把外在的客體視為自我的對象。簡言之，因為它自身不是主體，動物和它的生命活動直接聯接在一起，它沒有自己和自己的生命活動之間的區別。「動物既然沒有自我意識，它也就不能形成對象意識」。故而，動物的反哺、生殖乃出自生物的本能，而非出自一種自覺的價值與目的。〔註47〕

人子對父母酬恩的誠敬之心，恰在人把父母（客體）看作是自我本質的

〔註47〕李景源，前引書，頁281。

對象，也就是說，人子對父母（客體）的對象意識視作爲自我看待的意識。是以，倘若吾人本質上先無敬德之心，先沒有一個主觀上最高的人性本質，如何能覺知父母有恩於我，人子又如何能敬事自己的父母？換言之，假如吾人沒有自我意識，吾人的主體生命不具有價值與目的，吾人如何能把外在客體（父母）的價值與目的看作自我的對象，進而把自我的價值與目的也轉化爲認識的對象。當人把自我的價值與目的轉化爲認識的對象時，人對父母之恩德即看作是自我的對象，於是人將父母（客體）作爲自己意識和意志的對象與自己的主體價值與目的統一起來，從而將此統一起來的自我意識展現，即形成孝的本質—誠敬之心。

人對自我主體價值與目的的敬意，就是人展現對自我存在、自我生命的自愛，因爲存在與生命就是實踐一切價值與理想的可能性，且存在與生命包攬一切。因爲這個緣故，人才對他所依賴的東西產生莫大的敬意。人的生命與存在，對人而言本是一個無以言喻的神聖本質，但假若在人的生命之中不先具有創生、生生的本質，不先具有自覺的能力，把這個自己的本質轉變爲道德的要求，人如何能繼先人之志，敬事父母親人，又如何能親親而仁民，仁民而愛物。換言之，人本身就具有創生與生生的衝動本質，這種直接鼓勵人生的力量和衝動的本質就叫做「孝」，「孝」的觀念的興起，是因爲人不自覺的、非本意的、和必然的把主體生命當作一種道德的本質，所以人才自覺的在日常生活的文化活動中，把發生和維繫父子人倫關係時所依賴的最高憑藉叫做「孝」，因爲唯有「孝」才能合理解釋，人本身就是一個能夠自覺實踐價值與理想的主體。

人因爲是個主體，且是個實踐價值與理想的認識主體，人通過思維與理性，把自我的本質和意識自由地與客體區分開來，故而人能選擇性地，並且區分人倫的次第，依理性而生推恩之行爲。否則，天地生萬物，人與萬物同爲天地所生，萬物亦同具有「生」之能力，天地無私，何能斷言吾人獨受天地之眷顧，而爲天地之間唯一具有創生與道德者。

蓋從知識論言，人爲一認識主體，故能區分主體與客體之差異，並能將自我當作對象來看待，且能把客體看作自我的對象，從而把客體對象轉化成自我意識與主體合而爲一，以形成知識。人的認識能力，乃一普遍的事實，除非遺傳基因有問題，或外力所致；故道德的普遍性，就在人有覺知自我本質的認識能力。然一切知識只能應用於日常生活的文化活動中，躬行實踐，

並導致善的行爲之後，方才值得。因爲理性的思辨是個人認知的滿足，而價值與理想的實踐，則是歷史文化的庚續與完成。

　　儒家哲學所關注的重點即在如何實踐的問題上努力，因爲知的理解唯有透過實踐的過程，方能得到所謂的眞知，否則對客體的理解僅停留在感覺表象，對感覺表象的認知，祇是感性之知。至於理性之知，則是透過主體與客體實際交流的實踐過程中，感悟到客體的眞實本性。主體對客體的感知，是以主體的先在性爲邏輯前提，也就是說，子女（主體）對父母（客體）盡孝，必然是以子女誠敬之心的先在性爲邏輯前提，也就是孔子所言：「不敬，何以別乎？」此即直接透過主體的實踐與客體建立一種水乳交融、休戚與共的關係，方能臻至「孝」的本質。蓋孝的精神，根本上是一種發自人性最根源處的良知，完全以人的價值（主體）爲主導。人對價值的觀念不能脫離他對存在的觀念，對於存在境界的選擇決定了一個文化發展的方向。孔子直言宰我不仁，乃因「孝」道除了是個人道德實踐的事，求其安與不安外，更關係到那個時代所寄託的文化規則，也就是群體價值目的之所在與文化發展的動向。因爲，「孝」是人類整個群體對存在總體的回歸與認同，所展現對原始和諧的要求與終極企圖。此即引出下節所論之「孝」的目的。

（三）孝的目的

　　就儒家而言，孝本於天地化生萬物之作用——「生」；孝的本質則是一種發自良知的自覺所引發的誠敬之心；孝的精神則表現出一種不安、不忍，盡其在我的仁心流露。「從存有的觀點言，天地爲萬物之源其化生萬物則正是表現天地本體之『仁』」。〔註48〕蓋孝當效法天地生生之德以實踐天地之仁。故言「孝弟也者，其爲仁之本與」，實則說明了孝爲道德實踐的起點，同時也指出行仁爲「孝」的目的；也就是說由孝順父母爲起點，通過人倫關係而次第推及他人，以至天地萬物。然「仁」的本義爲何？這是在論「孝」的目的時，首先要說明清楚的，否則就不足以言孝爲「德之始」、「德之本」。

1、「仁」的意義

　　仁是儒家哲學的根本概念，也是儒家的終極理想。孔孟所謂的仁，原指天地之合所表現的天德，後又自覺爲人德。〈中庸〉和孟子對「仁」均有簡略地說明。《孟子‧盡心下》：

〔註48〕周予同：前引文，頁245。

仁也者，人也。

〈中庸〉二十章：

仁者，人也。

從字義上說，孟子與〈中庸〉把「人」與「仁」劃等號，也就是說「仁」的觀念是「人」所獨有，而人之所以稱爲人，就在人具有「仁」。這也就是孔子所謂「天生德于予」的「德」。人爲天地所生，天地之合以化生萬物，正表現天地之「仁」，故人秉天地之「仁」以行「仁」之事，成就人之所以爲人的價值與目的。

天地之德、天地之仁就是「生」，故人之價值與目的就是使萬事萬物生生不息。人欲使萬物生生不息，當然首要之務必先使自我的生命繼續存在，人對自我存在，自我生命的自愛正表現人對生命的崇高敬意，因爲人的生命源自父母，父母的生命無限地往上追溯則來自天地，故人對自我生命的敬意就好比對父母、對天地的敬意是一樣的。因而人行孝的起點，首先就是求生命之全。《論語‧泰伯》記載曾子臨死之言：

啓予足！啓予手！《詩》云：「戰戰兢兢，如臨深淵，如履薄冰。」

而今而後，吾知免夫！小子！

案此節曾子以其所保身之全示門人，並言其所保身之難有若《詩》云：「戰戰兢兢，如臨深淵，如履薄冰」懷著戒愼恐懼謹愼的心情守身至今，對於天地、父母所付予我的生命，一點也沒損傷。如今，我則將此生命照原來天地、父母所給予我的還給他們，以表示對生之源——父母、天地的崇高敬意。《禮記‧祭義》云：

曾子曰：「身也者，父母之遺體也，行父母之遺體，敢不敬乎？」

天之所生，地之所養，無人爲大。父母全而生之，子全而歸之，可謂孝矣！不虧其體，不辱其身，可謂全矣！

蓋從天地言，天地爲一所生、所養之所，人得天地之全，自然當保身之全生全歸，方不虧不辱天地所生、所養之仁。因此，孝的起點則當懷戒愼恐懼憂患的心情從保身之全做起，因爲吾人之物理生命乃父母之生命的延續，而父母之生命又從天地所生，吾人保己身之全則是對父母所承源於天地之生命的最高敬意。天地生萬物，是爲了要實現天地之仁，人秉天地之仁，自然首要之務則是保身之全。吾人一方面自全其身，一方面全人之身，換言之，就是一方面對自己身的敬重，一方面推己及人尊重他人的身體，因爲他人也是天

地所生，他人也是在實踐天地之仁。即人類的最高生涯目的就是能夠繼續存活下去——「生」；因爲只要能繼續生存下去，一切的價值與理想才能實踐。人在對自我生命與存在的敬重之時，同時也尊重別人的生命與存在，也讓別人有存活的空間，使其生命有生生不息的可能性。所謂「博施備物」，《禮記・祭義》：

> 孝有三：小孝用力，中孝用勞，大孝不匱。思慈愛忘勞，可謂用力矣。尊仁安義，可謂用勞矣。博施備物，可謂不匱矣。

孟子所謂「親親而仁民，仁民而愛物」，其實就是《禮記・祭義》曾子所云：

> 樹木以時伐焉，禽獸以時殺焉；夫子曰：「斷一樹，殺一獸，不以其時，非孝也。」

實則由自全其身而全人之身，由求自我生命的生存而求他人之生存；由敬重自我存在之價值與理想，而尊重他人存在之價值與理想。此即《論語・雍也》子貢問仁，孔子答以：

> 己欲立而立人，己欲達而達人。

實則承《論語・顏淵》孔子答仲弓問仁：「己所不欲，勿施於人。」對仁更進一層的說法，然其前文孔子答以：

> 出門如見大賓，使民如承大業。

則是說對一切人所抱持的恭敬之心，就好像老百姓在崇祖敬天時的精神是一樣的。故亦可謂從崇祖敬天之敬，通過宗法人倫關係而次第向外推衍，移至一切人及萬事萬物，而成爲向人暨萬事萬物表現之仁人之心與崇高的敬意。〔註49〕

《說文解字》說：「仁，親也；從人二。」〔註50〕依照許慎的解釋，則「仁」乃指二人相遇，親人若己，也就是視人如己，二人相互推己及人，對自己的敬重推及對別人的敬重。鄭康成則把「仁」解釋爲「相人耦」。「相人耦」乃指「聘禮每曲揖」，也就是人與人相遇之時相揖爲禮，表示對對方恭敬之意。因此，解釋「仁」必先從個人主體生命談起，每個人均有一個對自身恭敬之

〔註49〕唐君毅：前引書，頁33。唐君毅先生說：「此仲弓問仁，孔子之答以『出門如見大賓，使民如承大祭』也。然此對一切人之敬，亦皆可謂由原始敬天敬祖之精神，通過宗法關係而次第開出者。故亦可謂爲敬天敬祖之敬，移至一切人，而成爲向人表現之敬。人與人之彼此間，由重忠信禮讓之德，以表其相敬相尊，則人之自尊自信之心與責任意識，亦日益提高。」《禮記・大傳》：「有百世不遷之宗，有五世則遷之宗。」疏云：「百世不遷之宗謂大宗也。五世則遷之宗謂小宗也。……大宗是遠祖之正體，小宗是高祖之正體。」

〔註50〕段玉裁：前引書，頁369。

心，然後向外推展到一切人，甚至一切萬事萬物，以此對「自身」的恭敬之心，對待他人及一切事物，則爲「仁」之本義。是以，「仁」字的古文爲「忎」，從千心，〔註51〕則不難理解其意。人人均有此敬己身之心，人人均以敬己身之心來對待他人，則人與人的交感之中所迸發出的那分眞情實性，就是「仁」。

《論語》中孔子所言之「仁」字，總共出現 104 次，雖然「仁」是個多義字，但將其統攝起來，不外乎是人與人交感之中，那種發自人性本質的道德實感。因而當一人獨處之時，無所謂的仁與不仁，唯有在人與人的實踐交感中，展現人所本具的本質，從人心眞誠之流露方能見「仁」之價値與意義。

故天地之所以有「仁」，乃天地「博施濟眾」，方能顯天地之「仁」；而「仁」之所以爲人，惟有當人從自己表現出人性時，惟有當人認識人性是人的本性地必然屬性，且將與人的本質地必然的效果實踐在日常生活中時，方可謂「仁者，人也」。也就在人能推己及人，視人如己，「己立立人」，「仁民愛物」的實踐中，方能呈現「仁」的意義。否則何以言「孝弟爲仁之本」，「孝」、「弟」爲人與人之間縱向與橫向關係，其所成立的必要條件，就是先要有可孝、弟之對象，也就是單獨一人時，無所謂的「孝」「弟」；同理，儒家言「仁」若只落在向內自我的克制，然後後向外回復於禮的話（顏淵問仁，子曰：「克己復禮爲仁。」）則孔子所言「天生德于予」的「德」，人性本具的善源與自我完足的德性，都將全面否定。爲此，人因爲是個主體，是個價値主體，當人人自覺於自身就是一價値所在，並且去實踐人所應盡的禮（理）分時，天下自然歸於人所建構的文化理想。故謂「一日克己復禮，天下歸仁焉；爲仁由己，而由人乎哉？」然此句的關鍵字則在「克」字。

若將「克」字釋爲內在自我克制的話，則復禮必然是向外求一道德規範。若此，這種解法將造成儒家原善論的一個明顯困境：人性與善毫不相干。因爲，假使人在克制自我之後才可回復於禮，又假使人在回復於禮之後才可稱之爲仁，那麼我們是否必須認爲：人的自我不是仁，〔註52〕孟子又何必說「仁者，人也」。而孔子所論人本具天所付予的「德」，亦遭否定。爲此，若能將「克」字解釋清楚，則不難澄清誤解。

「克」字的甲骨文原形是「𠙶」，金文則成「𠧋」。高鴻縉的《中國字例》中解釋爲：

〔註51〕段玉裁：前引書，頁 369。
〔註52〕傅佩榮：《儒道天論發微》，台灣學生書局，民國 77 年 8 月第二次印刷，頁 103。

　　　　按克字本意，爲能荷重也，象人肩荷重物形。由文「㐄即人」生義，

　　　　故託以寄能（荷重）。

許愼《說文解字》則釋爲：

　　　　克，肩也；象屋下刻木之形。〔註53〕

若依許愼的說法，則「克」字是指人在屋下拿著刻刀刻木，也就是人爲了要克服木頭，使之成爲人所需要的形態。引申則爲人先要克制自己之後，才能符合外在的道德規範──「禮」。然依高鴻縉先生的解釋，「克」字則爲人本具的荷重能力，若將此意引申，「克己復禮爲仁」則可釋爲：能將自己本具的價值與理想，轉化成一種外化形式──「禮」，就是仁。引申言之則爲重新回歸自我本具實踐價值與文化理想的能力。

　　人因外力的影響，難免自我失落，致使逐漸遠離了人本具的價值與目的。因此，只要當人覺知自我本具實踐價值的能力，並且依循著自覺主宰去實踐禮，自然就呈現了「仁」。所以孔子主張「敬身」，孟子主張「守身」，並以敬己之身而敬他人之身，由守己之身而守他人之身，依此向外推展，以至萬事萬物。蓋行仁實則是孝道的進一步表現，而孝的目的也就是行仁。

　　孝由求己身之全做起，推而求他人之全，進而遍及求萬事萬物之全。人能全生全歸是謂對父母不虧不辱之孝；人能全他人之身，則是對社會文化之孝；人能全萬事萬物使之生生不息，則是對天地之孝，也是對天地之仁的不虧不辱。

第三節　儒家的祭祀禮儀理論

　　儒家的祭祀理論，主要是建立在人的主體生命賦予對象的客觀必然性以主觀自由的形式，人的本質及群體價值目的之所在，就在祭祀中便以這種自由的形式呈現。故謂：「祭如在，祭神如神在；吾不與祭，如不祭。」在此，「吾」字指的是人的主體生命；「如」字則是人主觀自由的形式──「想像力」；「神」則指主體生命的對象意識。簡言之，就是主體（祭者）透過主觀自由的形式（自我意識）展現客體（對象意識）。但儒家祭祀的中心思想，則如前所述，是以「孝」──報本反始爲其精神本質，並運用其所擁護的政治社會制度──周禮，將其理想化、理論化；也就是運用祭祀揖讓周旋的外化形式──「禮樂」制度，展現人所本具的價值與目的──實踐「仁」。所以說，儒

〔註53〕段玉裁：前引書，頁323。

家祭祀禮儀乃是一種充滿了道德化、神聖化的內化形式，並同時兼具了倫理性、神秘性、政治性與宗教性的外化形式。

由於儒家祭祀禮儀是經過人文精神理想化、理論化的結果，自然與原始宗教和墨家者流對於天鬼神祇的祭祀，是起源於一種趨利避害的心理不同。由於祭祀經驗的精華總是在祭祀主體（祭者）的身上發生，人無論祭祀的對象為何，但最後仍要回到對祭祀主體心理狀態的分析與把握去理解。因此，祭祀心理即為我的首要分析之務。

一、祭祀心理——祭如在

儒家不信鬼神而重祭祀，主張人倫以「孝」第一。「孝」為德之本，德之始，「孝」的對象不單是吾人健在的父母，而且對已故與遙遠的祖先也要抱持同樣的誠敬之心事之；甚而反推而上，吾人對天地、山川、神祇的祭祀，秉持此一情感之延伸敬事之。因為天地是人之本，祖先、父母是生之本，祭祀天地、祖先、父母同是不忘本，同是一種敬鬼神的誠意與對原始和諧的思慕之情。故因孝而述及祭祀父母祖先，又述及祭祀天地，以至萬事萬物。因此，當吾人以一種道德的歷史情感，去體會古人崇祖敬天的祭祀心理，才能真正地理解何以在父母的喪禮與祭祀祖先的行為中，同時包涵了對天地、山川、神祇與對人類的終極關懷。《禮記・祭義》：

> 聖人反本復始，不忘其所由生也。

《禮記・祭統》：

> 祭者，所以追養繼孝也。

也就是荀子所謂：

> 祭者，志意思慕之情也。

都是站在一種崇恩報德與人類最根本的情感——「孝」立言。《詩經》〈小雅・蓼莪〉云：

> 哀哀父母，生我劬勞……哀哀父母，生我勞悴……鮮民之生，不如死之久矣！無父何怙？無母何恃？出則銜恤，入則靡至。
>
> 父兮生我，母兮鞠我，拊我畜我，長我育我，顧我復我，出入復我，欲報之德，昊天罔極！
>
> 南山烈烈，飄風發發；民莫不穀，我獨何害？南山律律，飄風弗弗；

民莫不穀，我獨不卒？

此爲感念父母之恩德，至情流露，備極哀痛，描述爲人子女者不得終養其親之詩，頗有「樹欲靜而風不止，子欲養而親不待」之憾。從人初生開始，三年襁褓期，全賴父母拊我畜我，父母教養子女之辛勞，非言語所能形容，是以子女養成之後，莫不反哺報恩。然父母之恩德如天那樣的寥闊無極，那有「孝」、「順」盡之日？「是以親人既已死亡，從我們生人的理智觀之，則死者不可能復生，而靈魂是否能繼續存在，又無法證明，渺茫難信。但生人的感情又極欲死者復生，靈魂繼續存在」，〔註54〕因此，古人即運用成主儀式，透過象徵性的行爲，將新死者的靈魂點在一塊木牌上，使之繼續存在，並置於堂屋上與生人長相左右。〔註55〕《禮記・祭義》：

> 文王之祭也，事死者如事生。

《中庸》云：

> 宗廟之禮……事死如事生，事亡如事存，孝之至也。

親人死後，生人事親人之精神如其生時一樣，《論語・八佾》云：「祭如在，祭神如神在。子曰：『吾不與祭如不祭。』」孔子所云之「如」字，此即生人運用合於情感的想像力，事已死之親人如生時一般，以表達其無盡的孝思。《禮記・檀弓》云：

> 惟祭祀之禮，主人自盡焉耳，豈之神之所饗？亦以主人有齋敬之心也。

又《禮記・郊特牲》：

> 蜡之祭，仁之至，義之盡也。

即爲「祭如在……」這句話的註釋。後來儒家談到祭禮的精神大抵都是這一種盡人事、行其義的態度，來發揮祭祀的教化功能。《論語・雍也》孔子說：

> 務民之義，敬鬼神而遠之，可謂知矣。

這就是《禮記・檀弓》上的「之死而致死之（死了就當他是死了），不仁而不可爲也。之死而致生之（死了還當他是活著），不智而不可爲也」的另一種說法。若依上面的說法，孔子否認鬼神的存在，認爲相信鬼神之存在是不

〔註54〕 馮友蘭：〈儒家對於婚喪祭禮之理論〉，《燕京學報》第三期（民國 17 年 6 月）；頁 347。

〔註55〕 王祥齡：〈「成主儀典」實況和「成主的歷史文化淵源與體認」〉，《奇蹟與奇蹟——鮑朝先生紀念集》（民國 79 年 9 月），頁 60～95。

知的。但自然界與祖先父母對自己有很大的恩德，人在祭祀中運用想像力，想像著一個對象的存在，來表示自己「報本反始」、自己思恩的意思，倘若連這種崇德報恩的意思都要否定，孔子認為是不仁。所以孔子肯定祭祀始終是在感情方面的滿足。〔註56〕

費爾巴哈說：

> 人在宗教裡面並不是滿足其他的本質，而是滿足自己的本質。〔註57〕

因為理性是建立在感性上面，親人的靈魂不能被證明，靈魂祇能被信仰；換言之，靈魂不存在感官中，也不存在於理性中，親人的靈魂只能存在於想像中。這就是說，靈魂的存在正如生人所信仰的與生人所想像的那樣，或者說，靈魂存在的形態是依賴於生人的想像。總而言之，親人的靈魂就是生人想像力的產物。〔註58〕馮友蘭說：

> 我們對待死者，若純依理智，則為情感所不許；若專憑情感，則使人流于迷信，而妨礙進步。其有折衷於此二者之間，兼顧理智與情感者，則儒家所說對待死者之道是也。依其所與之理論與解釋，儒家所宣傳之喪禮祭禮，是詩與藝術而非宗教。儒家對待死者之態度，是詩的、藝術的，而非宗教的。

> 詩對于宇宙及其間各事物，皆可隨時隨地，依人之情感，加以推測解釋；可將合于人之情感之想像，任意加於真實之上；亦可依人情感說自欺欺人之話。此詩與散文，藝術與科學，根本不同之處也。不過詩與藝術，所代表非真實，而亦即自己承認其所代表為非真實，所以雖離開理智，專憑情感，而卻仍與理智不相衝突。詩與藝術是最不科學的，而卻與科學並行不背。我們在詩與藝術中，可得情感的安慰，而同時又不礙理智之發展。

> 宗教亦是人之情感之表現。其所以與詩及藝術異者，即在其真以合于人之情感之想像為真理，因即否認理智之判斷。此其所以為獨斷（dogma）也。近人桑載延納（Santayana）主張宗教亦宜放棄其迷信與獨斷而自比於詩。但依儒家對於其所擁護之喪禮與祭禮之解釋

〔註56〕 馮友蘭：前引文，頁350。
〔註57〕 費爾巴哈：《宗教本質演講錄》（台灣商務印書館），頁83。
〔註58〕 費爾巴哈：前引書，頁202。

與理論，則儒家早已將古時之宗教，修正爲詩。〔註59〕

因之，《詩經》〈小雅·蓼莪〉那篇就頗能說明馮友蘭所主張的了。

儒家對於祭祀之理論，全就人主觀情感之慰藉立言，且祭者主觀方面對被祭者有「志意思慕之情」。而祭者（主體）之對象（客體），則無形無影，只「如或饗之」、「如或嘗之」。《禮記·祭統》：

> 夫祭者，非物自外至者也，自中出生于心也……外則盡物，內則盡心，此祭之心也。

《荀子·禮論》：

> 祭者，志意思慕之情也……卜筮視日，齋戒修涂，几筵饋爲告祝，如或饗之。物取而皆祭之，如或嘗之。毋利舉爵，主人有尊，如或觴之。賓出，主人拜送，反，易服即位而哭，如或去之，哀夫敬夫，事死如事生，事亡如事存，狀乎無形影，然而成文。

親人由生而亡，給予子女的打擊猶如泰山崩頹，令生人傷痛彷徨不知所措。這種由有形攸忽無形，再從無形透過儀式化的移情思維方式，調適生人的心理；一方面感性地鄭重其事的祭祀，如或饗之，如或嘗之，如或觴之；〔註60〕一方面又理性地知其爲「狀乎無形影，然而成文」，頗能將巨石崩墜，沉而不起的子女的心志，頓時重新有所依恃與慰藉。此即費爾巴哈所說：

> 理性是建立在感性上面；神不能被證明，神祇能被信仰；或者可以這樣說：神不存在於感官中，也不存在於理性中，神只存在於幻想力中。……這話就是說：神恰如我所信仰的，恰如我所幻想的，或者：神的性質依賴於我的幻想力的性質。但是對於神的屬性如此，對於神的存在也如此。……總而言之，一個神就是一個想像的東西就是幻想力的一個產物；因爲幻想力是詩的主要形式或機關，所以人們也可以說：宗教就是詩，神也就是詩的產物。〔註61〕

《禮記·祭義》在描繪祭者祭時的心理狀態，更深刻地指出，祭者爲達「孝敬之心至也與……於是諭其志意，以其恍惚，以與神明交，庶或饗之，庶或饗之，孝子之志也。」

「此等詩的態度，儒家不但在祭祀祖先時持之，即對於任何祭祀，亦持

〔註59〕馮友蘭：前引文，頁347～348。

〔註60〕馮友蘭：前引文，頁351。

〔註61〕費爾巴哈：前引書，頁202。

此態度」。〔註62〕且均以祭祀主體的意志，賦予對象的客觀必然性以主觀自由的形式，而人的價值屬性就在祭祀中以這種自由的形式呈現。

然何以論人的本質在祭祀中便以這種自由的形式呈現？我們可以從孔子「祭如在，祭神如神在……吾不與祭如不祭。」這句話析論之。

承前文所述，孔子言「吾不與祭如不祭」的「吾」字，指的是人的主體生命，也就是孔子所言「天生德于予」的道德生命，人的道德生命從天而生，人是否實踐其本具的道德生命，完全決定於人的自由意志。也就是說，在實踐道德的問題上，人有絕對的充足自主的能力。在此，孔子言「吾不與祭」的「吾」，實則包涵了人生命的兩個面相，一個是物理生命，一個是具有自覺主宰的道德生命，也就是所謂的道德主體。由於人有絕對充足的自主能力，人在祭祀時是絕對自由的，祭者可以以其物理生命對應於一外在的客體，使主體（祭者）與客體（對象）二分，互不相干，也不交流；也可以以其充足自主的道德生命，對應一個透過主體（祭者）主觀的感性思維方式，賦予客體（對象）價值與意義。

在祭者當下來說，客體（被祭祀之對象）存在與否，決定在主體（祭者）──「吾與」的感性思維──「如」人主觀自由的形式，也就是費爾巴哈所謂的幻想力。但此感性思維的幻想力是建立在理性的基礎上，因為在理智上儒家所秉持著乃明知死者已死，並且認為鬼神為存在是不智。孔子說：「務民之義，敬鬼神而遠之，可謂知矣」的「知」就是指此，就是要人不要被鬼神信仰擾亂了日常生活。後來《荀子‧禮論》中更明確地指出「苟非聖人莫之能知也，聖人明知之」。只是基於人性的情感考量，主體（祭者）情感上仍希望客體（被祭者）猶生。但吊詭的是，理性又是建立在感性上面，一切祭祀對象存在與否完全不能被證明，僅只能如實地被主體（祭者）信仰。換言之，客體對象──「神」之能饗與否，是建立在「鄉之然後能饗焉」，〔註63〕「鄉」是指想像，也就是透過主體（祭者）的想像力，才能見到使其所祭祀的客體（對象）如實地歆享之。

從儒家祭祀理論來說，祭者（主體）本身的道德生命有其邏輯的先在性，倘若祭者（主體）的道德生命並未臨界，而僅以其物理生命依儀式禮單而行

〔註62〕馮友蘭：前引文，頁353。

〔註63〕《禮記‧祭義》：「唯聖人為能饗帝，孝子為能饗親；饗者，鄉也；鄉之然後能饗焉。」

的祭祀，不但毫無意義，並且不如不祭。因為這勢必將人的祭祀活動由充滿生動的生命形式，變成為一具沒有生氣和活力的道具，況且祭祀對於人欲報本反始，重回原始和諧和人生所展示的豐富的文化聯繫，以及它那種教化人心的功能亦將全然不見。儒家重視祭祀價值，就在於避免這種形式化所造成禮樂的僵化，而緊密地關注於人主體存在的邏輯先在性這一特性，把祭祀活動看成是人向自我本質回歸與超越的實踐之道。主體向其本質超越與回歸，並不是為了把客體對象（祭祀對象）視為某種現實的存在物去理解，而是把客體對象視為主體道德活動的體現。故謂：「吾不與祭如不祭。」但祭祀禮儀作為儒家禮樂教化體現的外化形式，它必然內在地向人們展現這兩種基本層次：一是祭祀主體（祭者）對客體對象（被祭者）的界定，《禮記‧祭義》云：

> 唯聖人為能饗帝，孝子為能饗親，饗者，鄉也，鄉之然後能饗焉。

此謂唯有在祭祀時能使帝（指天）及親人饗之，而饗即鄉，鄉即指想像。祭祀主體（祭者）對客體對象（被祭者）的想像，就是在做界定作用；再者，「祭神如神在」，「神在」是以祭祀主體所想像、所界定、所信仰的那種形式存在著。因此，進一步的，祭祀主體（祭者）通過被界定的客體對象（被祭者），現實上也通過這種自我意識的對象化（對象意識）而對自己主體（祭祀主體、祭者）的本質（道德生命）進行了界定，此即「吾與」或「吾不與」；另一方面，祭祀主體（祭者）正是通過自身對象化形式（對象意識）實現了自己（主體）與對象（客體）的溝通，進而自覺與不自覺地對主體（祭者）的族類進行界定。《禮記‧祭義》：「於是論其志意，以其恍惚，以與神明交，庶或饗之，庶或饗之。」〈祭統〉又云：

> 君子之齊也，專致其精明之德也……齊者，精明之至也，然後可以交於神明也。

在儒家來說，「非其鬼而祭之，諂也。」《左傳‧僖公十年》亦指明的說：

> 神不歆非類，民不祀非族。

〈僖公三十一年〉亦載有：

> 鬼神非其族類，不歆其祀。

然而以上這兩種基本層次關係，都是以祭祀主體（祭者）的自由意志為前提，因為人對他的對象之一切界定或改造，實際上都是主體（祭者）——「吾」賦予——「與」對象的客觀必然性以主觀自由的形式——「如」（想像力），人的本質（道德生命）在祭祀時便以這種自由的形式展現出來。《禮記‧檀弓》：

　　惟祭祀之禮，主人自盡焉爾，豈知神之所饗？

《禮記・中庸》：

　　齊明盛服，以承祭祀，洋洋乎如在其上，如在其左右。

《禮記・郊特牲》：

　　蜡之祭，仁之至，義之盡也。

祭祀主體（主人）自盡「仁與義」，乃道德的活動，爲追求「善」，以表示飲水思源不忘「本」；此乃人基於普遍的理性要求，人不得不將其本具的價值與目的透過外化形式——「禮樂」（祭祀禮儀），實現人對生命主體的衝動。就人的「主體」來看，人對自身的反思——「自盡仁與義」構成了人的哲學。人的哲學的本質，在於確立人在客觀對象面前的主動積極精神，這就是說，認識對象的目的在於認識自我。但深一層的說，人對客觀對象的認識，其實是人對自我主體認識的反映。同樣，人對客觀對象的崇拜，其實是人對自我本質崇拜的反映。同理，祭祀主體（祭者）對被祭祀客體的祭祀（崇拜），其實正是主體的理想與價值經由客體對象（被祭之對象）展現。因此，主體對客體的祭祀或崇拜正是主體本質的反映。所以，主體與客體的合一，其實就是主體存在與思維的合一。《論語・八佾》所言「祭如在，祭神如神在」，「祭」指的是主體的道德的活動，「如」則是主體以其道德生命爲基礎——將其追求善的動力轉化成對主體生命充實之「美感」的實現。蓋以詩及藝術的幻想力，以詩及藝術的美感形式，展現所祭之客體對象。此即儒家祭祀禮義的特殊表現形式，由道德走向審美，由追求善昇華至對美的體現；也就是體現主體內在心靈與客體對象的和諧統一之美。人的感性欲求與社會倫理道德的和諧統一，以及對天地自然的和諧統一，甚而人作爲人所應有的價值與意義在祭祀中都得到充分的肯定。因此，「祭神如神在」，所祭之客體對象——「神」就如同「吾與」——主體道德生命的充實之美感所想像、所界定的那種主觀的自由的形式存在著。故孔子所云：

　　鬼神之爲德，其盛矣夫！視之而弗見，聽而弗聞，體物而不可遺。

　　使天下之人，齊明盛服，以承祭祀，洋洋乎如在其上，如在其左右。

這種純屬由自我充實之美的道德意識，轉化成對象意識的主觀自由的形式，其實都應該歸屬於主體道德生命之主觀的體認與實踐。

　　因此，祭祀時感悟到「鬼神」存在——「如在其上，如在其左右」的經驗與生命美感的充實——「萬物皆備於我」與天地合一那種「重回原始的和

諧」，總是在祭祀主體的身上發生，其關鍵就在祭祀主體將其主體思維與總體存在合而爲一，並且把祭祀活動看成是人自我創造和實踐價值與目的的重要環節。

這就是說，人的價值屬性決定了人存在的方式，並且一切日常生活的文化活動，都是取決於主體自身對客體對象的態度，客體對象的屬性則有賴於主體的價值取向來界定與確立，而且主體的價值一旦體現在客體對象之上，客體對象本身由於這種關係而產生了變化。這種變化是因主體的價值與目的決定了客體存在的方式。因此，「祭如在」，客體對象抑或儒家理想化、理論化的一切祭祀對象的存在方式，決定在主體存在對其自身本質的超越與回歸。故「祭如在」，就是祭祀主體本身對其本質所想像、所思維的那種存在形式，反映在客體對象上，而客體對象則完全依照主體主觀的自由形式而變化。《荀子・禮論》謂：

> 聖人明知之，君子安行之，官人以爲守，百姓以成俗；其在君子以
> 爲人道，其在百姓以爲鬼事也。

正好說明了不同階層的人對其本質的理解所展現的文化面相。

二、祭祀的本質

中國古代儒家祭祀天地、祖先的思維基礎，不在靈魂不朽的信念，也不在欲向某一超越自然力禱告賜福與淨化罪惡、避免災難，而是建立在盡其在我的道德感上。也就是說，它是一種義務，故儒家祭祀的本質是祭者以其整個生命去面對客體對象（祭祀對象），而祭者整體生命的徹底實踐——「吾與祭」，則有賴於祭者（祭祀主體——吾）對自己本質的眞正占有。要達到這一點，祭者對客體對象（被祭者）首先必須進行揚棄功利性的訴求，使祭者（主體）超越實然的物理層面昇華至應然的道德層面。《禮記・檀弓》云：

> 惟祭祀之禮，主人自盡焉耳，豈知神之所饗？

「主人自盡」即指祭者（主體）仁至義盡，也就是盡其義而不謀其利。至於「神之所饗」與否，則非主人所關注之重點。

因爲，祭祀的當下，只有在主體（祭者）擺脫客觀實然物理世界的限制，主體才能體現眞正的自由，而以一種主動積極的需要關係，體現和領悟主體自身存在的價值與目的。因此，儒家所主張的祭祀是從人的自身需要出發的，這種需要不同於動物的本能，源自物理生命的被動性，而是根源於人性反省

自覺的能力。《禮記・郊特牲》云：

> 蜡之祭仁之至，義之盡也。

《禮記・問喪》：

> 此孝子之志也，人情之實也，禮義之經也，非從天降也，非從地出
> 也，人情而已矣。

人之所以有此眞情實性，報本反始，惟有出自人性的反省與自覺。《禮記・祭統》云：

> 凡治人之道，莫急於禮，禮有五經，莫重於祭。夫祭者，非物自外
> 至者也，自中出生于心也。……外則盡物，內則盡心，此祭之心也。

《荀子・禮論》云：

> 祭者，志意思慕之情也。

蓋祭祀惟出於祭者反省自覺之自由意志，否則無以成立。而「仁至義盡」指的就是祭者（主體）道德生命的主動性，摒除了物理生命物質欲望的功利性，依照主體的自由意志，行仁盡義。

因而只有在祭者擺脫物理生命的被動需要關係，以一種內在主動自主的需要，也就是祭者爲求主體生命自我實現的關係，才能眞正展現祭祀的本質。《禮記・祭統》云：

> 祭則觀其敬……凡天之所生，地之所長，苟可薦者，莫不咸在示盡
> 物也。外則盡物，內則盡志，此祭之心也。……誠信之謂盡，盡之
> 謂敬；敬盡然後可以事神明，此祭之道也。

是以，在這種「自敬盡」的需要關係下，祭者（主體）超越了物理生命的因果關係，並且揚棄了功利效應的價值取向，當下祭者（主體）從物理生命昇華至道德的生命，並依照祭者（主體）的自由意志自我界定，自我選擇存在的方式，體現祭祀的精神。

儒家理想化、理論化的祭祀禮儀，純粹就以人自身爲目的的超越性需要體現客體對象（被祭者），而人（祭祀主體）就在對自我覺知與理解中，賦予客體對象（被祭者）以意義，從而體現自己是自由的主體，是歷史與文化的創造者，是價值與目的的實踐者。儒家孔子主張（吾與祭）祭者在祭祀中的自我超越，不但使祭祀對象與祭祀活動變得有意義，同樣的也豐富了人日常生活的文化內涵。（後面會詳述祭祀所產生的禮樂制度）

當然祭者（祭祀主體）不以其道德生命參與（吾不與）祭祀，祭者物理

生命的存在並不因此而消失，但是人作爲自主的超越性存在，將其主體生命抽離其所面對的祭祀對象（客體），則就不能充分地體現祭祀的意義。同樣的，自我主體的價值與意義，亦將無法實現與完成。因爲，最能使人的精神、情感和意志得以超越和提昇的方式上，便是將客體對象（被祭者）作爲一種有意義、有價值可感的對象對立起來，使祭者（主體）能夠在祭祀對象（客體）身上體現自我的本質，這也就是說祭者（主體）在祭祀中所體現的並不是客體對象（祭祀對象）的本質，而是祭者自我本質的實踐與完成。換言之，在祭祀中並不是滿足其它的本質，而是滿足自己的本質，此之謂道德情感的自我實現與滿足。

儒家言孝當以「敬」爲先，故謂：「不敬，何以別乎？」；祭祀祖先、天地等一切祭祀活動，是孝的延續，孔子所云：「吾不與祭如不祭」，《禮記》所謂：「自敬盡」，均強調以道德的邏輯先在性來決定文化活動的存在價值。簡言之，儒家所欲實現的文化理想，是以價值決定存在。

再者，在祭祀時對客體對象（被祭者）的存在與否，祭者（祭祀主體）如果局限於理性的認知與評價，而不以一種感性的、詩的、藝術的思維方式，去想像祭祀對象如實存在著，則客體（被祭者）便無法呈現其價值與意義。而主體（祭者）與客體（被祭者）的統一，以及主體與客體那種水乳交融、休戚與共的存在關係亦將隨之解消。因此，祭者唯有以自身自由的超越性存在身分來詮釋被祭者，被祭者才能體現其存在的價值與意義。是以，主體（祭者）對現實世界的超越，不但是客體（被祭者）得以存在的原因，同時也是祭祀之所以能行教化之功，感動人心，令人產生美感愉悅的主要理由。《荀子・禮論》云：

> 禮者，斷長續短，損有餘，益不足，達愛敬之文，而滋成行義之美者也。故文飾、粗惡、聲樂、哭泣、恬愉、憂戚、是反也，然而禮兼而用之，時舉而代御。

祭祀中運用禮揖讓周旋的外化形式表現愉悅與憂戚的情感，但祭者（主體）本身卻不變爲愉悅或憂傷以避免情緒的氾濫，導致精神恍惚而流爲巫覡。〔註64〕然而祭者表現愛情而無激情，嚴峻而無苦澀，憂傷而無悲嘆。祭祀中所欲辨明的是眞實人生，並將之納入自身設定的形式，但卻從不與之完全混淆。避免與

〔註64〕 李亦園：《信仰與文化》，台北巨流圖書公司，民國76年12月，頁101～115。參見〈是眞是假話童乩〉。

實眞人生產生角色錯亂，而擾亂了人生的價值與目的。因爲祭祀是要轉化生命，人藉著它重生，並且重建起源，所以祭祀如同戲劇、舞蹈一般，祭者（主體——劇中演員、舞者）祭祀時「假裝」——「如」並不影響參與者認眞的態度。〔註65〕《禮記・雜記》云：

> 子貢觀於蜡，孔子曰：「賜也，樂乎？」對曰：「一國之人皆若狂，賜未知其樂也。」子曰：「百日之蜡，一日之澤，非爾所知也。張而不弛，文武弗能也；弛而不張，文武弗爲也；一張一弛，文武之道也。

依此超越的觀點看祭祀，則祭祀已經跨越宗教追求善的境界，而臻至藝術的、詩的境界。然而，藝術、詩與美的境界又何嘗不是相通的。孔子所感受到祭祀的愉悅與和諧，其實就是孔子生命存在的形式，所以孔子對祭祀時愉悅與和諧的心領神會，那種審美快樂的自我觀照的性質，非子貢所能感悟。同樣的，孔子仕魯任蜡祭之蜡賓（助祭），見魯君於祭祀中有不備之處，事畢出遊於觀上喟然而漢，其弟子子游亦無法體會老師之喟歎。〔註66〕這也就是說，在祭祀中，祭者（主體）所面對的祭對象（客體），是主體心中感悟的客體，這種感悟帶有主體自我觀照的性質，往往意味著主體一個新生命的開始，就像從孤獨而又渾渾噩噩、陰霾不明的生命境域中，突然之間窺見了人生存在的眞實意義與價值。於是，主體（祭者）的心靈世界不知不覺地敞開了，一個精神昇華與生命本質無形中悄然地完成。〔註67〕孔子觀蜡之祭，「一張一

〔註65〕杜普陽（Louis Dupre）著，傅佩榮譯：《人的宗教向度》，杜普陽解釋儀式功能云：儀式以符號表現愉悅與憂傷的情境，但是它們自身卻不變爲愉悅或憂傷。它們表現愛情而無激情，嚴峻而無苦澀，傷愁而無悲嘆。儀式辨明眞實人生，將它納入自身限定的形式，但從不與它完全混同。因此，遊戲以最簡單的方式表達一種傾向，亦即人類需要將生命化爲儀式，這種情形在近代人所謂的宗教行爲中亦例外。因此，遊戲之時的「假裝」並不影響參與者的認眞態度。不僅如此，遊戲世界擁有自己的時間空間，遠離日常的掛慮。遊戲場所或舞台是「圈起來的」，就像聖殿中的「聖地」一樣。（台北幼獅文化事業公司，民國75年12月初版），頁162～169。

〔註66〕《禮記・禮運》：「昔者尼與於蜡賓，事畢出遊於觀之上，喟然而嘆。仲尼之嘆，蓋嘆魯也。言偃在側，曰：『君子何嘆？』孔子曰：『大道之行也，與三代之英，丘未之逮也，而有志焉。』」

〔註67〕莊慧秋在〈親人之死〉一文，探討「親人之死」的心理效應指出：通常我們很容易概念式的認定：「中國人具有濃厚的家族主義的色彩」，但我們卻很少具體去細想：家族主義的概念是怎樣一代代遞傳到年輕人身上的？現在我們終於隱約看到這個過程。「家族主義」的意思是：任何一個人都不是單一的「個人」，而是一個「家族當中的人」，而家是屬於大家的，所以每一個人對於「家」

弛，文武之道也」所感悟的美感悅樂，就是說明祭祀透過禮樂制度的外化形式，不在於剝奪人的自然情感，而在於使一切發自人性最根底處的情感取得和諧，不致於因情緒的激動，造成情感的泛濫。

儒家強調祭祀雖有宗教的形式，卻不易造成宗教的狂熱，其重點就在儒家祭祀禮儀從感性出發，依循人自然情感的需要——人需要情感的滿足與慰藉，而這種需要又是建立在理性自覺的基礎上——「之死而致死之，不仁而不可爲也；之死而致生之，不智而不可爲也」，「聖人明知之……其在君子，以爲人道，其在百姓，以爲鬼事」。爲避免人性自然情感的氾濫，運用感性的思維方式——幻想力（如），配合禮樂的外化形式，使一切情感取得和諧。

簡言之，儒家祭祀的形態是從人性自然情感出發，以理性爲基礎，再運用感性的思維方式配之禮樂的外化形式，約以成文。

因此，在儒家理想化、理論化下的祭祀，客體（被祭者）已不再是實存的客體，而是主體主觀自由的形式所觀照的客體，並且客體帶有主體的價值與意義。客體的存在雖經由主體賦予價值與意義，但主體也必須經由客體的對象化形式，方能體現主體的內在本質，否則主體本質將黯而不彰。因爲，一個具有自我意識的人，總希望把自身看不見的精神感情和意志作一種客觀的體現，在這層意義上，乃是人爲求自我在宇宙中的地位和自我存在的意義。因而，主體與客體是相互依存的關係，﹝註68﹞主體主動自我實現的需要本質，需經由客體做爲主體對象意識的表徵，而客體存在的價值與意義，則需由主體的自由形式賦予。故爾，主體對客體的祭祀，實則是主體向其本源回歸與自我實現、自我完成最深層的回味與反思。

這個團體都具有責任和義務，要讓它更好，不要破壞它的和諧。每一個人生活在家裡，都可以得到全然的關愛和照料，但是相對地，家庭也有強制個人意願和行爲的權力，家人之間有權利而且有義務要彼此干涉。……而死亡事件的發生，正是情勢硬要逼得一個年輕孩子蛻變成一個走入家庭核心的成人。這種感覺就像是：以前，你在下意識一直覺得自己在家裡還是一張小凳子，但是死亡事件一籠罩下來，你就必須在一夕之間長成一根大柱。小凳小還可以活潑靈巧地四處游離，但是大柱子即必須直挺地撐起整個家的屋頂和脊樑，所以一定要深深嵌入家庭的骨架和格局裡，不可以有任性和浮躁的晃動。這時候，年少時的自我中心開始被成年後的家庭責任感所取代，而傳統的概念和法則，也就再一次遞嬗到下一代身上。見《張老師月刊》第 111 期（民國 76 年 3 月），頁 64～73。

﹝註68﹞ 這種相互依存關係，也就是前文所說的，是將主體生命與存在總體合而爲一，以期建立一種水乳交融、休戚與共的關係。

就儒家而言，人不是沿著一條必然的、外在客觀的限制去被動的完成人的價值與目的，人的價值與目的就是人對自己可能性的把握。人通過這種把握——「祭祀」去決定自我存在的方式，而讓個人的生命，有其歷史的安頓，有其文化的安頓，從而與歷大文化的生命打成一片，合而爲一。蓋從這層意義言，祭祀則爲實踐人道的外化形式，人依此自盡仁義的內化形式，體現主體的超越意識與自由精神，而與宇宙自然建立一種水乳交融、休戚與共的關係。在這種關係下，祭祀活動就在超越時間與空間的限制下，展現人存在的眞實意義。

三、祭祀的目的

就宇宙而言，人屬於天地萬物的一分子，萬物由天地之作用而「生」，人自然也由天地所生。就天地而言，人爲自然的客體，但人並非其它自然事物中的某種事物，而是眾多事物的主導，因而人又比客體更進一步，是個主體，故言「天地萬物，唯人最靈」。「主體是具有價值與目的，並能肯定和意願的存有。」〔註69〕

由於主體的價值與目的性本性，作爲主體的人，首先就是一個自然，人的本性不僅僅是一種精神性的主觀，身體也是人的本質。人與天地、自然的關係本來就是通過身體這個自然建立起來的，通過身體的感官感覺作用，人逐漸地擴充自然爲自己的身體，進而把自己融入到自然裡，並且也把自然收攝到人的精神生命與物理生命之中。誠然，對自然的功利性關係，是人生存與發展的必要條件；這也是人類早期對自然崇拜的最主要原因。〔註70〕但是人對天地自然這種功利的實效性態度，卻不能構成主體的終極價值取向，因爲在這種功利關係下，人的態度只在於從自然那裡獲得人所最迫切需要的東西，利用自然所能提供的一切事物來達到某種目的，但這終究無法永久滿足主體的最高本質，相反地倒使主體付出自己的本性。因爲當人把自己作爲目的而把自然視爲手段時，人畢竟還是把自己作爲手段來對待。這樣，自然並沒有成爲主體生命的一部分，而只淪爲與人永遠無法交融、相契合、主客二分的純粹對立物了。

爲此，客體（自然事物）對於有目的性的人（主體）來說，即是手段也是目的，既是客體也是主體，也就是筆者前文解釋儒家「仁」的意義——「視

〔註69〕劉貴傑譯：前引書，頁33。
〔註70〕參見本論文第二章「自然崇拜」。

人若己」。是以，人與人之間，人與自然之間的關係，從外在的形式看來，雖是主客二分的對立關係。但當人能以一種自由的、超越的身分，泯除對別人、對自然功利性的實效價值觀，承認客體（別人或自然事物）的可利用性即手段性的同時，也尊重客體的主體性。客體（別人或自然事物）的重要性是在擴充人的物理生命與道德生命，而不是僅僅來滿足人的生存欲望，否則必然導致人的物化導致主體價值與目的性追求的失落。因此，主客之間的實質關係，從形而下的觀點看來，是一種無法水乳交融，截然對立之客觀的存在關係。但從形而上的超越性觀點看來，主客之間卻是一種相反而相成的對立關係。這種對立關係是建立在宇宙整體就是一個充滿生生不息的有機本體，人與人之間，人與物之間爲求個體生命的延續，站在相反的立場相互對立；爲求整體生命的和諧與均衡，使自然萬物生生不息，則站在一種相成的立場相互支持、相互滋長。《禮記‧祭義》曾子言孝：

> 樹木以時伐焉，禽獸以時殺焉；夫子曰：「斷一樹，殺一獸，不以其
> 時，非孝也。」

就是在這層意義下方能證立。《孟子‧梁惠王》論王道仁政：「數罟不入洿池，斧斤以時入山林」也是以這種超越關係出發。故有我是因爲由於你的存在，有你也是因爲由於我的存在使你變得更豐富，更具有生命的活力與意義。

由於人（主體）與自然（客體或別人）是一種相反而相成的對立關係，人對天地自然必須採取一種認同與回歸的「宗教向度」，以化解主客對立的關係，而要臻至這種主客合一的境界，則必須透過祭祀中揖讓周旋的外化形式體現。〔註71〕故言「郊之祭也，大報本反始也。」、「聖人反本復始，不忘其所由生也。」

依照儒家的觀點，以天地爲萬物之本，人視爲天地所生，故以乾坤稱父母。天地實則就是宇宙自然，人既然從自然中出來，從自然這種生命本體出發，人才能顯示出自身的力量，才呈現出自身的主體性特徵。就這層意義言，人其實正是宇宙自然本體賦予了主體以生命行爲。自然作爲一個有生命的整體來看，必然具有某種智慧，這種智慧就是和諧與均衡，使萬物生生不息的智慧。人作爲自然的一部分，其主體智慧是自然整體智慧的部分顯現，在這

〔註71〕杜普陽：前引書，頁15。傅佩榮先生在譯序中說：「宗教經驗的根本特色在於克服主體與客體之間的對立，而這種主客合一的境界要想得到表達，則必須透過宗教的符號或象徵，以及它的神話解說。」

個意義上，人與自然是一體的，且後者構成了人存在的生命之源。

因而，古人祭祀天地、祖先，所感受到宇宙整體的和諧，就是人類原始生命的存在形式，其實也正是人向其本源認同與回歸，並給予其生命再定位。艾德良說儀式的宗教意義是：藉著再生存之初始行徑，為存在重新奠基。〔註72〕
《禮記‧郊特牲》：

> 取財於地，取法於天，是以尊天而親地也。故教民美報焉。家主中
> 霤而國主社，示本也。……所以報本反始也。

同篇（前已引用）：

> 萬物本乎天，人本乎祖，此所以配上帝也。郊之祭也，大報本反始
> 也。

蓋儒家祭祀祖先、天地的目的，是藉著祭祀盡孝道以表示不忘本，藉著祭祀超越時空的特殊形式重回原始的和諧，以重複宇宙發生學上形式出現的藝術。〔註73〕

四、祭祀的功能──成主儀典實況與分析

由於儒家重視文化道德，其一切日常生活的文化活動，都建立在盡其在我（人）的道德義務上。因此，原本在周初，崇拜祖先與敬天──祀天的主要作用在促進宗法團結與象徵政權之所在，其政治作用，遠勝於道德意義。甚而祭天權和宗廟所在地與統治權是密不可分的。〔註74〕但到了孔孟荀之後，祭祀的道德涵意，遠勝於政治的作用。並且將世俗祭祀，藉著祝禱趨福避害、淨化罪惡的作用，轉化成教孝教忠與教化人民的方法。《禮記‧學記》：

> 大學始教，皮弁祭菜，示敬道也。

《禮記‧祭統》也說：

> 夫祭之為物大矣……外則教之以尊其君長，內則教之以孝於其親。
>
> 故曰：祭者，教之本也。

又說：

> 祭者，所以追養繼孝也。

〔註72〕 杜普陽：前引書，頁170。
〔註73〕 杜普陽：前引書，頁170。
〔註74〕 （1）《戰國策‧齊策》馮諼誡孟嘗君曰：「願請先王之祭器，立宗廟於薛。」廟成，還報孟嘗君曰：「三窟已就，君姑高枕為樂也。」（2）《國語‧魯語》：「受命於廟，受脤於社」象徵地表明君王的統治權力來自祖先神靈。

根據引文，祭祀從社會縱的方面來說是教孝；從社會橫的方面而言，則能啓發道德的內化作用教人尊敬君長，進而達到教忠的目的。

《詩經》〈大雅・卷阿〉：

　　有馮有翼，有孝有德，以引以翼；豈第君子，四方爲則。

實則教人追求德孝雙全，並在祭祀中追念祖先的前提下，彼此相互忍讓，精誠一致，從而由孝一己之親，擴展到對君長之忠。《禮記・祭統》云：

　　賢者之祭也……內盡於己，而外順於道也；忠臣以事其君，孝子以

　　事其親，其本一也。

忠孝爲傳統道德體系中最基本的德目，這兩個德目都可以在祭祀的儀式中得到培養。可見祭祀在道德發揚中所產生的功能。〔註75〕

　　儒家之所以特別強調祭祀，提倡人民報本反始，不忘甚本源，無非是藉由祭祀的儀式化功能，使民德歸厚而已。《論語・學而》云：

　　曾子曰：慎終追遠，民德歸厚矣。

《大戴禮》云：

　　喪祭之禮，所以教仁愛也，致愛故能致喪祭，春秋祭祀之不絕，致

　　思慕之心也。夫祭祀，致饋養之道也，死且思慕饋養，況于生而存

　　乎？故曰：喪祭之禮明，則民孝矣。

生人對於死者，對於無知之客體，尚能以其主體崇尚客體生前之恩德而報其功，更何況對於仍活在人間，而又有知覺者。「倘使社會之中，人人皆相互報答，甚而擴展到對天地自然均以一種報本反始的仁人之心相對待，人間社會自然和諧太平」。〔註76〕

　　然而，何以祭祀中的儀式能產生「使民德歸厚矣」的教化功能？要闡釋一種觀念，唯一真正滿意的方法就是從例釋中分析。下面就以一則筆者實際參與的範例分析之。

　　民國七十八年十一月五日，在台北陽明山「五雲山莊」鮑府，舉行了一項遵依古代禮儀，非常隆重的「成主大典」——中興紡織公司創辦人，紡織界鉅子鮑朝先生的「成主大典」。這種儀典，今已罕見，甚至已爲世所遺忘。這一天，

〔註75〕韋政通《中國哲學思想批判》云：「祭祀祖先，不但教孝，亦且教忠。忠孝爲
　　　傳統道德體系中最基本的德目，這兩個德目，都可以在祀祖的儀式中得到培
　　　養，可見祀祖在道德發揚中所起之效用。」（台北水牛出版社），頁13。
〔註76〕馮友蘭：前引文，頁355。

是鮑朝先生逝世後的「五七」之期，應邀觀禮的親友來賓約兩百多人。但這一項儀典，卻不是喪禮的項目，而是喪期中的「吉禮」，一切的設備布置，都循依傳統，用紅色的。所謂的「成主」，就是做成木質的，是他的後人所稱的「祖先神位」，這種樣式的牌位，在古老的家宅中原是人所習見，今也則無！承蒙中興紡織公司特邀參加盛典，並擔任「贊禮」之職，亦即古代所謂的「大祝」之類的職務，職位不可說不高。古時候國家的官職是以天事神之事，即宗教性質的職官列於上位，其次才是政務官和事務官。《禮記・曲禮》云：

> 天子建天官，先六大，曰：大宰、大宗、大史、大祝、大士、大卜；
> 典司六典。天子之五官，曰：司徒、司馬、司空、司士、司寇；典
> 司五眾。

其中大宗、大祝、大卜，都是宗教性質的官職，原先都是很顯要的，但到了春秋時代，這些官職漸至式微，而是五官（政務官和事務官）的職位上昇。

（一）釋名以彰義

「成主」又名「點主」，在古代稱之為「作主」，據文獻資料所載，中國古代「作主」乃自諸侯上至天子之制，諸侯以下卿大夫等，均不可「作主」。作主據史料所載當起源西周，《史記・周本紀》：

> 東觀兵，至於盟津，為文王本主，載以車，中軍。

《左傳・僖公三十三年》載：

> 凡君薨，卒哭而祔；祔而作主，特祀於主。

杜預注云：

> 以新死者之神祔之於祖。尸柩已遠，孝子思慕，故造木主立几筵焉。
> 特用喪禮祭祀於寢，不同之於宗廟言。凡君者，謂諸侯以上，不通
> 於卿大夫。

孔穎達疏云：

> 祔是以新死之神，祔之於祖也。於此之時，葬已多日，尸柩既已遠
> 矣，孝子思慕彌篤，彷徨不知所至，故造木主立几筵以依神也。作
> 主致之於寢，特用喪禮之禮祭之，於寢不同祭之於宗廟也。

「主」亦即神主。許慎《五經異議》云：

> 主者，神象也。孝子既葬，心無所依，所以虞而立主以事之。

然「主」有時也作「祖」解。《周禮・小宗伯》曰：

> 若大師，則帥有司而立軍社，奉主車。

鄭玄注云：

> 王出軍必先有事于社及遷廟，而以其主行，遷主曰祖。

奉主曰祖。《尚書・甘誓》亦云：

> 用命賞于祖。

孔安國傳云：

> 天子親征必載遷廟之祖主行，有功則賞祖主前。

故知祖即爲神主，亦即祖先。作主就是將新死之神，祔之於祖上，祔之於祖宗牌位上，若用現代的話來說，就是將新死的人的靈魂，透過儀式的象徵性行爲，點在一塊木主上，將一塊原先沒有任何意義的木片，使之神聖化而變得對某一些人有特殊的象徵意義。蓋成主之禮也就是成神之禮。〔註77〕

（二）成主的意義

生命就是人的最高產業，最高的人性本質，祇要生命繼續存在，就有實現一切價值與理想的可能性。但由於自然的法則，物理的因素，人生有限的形體生命無法與無限的蒼穹宇宙比擬，而人又不願與其所最珍視、最高貴、最尊敬而又直接對自己有恩有德之親人分離，彌篤於終日彷徨無助，無所依恃的現實生活之中。於是基於人類理性的需要，必須在其自身有限生命之外有一個無限永恆的存在，否則即會動搖人（主體自身）存在的基礎。平常父母親人的存在，就是我們自身之所以存在的基源，一旦父母親人過世，頓時平日習以爲常，毫無眞實地感受到的那分溫馨與和諧，突然消失在日常生活之中，那種失魂落魄，「喊天天不應，叫地地不靈」的精神衝擊，實在難以用言語形諸於外。

因而在古代社會裡，古人有鑒於親人亡故對家庭成員心理與社會關係所造成的不安與焦慮之後，如何使之重新恢復以往的安寧與和諧，於是透過成主儀式，重新恢復生人存在的憑藉，以便將存在安排爲一個可理解的與井然有序的綜合體。因爲在宇宙時間的浩瀚長流中，事件忽生忽滅。爲了避免產生過去與現在之間這種全然分離，人就在儀式行爲中對過去再認同，對現在給予自己再定位。〔註78〕

〔註77〕 此處神字乃指泛稱。《左傳・僖公十年》：「神不歆非類，民不祀非族」中之神字，即指祖先。

〔註78〕 杜普陽：前引書，儀式將存在之重要時刻化爲戲劇，並藉此爲整體生命帶來結構。某些事件被標舉出來，成爲符號，以便將存在安排爲一個可理解的與

　　成主儀式之所以能平撫人失怙之後的不安與焦慮，主要是因為儀式行為脫離不了象徵的主體，且儀式本身就是義理或規範，透過象徵主體，義理或規範的牽引，使人當下的心志貞定於一象徵主體，依循著儀式的規範律動而與象徵主體契合，然後再經由象徵主體的移情思維方式，投射在事先所預設的事物上。而此事物就是成主儀式中的神主牌（祖宗牌位），經由儀式化的過程之後，神主牌就成了一個無限永恆生命的存在；生人也得以在其自身主體的存在基礎上有了著落而有所憑恃。

　　所以成主之禮的信仰基礎是建立在上述的思想觀念上。瞭解了成主之禮的思想內容，再對其儀式分析，就比較能掌握它的精神內含所在，茲將鮑朝橒先生成主大典儀式節目單引錄如下。

（三）鮑朝橒先生成主大典儀式

時間：中華民國七十八年十一月五日（星期日）下午二時

地點：台北市陽明山中正路二段五十號

五雲山莊鮑府

成員：點主大賓　一人　　襄禮貴賓　二人

　　　禮正　一人　　　　贊禮　一人

　　　禮生　二人　　　　孝子

儀式：一、鮑朝橒先生成主大典——大典開始

　　　二、觀禮親友就位

　　　三、襄禮貴賓升座

　　　四、鴻題大賓升座

　　　五、引孝子出靈幃（禮正陪引詣大賓座前）

　　　六、孝子叩求大賓鴻題神主

　　　　　跪　叩首　再叩首　三叩首　興　（大賓不應）

　　　七、孝子不孝　恭求大賓寬恕　再請鴻題

　　　　　跪　叩首　再叩首　三叩首　興　（大賓仍不應）

　　　　　（貴賓甲起立肅邀：「恭請大賓寬恕　俯允鴻題）

　　有秩序的綜合體。在時間的浩然長流中，事件忽生必滅。為了避免產生過去與現在之間這種全然分離，人就在儀式行為中「再呈現」與「再制定」它們。現代人往往把對過去事件的儀式慶典解釋為紀念性的儀式。然而它們的功能正好相反，亦即，是為了使過去「成為現在」，而非為了紀念它。（頁168）

八、孝子三請大賓　跪　叩首　再叩首　三叩首

（孝子不起）

（貴賓乙起立發言

甲亦起立：「務懇大賓俯准鴻題」）

九、恭懇大賓源題

（大賓佐以手勢：

「看在貴賓金面念爾孝思不匱　請起立」）

（孝子起立）

十、謝大賓　孝子叩首　興

十一、恭請大賓靈前點主（大賓仍在座）

十二、孝子就位（禮正引孝子趨立靈前）

十三、點主禮開始

十四、鳴炮

十五、貴賓靈前就位

　　　（相對立　大賓就位後原地分別左右轉——面內）

十六、大賓就位——濯手　就位

十七、燃燭

十八、上香

十九、獻花

二十、大賓鴻題

　　　（大賓提筆濡墨濡朱　授生氣　凝神　點主）

二一、恭誦稟靈訣：（禮正恭誦）

　　　「點天天佑　點地地靈　點人人長生　點主主有靈

　　　點朱點墨內外分　代代兒孫富貴人

　　　王字頭上一點墨　添壽添丁添福祿

　　　「一筆指上天　孝門富貴子孫賢

　　　王字頭上一點朱　萬擔黃金萬卷書

　　　「一筆指東方　三星拱照大吉昌

　　　點得房房生貴子　福祿無邊壽無疆

　　　「周公立諡　國富民康　一筆成主　萬世流芳」

二二、安主（大賓付主　孝子受主安奉靈前）

　　　　　　　一鞠躬　再鞠躬　三鞠躬
　　二三、孝子叩謝大賓　大賓退
　　二四、孝子叩謝貴賓　貴賓退
　　二五、禮成　鳴炮

以上節目單由王旌德先生依據舊存古禮資料所提供，並自任儀式中的「禮正」之職，督導整個儀式的進行。

曾憶當時儀典開始前，設有一樁隆重的筵席，孝子以大禮（跪拜禮）恭邀大賓沈亦珍先生、貴賓趙諒公先生暨王宇清先生及諸執事人員等入席飲讌，讌畢移座進茶休息之後，孝子方才起身。然後就進入上開儀式的程序，一一依序進行，直至禮成，鳴炮結束。過程相當隆重，人人肅穆無聲，眞是一個令人感動的場面，也給在場的每一個人留下永不能忘的記憶。對孝子孝孫當事人的記憶和心理的影響，想來尤其深深難忘，這是必然的。

（四）成主儀式功能分析

以上成主禮節目中的二十五個項目來加以分析，可以將它分爲四個主要部分：一是孝家恭懇大賓鴻題；二是成主儀式中的象徵主體——大賓鴻題；三是禮正（禮儀的行政主管——即古代大祝）恭誦稟靈訣（禱告詞）；四是安主（大賓付主　孝子受主安奉靈前）。

倘從禮的觀點討論之，以上所舉具備了「先王制禮，有本有文」完整的禮的精神特質與形式。「本」乃指禮的精神和原則，即禮的內在特質；禮的內在特質包括了神秘性和倫理性。「文」則指揖讓周旋的儀式和用來行禮的各種器物、服飾、顏色、建築等，是禮的外在形式，充滿了政治性。《左傳·成公二年》：

　　器以藏禮，禮以行義。

禮的內在特質——神秘性和倫理性——就是藉助揖讓周旋的儀式和各種禮器、禮物得以展現。且任何一種禮都要借助一種特定的儀式和器物來表達，禮之義寓於禮之儀、禮之器中。此即文前所云，禮是一種外化形式。《論語·八佾》子貢想把告朔禮中用羊當祭品的部分去掉，孔子不以爲然的說：

　　賜也，爾愛其羊，我愛其禮。

在孔子看來，行告朔禮用的那隻羊，已非一雙只有血肉的動物，而是一種「禮」——獻給神祇的犧牲。它所代表的是祭者（主體）對被祭者（客體）的「敬德」之義，道德的意義重於實質的意義，且是主體對客體道德實踐的具體表現；此即《禮記·祭統》所謂：「祭則觀其敬，……莫不咸在示盡物也；外則

盡物，內則盡志……此祭之道也。」這就好像，當有人問你是否眞有一百萬元時，你說有，而請你拿出來，你卻掏不出來。因此，道德的可貴，在於實踐，而非僅存於認知上。

成主之禮的第一部分，展現的就是賦予存在以基本結構。首先孝家藉由三請大賓鴻題之揖讓周旋的外在形式，表達孝子孝思不匱，對親人生我、鞠我、育我、復我及腹我及創業艱辛，惟恐孝子不孝無以承繼親人之遺志，懇請大賓鴻題，務必將親人神靈附於木主之上，使孝子不至彷徨不知所措。這就是事死如事生以盡親人死後孝子報恩之唯一途徑，第一部分的精神特質就是孝子的孝思與敬德。

第二部分成主之禮中的象徵主體——大賓鴻題；可說是整個成主大典的重心所在，雖僅只五個過程，但其所包含的可是有本有文。

從大賓就位——濯手、就位、燃燭、上香到獻花爲止，表達了鴻題大賓（象徵主體）崇高的社會地位，及其（主體）對成主對象亡人（客體）的崇高敬意並藉揖讓周旋的外在形式——濯手、燃燭、上香、獻花等，展現禮的神秘性。《楚辭·招魂》：

> 蘭膏明燭，華鐙錯些，結撰至思，蘭芳假些，人有所極，同心賦些，
>
> 酎飲盡歡，樂先故些，魂兮歸來，反故居些。

其意即指，用蘭香煎的膏油燃起了明燭，華采的飾鐙遍置。結撰的詩篇含蘊著深摯的思念，像蘭花的芬芳盛溢著故居，親人都來到您的面前，同心賦誦。醇酒的暢飲已盡歡娛，更當歡娛先祖故舊。魂魄啊！回來吧！快回到您的故居啊！〔註79〕

神前的香氣，在古代是神性的東西，世界各民族幾乎均用人的嗅覺神化那些芬香的東西。因此，古代人的宗教儀式大多相信空氣和地位經香煙燻過以後，神靈才能歆享，並且相信神靈祇依靠焚燒犧牲品時發出的香氣爲生活，所謂香煙裊裊，晨昏三柱香就是基於這樣的信念。〔註80〕孟子所謂「不孝有三，無後爲大」，就是強調人在生時必須結婚成家，並且必須留下子孫後代，

〔註79〕傅錫壬：《新譯楚辭讀本》，台北三民書局（民國 67 年 12 月再版），頁 167～168。

〔註80〕費爾巴哈：前引書，「香氣是神聖的東西，古代人底宗教儀式就可以證明，他們相信空氣和地位經過香煙燻過之後，神靈才能受享。異教徒以及現在一部分人，都相信，神是祇依靠焚燒犧牲品時發出的香氣爲生活的。」頁 96。

俾於死後香煙不絕，以免虧辱祖先，使祖先無人供奉。作子孫者，如盡孝道，就要常想念著祖先，「如在其上，如在其左右」，並按時祭拜祖先，供給各種香火，使祖先無所匱乏。古代七出之條，首條即「無子出妻」，以及所謂滅族（亦即滅香火之意），都是基於此古老的宗教信仰。

因而，燃燭、上香、獻花就是藉由裊裊香煙引神歸來，使神靈歆享經由鴻題大賓（象徵主體）表達子女（孝家）對親人的懷恩報德之情。然後由大賓鴻題，鴻題的過程誠如王師宇清所云：

> 「成主」就是作「成」神「主」，禮儀非常隆重，先是在木牌恭楷寫好「顯考（父）某（姓）公（名字）府君之神王」黑字，缺其「主」字頂上的一「、」，特邀逝者生前相識而德高望重的人代爲加點，這就是「成主」，又名「點主」。點主時，内主先點朱，後點墨，外主則先墨後朱。點主人須面對東方，取筆放置口内呵氣而後下筆，下筆時更要刻意凝神，想著想著逝者生前的聲音笑貌而後落筆點成，好似逝者的靈魂千眞萬確地被點在這一「、」上了。古人跑兵反，例如五胡亂華和北宋避金南奔，都要帶著祖先的神主，絕不拋棄，當年跟著鄭成功移民的先民也多如此，這是何等令人感動。面對東方呵氣，意在貫通生氣──一是生人的氣，二是東方屬「木」，冬去春來，東風一吹，草木就發青了，所以東方是「生氣方」。這是陰陽五行學說的理論之餘風，大爲世俗所接受；這也是中國傳統的民俗，千年萬世而傳之無窮。〔註81〕

王師更進一步補充說明：「成主」禮，雖是行於喪期之中，但成主禮卻不是喪禮的一個儀節，而是用「吉禮」的形式去完成的。因而成主禮中，燭用紅燭，許多禮器設備都用紅色，凡此皆從吉禮用紅的傳統民俗行之。

再者，陰陽五行學說，絕不迷信，全然是科學，它是依照月繞地球而行三百六十五天爲一年之中所生天象、季節的變化，以及對於相同人事的支配或影響等，形成體系完整的一門學問。如上所云：一到立春以後的季節風是東風，東風一吹草木萌生，萬象回春，所以說東方是「生氣方」，但這又由於中國在地球上經緯度的位置所決定的。這種學術思想對國家社會的影響當有三個方面：一是天文學；二是古代國家典章制度；三是星相風水等迷信的習

〔註81〕王宇清：〈「成主」禮的意義與儀式〉，台北中興企業第3期（民國78年12月），頁17。補充說明是出自王師的著作──《歷代服色考》和他對筆者的口談說明。

俗，眞是一項無所不在的社會思想。

承上所述，王師所云包括了禮的外在形式，即事先預設好的神主牌、筆、墨等各種器物；和禮的內在特質，包括禮的神秘性和倫理性。先分析神秘性。

成主禮之儀式過程的象徵主體——即鴻題大賓（以下稱之爲主體），必有與之對應的客體（已故之人）與時同在。當主體對所提之筆「授生氣」、「凝神」時，主體將自我意識轉換成對象意識，對象意識是把對象作爲自我看待的意識，因而它又是自我意識的特殊形式。從形式上看，自我意識離不開對象意識，對象意識也離不開自我意識，兩者實際上是一而二，二而一的關係。只是主體透過幻想力，想像死者生前的聲音笑貌，將之抽離自我意識出而成爲對象意識，所以主體不僅把外在客體看作自我的對象，並且把自我也轉化爲客體對象，因而，當下主體同對象（客體）發生雙重的認識關係，即把客體看作是「客體──主體」關係，而把主體看作是「主體──客體」關係。〔註82〕因此當鴻題大賓面對東方「呵生氣與凝神」時，客體（逝者）通過主體有限的精神而變成徹底的自我意識。而主體本身不僅成爲儀式中的象徵主體，同時也是儀式中（成主之禮）被崇拜的對象（客體）。亦即前文所述，「透過象徵主體、義理或規範的牽引，使孝子當下的心志貞定於──象徵主體，依循著儀式規範的律動而與象徵主體契合，再經由象徵主體的移情思維方式，將其所思所想，逝者生前的聲音笑貌而後落筆點成，好似逝者的靈魂千眞萬確地被點在這『、』上。」經由成主禮儀式化過程後，神主牌就成了一個無限永恆生命的存在，孝子也得以「如」事生時一般地繼續克盡孝道。

故與其說有神秘性，不如說是人透過其想像力「詩」化了，「藝術」化了。所謂倫理性乃指神主牌，分內外兩片，王師宇清云：

> 古人在父母故世時，製作「凸」形的木牌，按照官貴或平民的身份，各有一定的長闊尺寸。主分內外兩片相合成形，內稱內主，外稱外主，有一定的尺寸規格，內相同，寫上逝者的稱謂姓名，外主加寫孝子的名字，內主加寫逝者的生卒年月日時，名叫「神主」，意在寄託逝者的神靈而祭之禱之。此制傳自先秦，家家戶戶皆然，但近世的人多已不明究竟，甚至不行此道了。〔註83〕

〔註82〕李景源：《史前認識研究》，湖南教育出版社（西元1989年3月一版），頁281～343。

〔註83〕王宇清：前引文，頁17。

至於詳細的「主制」可參閱凌純聲《中國古代神主與陰陽性器官崇拜》一文，
〔註84〕不另詳述。

　　點外主與內主，主要是辨真偽以防有二主，擾亂宗法社會的倫理關係。《禮
記·大傳》：

　　　　「有百世不遷之宗，有五世則遷之宗。」

疏云：

　　　　「百世不遷之宗謂大宗也。五世則遷之宗謂小宗也。……大宗是遠
　　　　祖之正體，小宗是高祖之正體。」

在宗法社會裡，神主牌多由長子──「大宗」所繼承供奉，藉此凝聚家族的
向心力，每逢祭日、節令等，兄弟帶著家屬均回到兄長家中，彼此間的權利
義務關係都非常清楚，可以互相指認彼此間的輩份，也可算出血緣的關係，
追溯到同一祖先。所以從結構層面而言，儀式是凝聚社會生活的力量。人們
在參與同樣的結構活動時，覺察自己根本上屬於一個團體。不僅如此，涵蓋
了誕生、成長、婚姻與死亡的儀式，更使個人與團體結合，就是給個人生命
中的私人事件加上一層公眾的性質，〔註85〕使人感覺到人的存在不是孤獨
的，而是與團體、與天地自然休戚與共的關係。《禮記·曾子問》：

　　　　曾子問曰：「喪有二孤，廟有二主，禮與？」孔子曰：「天無二日，
　　　　士無二王，嘗禘郊社，尊無二上，未知其為禮也。昔者齊桓公極舉
　　　　兵，作偽主以行，及反，藏諸祖廟，廟有二主，自桓公始也。」

故知神主牌古代當祇有一個才合乎禮，否則大宗小宗不分則將擾亂了宗法制
度與社會關係的和諧，更會喪失了以祖宗牌位來凝聚族人的社會功能。

　　第三部分由禮正恭誦的稟靈訣。宗教之所以震懾人心，主要建立在語言

〔註84〕　凌純聲：前引文，頁13～27。

〔註85〕　杜普陽解釋儀式的其它功能道：儀式的其它功能也應該在此提及。首先，它
　　　　　的結構活動總是為了群體，而絕不會為了隔離的個人而發。當一個人開始進
　　　　　行純屬個人的儀式時，我們通常會把他的行為解釋成神經病。「儀式主義者」
　　　　　的行為產生隔離的而非統合的效果，但是儀式在正常情況下卻是社會生活的
　　　　　混凝土。人們在參與同樣的結構活動時，覺察自己根本上屬於一個團體。不
　　　　　僅如此，涵蓋了誕生、成長、婚姻、與死亡的儀式更使個人與團體結合，就
　　　　　是給個人生命中的私人事件加上一層公眾的性質。儀式的另一功能是定義人
　　　　　與自然界的關係，因為人由自然界走出來，並且繼續依自然界而生活。儀式
　　　　　允許人再生他與自然界的合一，同時與自然界保持必要的距離，以便從事文
　　　　　化建設。（見前引書，頁169。）

上面。同樣的，詩之所以感動人也是由於語言的力量，如果除掉語言，則宗教和詩均將無法成立。所宗教和詩不是建立在感官上面，而是以語言作為表現感性的一種外在形式。就好比耶教的神一般，神說「要有光，就有光」，「要有世界，就有世界」。〔註86〕語言可說是人的對象意識，也是幻想力的一種產物，人在語言中將一切變為可能，將自我意識轉變成對象意識，構成一個對象的聲音，然後追尋這種聲音所帶來的感性的喜悅等，滿足了當下自我心理的訴求。稟靈訣所訴求的即是象徵主體透過禮正的口（語言），表達了孝子心理的訴求；也經由象徵主體透過禮正的口（語言），創造了人們所期望的一切。即前面所說：「主體本身（鴻題大賓）不僅成為儀式中的象徵主體，同時也是儀式中被崇拜的對象。」這和《國語‧魯語》言國君祭祖「受命於廟，受脤於社」，象徵地表明國君的統治權力來自祖先神靈，天子祭天以表受命於天，是承天意和祖先之命來治理國家，進而也被轉化成被世人或人民崇拜的對象，是一樣的道理。

第四部分安主；鴻題大賓將點好的神主牌，交付孝子，孝子受主安奉於靈前，代表了逝者生命價值與理想的完成，並且不負祖先所託，使其家族生命生生不息。

另一方面，孝子則繼承了祖先的價值與理想，並兼負歷史、文化的延續與開展。故在此儀式聯結了過去與現在之間全然分離的因果關係，人就在儀式行為中重現過去，使過去成為現在，並且給予存在以定位與認同。而一個設計良好的儀式，不但能轉化生命，賦予生命以意義，更重要的是樹立社會道德規範與秩序。是以從歷史的角度來看，是從始到終；但從哲學的角度來看，則是從終到始，它是一切可能性的開始，是一個新機，是一個創造性的起點。因此，孝子接付神主的哲學意義就要大於歷史的意義，因為它是一份責任，更是創生一切的基始點。當代社會學家探詩「親人之死」的心理效應，結論指出：

> 而死亡事件的發生，正是情勢硬要逼得一個年輕孩子蛻變成一個走入家庭核心的成人。這種感覺就像是：以前，你在下意識一直覺得自己在家裡還是一張小凳子，但是死亡事件一籠罩下來，你就必須在一夕之間長成一根大柱。小凳小還可以活潑靈巧地四處游離，但是大柱子即必須直挺地撐起整個家的屋頂和脊樑，所以一定要深深

〔註86〕《舊約聖經》〈創世紀〉。

　　嵌入家庭的骨架和格局裡，不可以有任性和浮躁的晃動。這時候，
　　年少時的自我中心開始被成年後的家庭責任感所取代，而傳統的概
　　念和法則，也就再一次遞嬗到下一代身上。〔註87〕
因為，每一次祭祀都象徵著對生命的肯定與重生，更是主體向存在總體——
「本源」回歸，人藉著它能夠再生過去，並且重建起源。也是人對其歷史文
化傳統的重新肯定與認同。並且儀式的義理與規範特性，將與祭者的角色給
予明確的定位，彼此之間的主從關係及權利、義務的重新界定，都可在儀式
中賦予存在以基本結構。杜普陽在《人的宗教向度》一書中說：

　　儀式將存在之重要時刻化為戲劇，並藉此為整體生命帶來結構。

　　　〔註88〕
而傳統中國家庭的和諧與社會的穩定，就在無數次的祭祀中，不斷地經由儀
式規範人的行為，而深化到每一個中國人的意識結構裡，使之成為主導人們
日常生活行為的價值標準。

　　從當今社會學家所謂價值的「內化」來說，〔註89〕長期的潛移默化或價
值內化會造成一種道德或倫理的規範。如果這種規範大致合乎人性和人情，
則可有助於維持社會的穩定與和諧。如果中國社會真有什麼「超穩定系統」，
使中華民族至今仍舊延續不絕的哲學智慧，崇祖敬天思想當是這股文化的超
越力量。

　　再者，王師宇清的陰陽五行學說之構成的補充，就此說明了，點主大賓
在下筆點主之前，先要面對東方納筆於口「授生氣」的過程，尤其發人深思。
它代表藉著成主大禮，在熱烈讚頌偉大的生生不已；《易經》：「天地之大德曰
生！」也就是「生命的意義是創造宇宙繼起的生命！」明乎此，則成主之禮
的意義就盡在其中矣！

　　成主之禮是古代喪期中行事的一個部分，但卻以吉禮的形式行之，其所
包含的意義，自是不可言喻。若是另從世俗迷信的心理來看，那不過是古人
鬼神的信仰與靈魂崇拜；但若從哲學的角度分析探討，則將人之所以為人的
意義擴大了。換言之，它代表的是人的價值與理想的實踐和完成，它所象徵

〔註87〕莊慧秋：前引文，頁73。
〔註88〕杜普陽：前引書，頁168。
〔註89〕張春興：《心理學（下）》，台北東華書局（民國66年10月三版），頁478。「內
　　　　化」是個人經情感作用所認同的態度，再和自己已有的態度與價值觀，協調
　　　　統整的歷程。

的意義大於實質的意義。因爲它是終，也是始；是完成也是繼承；是歷史的延續，也是文化的再創造；是有限也是無限；這種相反而相成交雜著兩種對立的情緒，從大傳統的觀點來看，是悲傷也是喜悅，因爲逝者從人格變成神格，它那道德的意義高於肉體死亡的事實。更重要的，它是對於人類社會一種完美的教化，因爲「愼終追遠」是把祖先親人可貴的行爲，指定爲道德的行爲，從而加以敬之祀之。

因此，對生人而言，它不像一般極權宗教因恐懼、害怕亡靈而加以崇拜供祭，而是源於生人對祖先親人之「恩」、「德」的敬仰、報謝和追思，因而油然以生崇拜之意。故爾，這種敬仰與追思實爲了教化，而這一教化的目的，則是把單獨的個人納入於歷史文化之中，而讓個人的生命，有其歷史的安頓，有其文化的安頓，從而與一個歷史文化的生命，打成一片，合而爲一。〔註90〕而千年萬世綿亙無已。故成主之禮，是把生命安頓在那裡，是把價值與理想安頓在那裡，也是把歷史文化安頓在那裡。誠如程師兆熊所說：

> 堂之可貴處，則猶在其溫暖中加入神明，因之，那一方面爲人生安
> 息之所，一方面又爲神明鑒察之區。〔註91〕

更是優良歷史文化孕育、滋長的溫床，故在此「藏焉息焉，休焉遊焉」（《禮記·學記》語），教焉化焉之人，他必無怨無尤，無悔無恨，他祇有愛，祇有「民德歸厚」的至誠至偉之愛。

傳統中國文化眞有什麼「超穩定結構」，從祭祀的功能分析，我們可以得到以下幾項很大的啓發：

其一是生活在傳統中國文化的中國人是一個「重祭祀的存有」，〔註92〕每個人，每個家族，均有其所崇拜的祖先神明，而祭祀之所，就在每個住家房屋之堂屋。唐君毅先生曾有如下之名言：

> 中國住家房屋之堂屋，正如中國古代之明堂，天地君親師之神位在

〔註90〕 程兆熊：《中國庭院建築》，台北德華出版社（民國66年12月出版），頁5。

〔註91〕 程兆熊：前引書，頁20。

〔註92〕 傅佩榮：〈孔子的宗教向度〉，《中國文化論集（四）》（東海大學主編，台灣省教育廳印行，民國71年5月），頁679。傅氏說：「我們可以把古代中國人定義爲『重祭祀的存』。有這種說法在近代西方宗教學家看來是極有根據的。像耶魯大學的杜普陽（L. Dupre）在《人的宗教向度》一書即主張：古代人類並無聖界俗界之分，眞正存在的只是一個世界，向度不同而已；人類一切行爲皆具有宗教意涵。又如懷海德的高足郎格（.S.Langer）認爲：祭禮是人類與生俱來的本能，決非外塑者。」

焉，婚喪之禮在焉，老人之教子孫在焉。中國人有堂屋而行婚喪之禮，不須赴教堂與殯儀館。生於家，婚於家，乃終身不離家庭之溫暖，家庭真可爲人生安息之所。

吾人曾謂天地君親師之牌位中，天地爲自然上帝，君代表政治，親爲父母祖宗，代表社會生命之延續，而師則代表教育與學術文化。夫婦交拜而行婚禮於其前，則夫婦之道，通於天地之道、政治社會教育文化之道。其意味可勝於只在代表上帝之牧師之前宣誓矣。死而停柩在堂，則死而未嘗與天地君親師之人間文化相離矣。晨昏禮敬，則堂屋之中，皆人類政治、社會、教育、文化之精神所流行，爲人之責任之感，向上之心，所藏休息遊之地。

中國之堂屋，與其中之神位，則莊嚴家庭而神聖化之，以融文化生活之精神於私生活之中。〔註93〕

程師兆熊續唐先生之言道：

夫婦之道，會大有別於男女之道，則在夫婦之道，可以登大雅之堂，在那裡有天地之神明鑒察，有君親之大恩垂祐，並有聖師之精神爲範，當下即有其向上之一機，與夫極高明之一著。因之「夫婦之道，及其至也，雖聖人亦有所不知。」此皆由於登堂之故。否則便只是男女，只是愛欲，只是柔情。至於男女婚於上帝之前，自然也是一種超越精神之企慕，而未能安於通常生物之境，思有以莊嚴之，並神聖化之。只不過當無堂可登時，便亦無階可昇，即有一時一地之躋於神明，但終因無社會政治之澤潤，無歷史文化之安頓，而分成兩截，此起彼伏，一上一落，難以久長。今男女能因相師而莊嚴，愛欲能因尊親而神聖，柔情能因天地而又長，實即上帝之道，貫於其間，倫常之道，貫於其間，聖賢之道，貫於其間。由此而讓夫婦之道，成爲天長地久之道，成爲尊尊親親之道，成爲向上向善之道。〔註94〕

蓋祭祀的功能，主要就是在引導人向上向善之教化。《禮記‧祭統》云：

夫祭有十倫焉，見事鬼神之道焉，見君臣之義焉，見父子之倫焉，見貴賤之等焉，見親疏之殺焉，見爵賞之施焉，見夫婦之別焉，見政事之均焉，見長幼之序焉，見上下之際焉。

〔註93〕唐君毅：前引書，頁223～224。
〔註94〕程兆熊：前引書，頁20～21。

所以〈祭統篇〉又說：

> 祭者，教之本也已。

這裡所說的「祭」，雖不必專指祭祀祖先，但以祀祖為主。因為祀祖為孝道的延續，象徵家族香火不絕及祖先生命的延續，而孝為德之本，為一切道德實踐的起點。如果不是祀祖，便無法與宗法社會的人倫政治發生如此廣泛的關係。「十倫」即指十種人倫、社會、政治關係及效用，各種關係即傳統教化的主要領域，而教化的功能卻顯于祭祖。〔註95〕

祖先崇拜的前提，如前所述，是建立於人在死前留下自己的親生子女或後代，並且在子女身上有慈愛，在親戚朋友中有恩德，在鄉鄰里間的民生事業上有過福利善行，死後就會被人想念。活著的人基於飲水思源，崇德報功的酬恩心理，就會為他設牌位、立碑碣以為紀念。一個人能做到這樣地步，則雖死猶存。《禮記‧祭法》云：

> 夫聖王之制祭祀也，法施于民則祀之，以死勤事則祀之，以勞定國則祀之，能禦大災則祀之，能捍大患則祀之。是故厲山氏之有天下也，其子曰農，能殖百穀。夏之衰也，周棄繼之，故祀以為稷。共工氏之霸九州也，其子曰后土，能平九州，故祀以為社。……湯以寬治民，而除其虐；文王以文治，武王以武功，去民之災，此皆有助烈於民者也。及夫日月星辰，民之所瞻仰也，山林川谷丘陵，民所取財用也。非此族也，不在祀典。

至於天地星辰，鳥獸草木，亦以崇德報功之義，而崇拜之，並且父母親人般孝之。〔註96〕此或起源于原始宗教的自然崇拜，但經儒家理論化、系統化賦予哲學形而上的詮釋之後，則成為人文化或倫理化的宗教。《荀子‧禮論》云：

> 祭者，志意思慕之情也，忠信敬愛之至矣，禮節文貌之盛苟非聖人，

〔註95〕 韋政通先生云：《禮記》〈祭統〉：「夫祭有十倫焉，見事鬼神之義焉，見父子之倫焉，見貴賤之等焉，見親疏之殺焉，見爵賞之施焉，見夫婦之別焉，見政事之均焉，見長幼之序焉，見上下之際焉。」又：「祭者，教之本也。」這裡所說的「祭」，雖不必專指祭祀祖先，但以祀祖為主。如果不是祀祖，便不能與人倫政治發生如此廣泛的關係。「十倫」，即指十種意義或十種效用，十種效用幾已包括社會政治的各種關係，這各種關係即傳統教化的主要領域，而教化之功卻顯于祀祖。由此可知，祖先崇拜在中國傳統社會所佔的重要地位。（見前引書，頁13。）

〔註96〕 《禮記‧祭義》：曾子曰：「樹木以時伐焉，禽獸以時殺焉；夫子曰：『斷一樹，殺一獸，不以其時，非孝也。』」

莫之能知也。

只因志意思慕之情，是本於人性的眞實情感，所以忠信愛敬，是一本性情；只因忠信愛敬之至是一本性情，所以禮節文貌之是一本性情。明乎此，則祭祀能使「民德歸厚」的教化功能，不明。

其二是，傳統儒家祭祀的目的，不在求一功利的實效性，而德報功和情感上的慰藉與滿足。並且透過儀式義理與規範的步驟一切發自人性本質的自然情感取得和諧。

其三，儀式進行時，參與者的角色定位非常明確，彼此間的關係，及個人與團體之間的權利、義務關係，非常清楚。從結構點來說，人人各正其位，社會自然穩定和諧。

其四，儀式賦予存在以基本結構，將存在之重要時刻化爲戲並藉此爲整體生命帶來結構。換言之，人藉著儀式「再生」過去建立起源。也就是說，爲了避免產生過去與現在之間這種全然分離，人就在儀式行爲中「再呈現」與「再制定」它們，以使過去「成爲現在」。〔註97〕李維‧史特勞斯說儀式系統的功能在於克服和綜合三種對立：

> 歷時性與同時性的對立；在歷時性與同時性兩方面，均可表現出來的各種週期性或非週期性的對立；最後，在歷時性內部，可逆時間與不可逆時間的對立。因爲儘管現在與過去在理論上有區別，歷史性儀式把過去帶入現在，而悼念儀式把現在帶入過去，這兩個過程是不等價的：神話英雄確實可以被說成是回來了，因爲他們的唯一實在性就在於他們的人格化，但人卻是眞的死去。〔註98〕

其五，「公共祭祀之舉行，在農業社會中也是人民一種休息遊戲之機會，藉此彼此交流，達到養民生息、寓教於樂的目的」。〔註99〕《禮記‧郊特牲》論蜡祭云：

> 黃衣黃冠而祭，息農夫也……既蜡而，民息已，故既蜡，君子不興功。

《禮記‧雜記》：

> 「子貢觀於蜡，孔子曰：『賜也，樂乎？』」

〔註97〕杜普陽：前引書，頁168～169。引文同。
〔註98〕李維‧史特榮斯：前引書，頁298。
〔註99〕馮友蘭：前引文，頁355。

其六，祭祀的最終目的是「報本反始，重回原始和諧」，因此，祭祀的另一功能則是定義人與天地自然的關係。因為，自然界是人最早接觸到、感覺到的存在基源。人從自然界走出來，自然界不如說就是我們的母體存在，從自然這種生命本體出發，人才能顯示出自身的力量。況且人能存活，也是仰賴自然界而生活。人向自然界祭祀，其實也就是向人類存在的生命之源回歸。人雖是自然界的一部分，但人並非其他自然事物中的某種事物，而是眾多事物中的主導，是個主體，其主體智慧是自然母體智慧的部分顯現。由於人的特殊存在方式不僅改變了人自身，同時也使自然界發生了空前而深刻的變化；換言之，人的存在構成了對自然界——「總體存在」的參與。也正是人的這種積極參與，自然界——「總體存在」才獲得它原來沒有的文化意義。也就是說，人是自然界的主導，是個主體，祇有人才能蘊發智慧，體現自然本體——「總體存在」的智慧，創造文化。在這個意義上，人與自然是同體的，因此，儀式允許人再生他與自然界的合一，是有其理論基礎的。其目的就是將主體生命與總體存在——「自然界」合而為一，以期與自然建立一種水乳交融、休戚與共的關係。

第五章　結　論

　　根據以上各章的分析探討，我們可以發現，每一個時代的人對自身存在的最初基源，均本著那個時代的人所能極至的智慧，企圖給予為眾人普遍接受的合理解釋。一個新的時代需要一個新的宇宙觀，需要一個對人自身存在的最初原素和基礎的新觀點，需要一個新的合於那個時代人們所需要的宗教對象，〔註1〕以給予人們焦慮與不安的心靈帶來忍藉與保證。哲學人類學家之所以斷言人的本質是「不可規定性」，〔註2〕主要的理由就是至今人類並沒有真正地找到存在的根源。

　　雖然，不同的時代，不同的民族，不同的人均曾試圖以宗教或哲學為其存在給予合理的說明。但終究還是止於人類理性的需要，要停止在一個最初的原因上，不再向前追溯。換言之，「終止因果連鎖地無限過程」，停止在一個原因上，是人類理性的表現，並不代表就是人類存在的最初基源。

　　因此，不同的時代，不同的民族，不同的人所建構出他們所能接受的最初存有，便是人類精神上或歷史文化上的一種思想發展方式。

　　但是，人們所建構的宗教對象，是經過整體性，高質化及既有的思維模

〔註1〕杜普陽：前引書，作者指出，人類一切行為皆具有宗教意涵（頁15）。又說：「無論在原始社會或甚至最文明的社會裡，沒有那一種生命切面可以完全避開宗教的制定。」頁166。

〔註2〕佩・弗・科爾涅耶夫：《現代哲學人類學批判》：「人是什麼？……舍勒1914年在他的人類學的最初綱要──〈論人的思想〉一文中就已斷言，『不可規定性』（undefinierbarkeit）恰恰屬於人的本質。人只是某種『之間』，某種『邊際』，某種『過渡』……」；北京東方出版社（西元1987年12月一版），頁13～14。

式驅策選擇的最初的、最普遍的、最優越的、最超然的存有；它在本質上就預設了一個鑑定判斷，一個介於神聖與非神聖，值得崇敬與不值得崇敬之物之間的辨別。簡言之，一切主體的對象只不過是主體把自身的本性對象化而已。〔註3〕一個時代，一個民族，以致一個人的本性是怎麼樣，其所崇拜的對象（或言宗教對象）即正是那個時代、那個民族、那個人本性的具體表現。

所以一個人的思維模式與性情是什麼樣子，他的崇拜對象（宗教對象）就是什麼樣子。因爲人的思維方式反映著他與世界和其它人的關係，〔註4〕凡人所不能客觀化於現實之世界中者，人即運用其雙重的認識關係，把自我意識轉化爲對象意識，而把對象意識視爲自我看待意識的特殊表現形式。因此，中國古代殷人對上帝的意識其實就是殷人的自我意識，周人對天的意識，同樣的就是周人的自我意識；同理，對上帝與天的認識，就是殷人與周人自我的認識。我們可以從殷人與周人的上帝和天的概念，瞭解殷周之際的文化精神內容；同樣的，我們也可以從天道與鬼神的信仰，瞭解先秦儒墨兩家的文化精神理想。由一個時代，一個民族，一個人的宗教思想，是最可知其終極的文化理念。因爲宗教是人類自我認識之最原始而又間接的方式。文化的塑形固然是由高質化、最優化所構組而成，其根源卻泛植於宗教之上。所以在任何地方宗教都先於哲學，在人類的歷史如此，在個人的歷史上亦然。〔註5〕但宗教之中必須包含哲學觀點，以爲泛植於宗教之上之文化發展的思想基礎。

從文化的心理起源觀之，人在宗教中所崇拜對象之本性，其實均爲人精神客觀化之於對象者。人最初看到自己的本性好像外於自己，後來才發現內於自己。當人最初凝視自己的本性時，就好像凝視別種存有的本性一樣。所

〔註3〕 M. Rader 編，傅佩榮譯：《宗教哲學初探》。宗教的對象卻是經過選擇的、最優越的、最先的、最超然的存有；它在本質上就預設了一個鑑定的判斷，一個介於神聖與非神聖，值得崇敬與不值得崇敬之物之間的辨別。如果沒有任何限制的話，這個命題也許適用於此處，即：一切主體的對象只不過是主體把自己的本性對象化而已。一個人的思想與性情是什麼樣子，他的上帝就是什麼樣子；一個人有多少價值，他的上帝也就適如其量的有多少價值。對上帝的意識就是自我意識，對上帝的認識就是自我認識。你可以由某人的上帝認出某人，也可以由某人認出某人的上帝；此二者原爲同一。（台北黎明文化事業公司，民國73年11月出版，頁133）

〔註4〕 李維‧史特勞斯：前引書，頁334。

〔註5〕 M. Rader 編：前引書，頁133。

以，從文化歷史觀之，人類精神的形成，皆受當時的人所崇拜之對象的本性所規定；而人類道德的形成，則皆由其所崇拜之對象的德性而形成。〔註6〕中國古代人崇祖敬天，並以祖配天，視祖德爲天德之具體表現，乃古人信天之德爲一普遍的、最初的、最超然的、最優越的有機本體——「生生」。於是人當效（肖一孝）仿天，亦即繼承天德之「生生不息」。

蓋「天地之大德曰生」，乃指天地之作用始生萬物，本末始終相貫，末不離本，終不離始。則人當不忘其所本之天地自然、祖宗父母，及歷史文化之精神特質。這樣的本體觀，與崇祖敬天的人文（倫理）宗教精神，皆可謂源自中國古代人民之敦厚本性中生出。〔註7〕

茲所言者，人從天地自然最初的、最原始的和諧中走出來，天地自然不如說就是我們的母體存在，所以順理成章天地自然成爲我們宗教崇拜的最初對象。但在原始宗教的自然崇拜中，人卻沒有認出自己的本性就是人所崇拜的對象，繼而人所崇拜的對象，逐漸隨著人自我認識的日益深刻往前推進，最後終於認識到人所崇拜的對象，其實正是人的自我本性。

在儒家來說，人的本性就是「善」，而「善」乃從「生」之義而來。吾師高先生懷民說：

> 何謂善？《繫辭傳》：「一陰一陽之謂道，繼之者善也。」意謂陰陽往復，繼續不斷地生化萬物，此之謂「善」，可見善字乃緊扣住「生」之義而來。〔註8〕

〔註6〕唐君毅云：自文化之心理起源觀之，吾人可謂人所信之神之性質，皆人之精神之客觀化於神者。然自文化歷史觀之，則古代人之精神之完成，皆受其所信之神之性質所規定。而人之德行之形成，皆由其仿效神德而形成。由中國古人之信天神之德，爲自上覆蓋，周行四方，而遍愛下民者，於是人之舉天，亦即當學其如此之德。帝王最須敬天，《周禮》並以唯天子能祭天。帝王尤須法天以行政，當法天之廣大、寬容，故中國古代極早即有寬大之教與愛民之教。（見前引書，頁27）

〔註7〕唐君毅指出：夫天之生物，本末始終相貫，末不離本，終不離始。則人當不忘其所本之祖宗與父母，及歷史之古訓。如是之天神觀，與法天敬天之宗教精神，皆可謂由「中國古代人民之社會、政治、倫理、文化之實際生活中」，之「親和仁厚之情中」生出。亦可謂原爲中國之社會、政治、倫理、文化生活之本根；而又在外護持中國之社會、政治、倫理、文化生活者也。（見前引書，頁27）

〔註8〕高懷民：《先秦易學史》，東吳大學中國學術著作獎助委員會（民國64年6月初版），頁27。

善既然是扣緊「生」而來，生就是不斷地變化，不斷地行動，才能生生不息，才能滿足人對善的追求並且使人真正地感到幸福。故云：「天行健，君子以自強不息」。但「生」又從何來？依照儒家的說法，從天地自然這個有機本體而來。故謂「天地之大德曰生」、「生生之謂易」。

從歷史的演進來看，人經歷了圖騰崇拜、生殖崇拜、祖先崇拜與自我認識之後，最後又朝向天地自然這個最初的、最原始的母體存在回歸與認同。但是，在人朝向天地自然這個母體存在回歸與認同的過程中，人所感受到的大千世界的和諧，正反映了我們生命的存在形式，所以在祭祀中對天地自然和諧的心領神會，帶有自我觀照的性質。

因為吾人所感受到自然世界的和諧，就是吾人生命的內在和諧。而由吾人主體生命的內在和諧所生之音與行為，進而轉化成外化形式的禮樂，自然是與宇宙自然的和諧是同一的。故《禮記·樂記》云：

> 大樂與天地同和，大禮與天地同節，和故百物不失，節故祀天祭地，
> 明則有禮樂，幽則有鬼神。

是以，人運用祭祀禮樂展現內在生命的均衡與和諧，以及報本反始之情，恰如自然世界的原始和諧是有其邏輯的一致性。《禮記·樂記》云：

> 樂也者，施也；禮也者，報也。樂，樂其所自生，而禮反其所自始。
> 樂章德，禮報情，反始也。

故而，惟有當人的行為是從人性中最根底處的內在本性發出時，人與天地自然之間才有一種真正的水乳交融、休戚與共的和諧，才真正是圓滿無缺的合一。

文化的起源與發展，便是這樣形成的，並且朝向這個方向逐漸隨人的自我認識及人文環境的需要，由最初的和諧到最後的和諧。

參考書目

一、原　典

1. 《十三經注疏》，台北藝文印書館。
2. 《山海經》，台北中華書局。
3. 《史記》，台北鼎文書局。
4. 《白虎通》，台北鼎文書局。
5. 《孔子家語》，台北廣文書局。
6. 《國語》，四庫薈要史部第 117 冊。
7. 《墨子》，台北中華書局。
8. 《禪宗語錄》，台北藝文印書館。
9. 《淮南子》，台北中華書局。
10. 《荀子》，台北中華書局。
11. 《大戴禮記》，台灣商務印書館。
12. 《戰國策》，台北中華書局。
13. 《莊子》，台北中華書局。
14. 《王充論衡》，台北中華書局。
15. 《說文解字段玉裁注》，台北漢京文化有限公司。
16. 《許慎五經異議（漢魏遺書鈔第六冊)》，台北藝文印書館。
17. 《聖經》。

二、中文參考書目

1. 《皮亞傑兒童心理學淺述》，卞瑞賢譯，耐桑·愛莎克斯著；台北聯經出版公司（民國 73 年 3 印）。

2. 《中國無神論史綱》，王友三，上海人民出版社（西元 1986 年 10 月二版）。

3. 《歷運服色考》，王宇清，國立歷史博物館（民國 60 年版）。

4. 《觀堂集林》，王國維，台北藝文印書館。

5. 《中國古代宗教初探》，朱天順，台北谷風出版社（西元 1986 年 10 月）。

6. 《巫術、科學與宗教》，朱岑樓譯，馬凌諾斯基，台北協志工業出版股份有限公司（民國 78 年元月三版）。

7. 《中國古代旅行之研究》，江紹原，台北商務印書館。

8. 《野性的思維》，李幼蒸譯，李維·史特勞斯，台北聯經出版公司（民國 78 年 5 月一版）

9. 《史前認識研究》，李景源，湖南教育出版社（西元 1989 年 3 月初版）。

10. 《中國古代社會史》，李宗侗，台北華岡出版社（民國 66 年 9 月三版）。

11. 《中西哲學思想中的天道與上帝》，李杜，台北聯經出版公司（民國 74 年 4 月四印）。

12. 《信仰與文化》，李亦園，台北巨流圖書公司（民國 74 年 12 月四印）。

13. 《皮亞傑兒童心理學》，吳福園譯，皮亞傑，台北唐山出版社（民國 76 年 11 月初版）。

14. 《宗教本質演講錄》，林伊文譯，費爾巴哈著，台北商務印書館（民國 58 年 10 月二版）。

15. 《心理分析與宗教》，林錦譯，埃洛克·弗羅門，慧炬出版社（民國 75 年 9 月五版）。

16. 《考與生殖器崇拜》，周予同，中國古史研究（二）。

17. 《興盛與危機——論中國封建社會的超穩定結構》，金觀濤、劉青峰，台北谷風出版社（民國 77 年 8 月五版）。

18. 《現代哲學人類學批判》，佩·弗·科爾涅耶夫，北京東方出版社（西元 1989 年 12 月一印）。

19. 《中國人性論史》，徐復觀，台北商務印書館（民國 68 年 9 月五版）。

20. 《東西方藝術欣賞（上）》，袁德星編，國立空中大學出版（民國 78 年 6 月初版）。

21. 《中國神話史》，袁珂，上海文藝出版社（西元 1988 年 10 月 1 日印）。

22. 《中國字例（二）》，高鴻縉，台灣國立師範大學（民國 49 年 6 月初版）。

23. 《先秦易學史》，高懷民，東吳大學中國學術著作獎助委員會（民國 64 年 6 月初版）。

24. 《中國文化之精神價值》，唐君毅，台北正中書局（民國 66 年 11 月）。

25. 《中國哲學思想批判》，韋政通，台北水牛出版社。

26. 《文化與哲學》，張岱年，北京教育科學出版社（西元 1988 年 7 月一版）。

27. 《中國青銅時代》，張光直，台北聯經出版公司（民國 76 年 8 月三印）。

28. 《心理學》，張春興，台北東華書局（民國 66 年 10 月三版）。

29. 《殷契粹編》，郭沫若，北京科學出版社（西元 1965 年 5 月版）。

30. 《甲骨文字研究》，郭沫若，郭沫若全集考古編第一卷，北京科學出版社（西元 1982 年 9 月一版）。

31. 《中國古代社會研究》，郭沫若，北京人民出版社（西元 1977 年 12 月）。

32. 《卜辭通纂》，郭沫若，台北大通書局（民國 65 年 5 月初版）。

33. 《周代金文圖錄及釋文》，郭沫若，台北大通書局（民國 60 年 3 月初版）。

34. 《青銅時代》，郭沫若，北京人民出版社（西元 1954 年 6 月版）。

35. 《中國中古思想史》，郭湛波，香港龍門書局（西元 1967 年 12 月初版）。

36. 《神與神話》，御手洗勝等著，台北聯經出版公司（民國 77 年 3 月初版）。

37. 《卜辭綜述》，陳夢家，台北大通書局。

38. 《中國哲學史》，勞思光，台北三民書局。

39. 《中國哲學史》，馮友蘭。

40. 《中國庭園建築》，程兆熊，台南德華出版社（民國 66 年 12 月初版）。

41. 《西洋哲學史》，傅偉勳，台北三民書局（民國 64 年 9 月版）。

42. 《儒道天論發微》，傅佩榮，台北學生書局（民國 77 年 8 月二印）。

43. 《人的宗教向度》，傅佩榮譯‧Louis. Dupre' 著，台北幼獅文化事業公司（民國 75 年 12 月出版）。

44. 《宗教哲學初探》，傅佩榮譯‧M. Rader 編，台北黎明文事業公司（民國 73 年 11 月出版）。

45. 《新譯楚辭讀本》，傅錫壬，台北三民書局（民國 67 年 12 月再版）。

46. 《殷墟卜辭研究——科學技術篇》，溫少峰、袁庭棟，四川省社會科學出版社（西元 1983 年 12 月一版）。

47. 《「帝」與「天」》，劉復，中國古史研究（二）。

48. 《儒家思想與中國宗教之間的功能關係》，楊慶堃，編於《中國思想與制度論集》：台北聯經出版公司（民國 68 年 5 月三印）。

49. 《哲學人類學》，劉貴傑譯，J. F. Donceel S.J，台北巨流圖書公司（民國 78 年 3 月初版）。

50. 《中國古代史》，劉澤華等編，北京人民出版社（西元 1985 年 2 月三版）。

51. 《讀〈帝與天〉》，魏建功，中國古史研究（二）。

52. 《上古音韻表稿》，董同龢，四川李庄石印出版，1944 年。

三、期刊論文

1. 〈磁山祭祀遺址及相關問題〉，《文物》，卜工，第 11 期（西元 1987 年）。

2. 〈成主禮的意義與儀式〉，王宇清，台北中興企業第三期（民國 78 年 12 月）。

3. 〈「成主儀典」實況和「成主」的歷史文化淵源與體認〉，《奇蹟與奇蹟——鮑朝　先生紀念集》，王祥齡，（西元 1990 年 9 月）。

4. 〈高禖崇拜與《詩經》的男女聚會及其淵源〉；《江西師範大學學報》，毛忠賢，第 4 期（西元 1988 年）。

5. 〈淺談原始思維若干特點〉，《哲學研究》，李根蟠、盧勛，第 11 期（西元 1984 年）。

6. 〈麼些族的洪水故事〉，《中研院民族所集刊》，李霖燦，第 3 期（民國 46 年）。

7. 〈天亡簋全釋〉，《廣州中山大學學報》，岑仲勉，（西元 1961 年）。

8. 〈殷卜辭中的上帝和王帝〉，《歷史研究》，胡厚宣，第 9 期（西元 1959 年）。

9. 〈甲骨文所見商族鳥圖騰的的新證據〉，《文物》，胡厚宣，第 2 期（西元 1977 年）。

10. 〈松花江下的赫哲族〉，《中研院歷史語言研究所單刊》，凌純聲，甲種之十四（西元 1934 年）。

11. 〈中國古代社之源流〉，《中央研究院民族所集刊》，凌純聲，第 17 期（民國 53 年）。

12. 〈中國祖廟的起源〉，《中央研究院民族所集刊》，凌純聲，第 7 期（民國 48 年）。

13. 〈中國古代神主與陰陽器崇拜〉，《中央研究院民族所集刊》，凌純聲，第 8 期（民國 48 年）。

14. 〈論遼河流域的原始之文明與龍的起源〉，《文物》，孫守道、郭大順，第 6 期（西元 1984 年）。

15. 〈牛河梁紅山文化女神頭像的發現與研究〉，《文物》，孫守道、郭大順，第 8 期（西元 1986 年）。

16. 〈中國古代文化中的鬼神思想〉，《台大文史哲學報》，高懷民，第 35 期（民國 76 年）。

17. 〈親人之死〉，《張老師月刊》，莊慧秋，第 111 期（民國 76 年 3 月）。

18. 〈古文字中之商周神話〉，《燕京學報》，陳夢家，第 19 期（民國 25 年）。

19. 〈古文字中之商周祭祀〉，《燕京學報》，陳夢家，第 19 期（民國 25 年）。

20. 〈商代的神話與巫術〉，《燕京學報》，陳夢家，第 20 期（民國 25 年）。

21. 〈中國社會結構與祖先崇拜〉，《中華文化復興月刊》，陳祥水，第 11 卷第 6 期（民國 67 年）。

22. 〈孔子的宗教向度〉，《中國文化論文集（四）》，傅佩榮，（台灣省教育廳印行，民國 71 年 5 月初版）。

23. 〈圖騰制度及其與中國哲學起源之關係〉，《中央研究院民族所集刊》，黃文山，第 9 期（民國 49 年）。

24. 〈唐德哲學與儒家哲學〉，《鵝湖月刊》，黃振華，第 117 期（民國 74 年 3 月）。

25. 〈康德哲學與佛學（上）〉，《鵝湖月刊》，黃振華，第 128 期（民國 75 年 2 月）。

26. 〈中國遠古時代儀式生活的若干資料〉，《中央研究院民族所集刊》，張光直，第 9 期（民國 48 年）。

27. 〈思維與存在的關係是總體性概念〉，《哲學研究》，張尚仁，第 4 期（西元 1982 年）。

28. 〈道在陰陽〉，《大陸雜誌》，楊希梅譯，A. R. Raderffe-Brown 著第 10 卷第 6 期（民國 44 年 3 月）。

29. 〈方東美先生的文化哲學〉，劉述先，國際方東美哲學研討會（民國 76 年 8 月 16～18 日）。

30. 〈命運天定論之分析及批判〉，《中國民族學通訊》，董芳苑，第 23 期（民國 74 年 6 月 25 日出版）。

31. 〈關於原始宗教的研究〉，《思想戰線》，蔡家麒，（西元 1982 年 4 月）。

32. 〈自然、圖騰、祖先──原始宗教初探〉，《哲學研究》，蔡家祺，第 4 期（西元 1982 年）。

33. 〈遼寧牛河梁紅山文化「女神廟」與積石冢發掘簡報〉，《文物》第 8 期（西元 1986 年）。

四、英文書目

1. Redfield, Robert 1961 "The Little Community" Peasant Society and ulture Chicago; The University of Chicago Press.

2. John Hospers "An Introduction of Philosophical Analysis" 台北馬陵出版社（民國 66 年 7 月二版）。

五、日文書目

1. 《鬼的研究》，知切光歲，東京大陸書房（昭和 53 年 8 月 8 日）。

2. 〈殷中期に由來する鬼神〉，《東方學報》，林巳奈夫，第 41 期（西元 1970 年）。

六、報紙論文

1. 〈祖先牌位的深層意義〉，李亦園，中國時報（民國 78 年 11 月 16 日）。

2. 〈人類學家與他的博物館〉，李亦園，聯合報（民國 75 年 7 月 30 日）。

3. 〈「虞」——古禮今談〉，周何，中央日報（民國 78 年 12 月 19 日）。

4. 〈祭如在〉，周何，中央日報（民國 79 年 10 月 22 日）。

5. 〈蛇年震盪，餘波未了〉，劉述先，中國時報（民國 79 年 2 月 1 日）。